Ausländische Beweissicherungsverfahren im inländischen Prozess

Internationalrechtliche Studien

Beiträge zum Internationalen Privatrecht, zum Einheitsrecht und zur Rechtsvergleichung

Herausgegeben von Ulrich Magnus und Peter Mankowski

Band 76

PETER LANG

Andreas Holzgreve

Ausländische Beweissicherungsverfahren im inländischen Prozess

Ein Anwendungsfall der Substitution im Internationalen Zivilprozessrecht

PETER LANG

Bibliografische Information der Deutschen Nationalbibliothek
Die Deutsche Nationalbibliothek verzeichnet diese Publikation in der Deutschen Nationalbibliografie; detaillierte bibliografische Daten sind im Internet über http://dnb.d-nb.de abrufbar.

Zugl.: München, Univ., Diss., 2017

D-19
ISSN 0947-0395
ISBN 978-3-631-76025-3 (Print)
ISBN 978-3-631-76231-8 (E-PDF)
ISBN 978-3-631-76232-5 (E-PUB)
ISBN 978-3-631-76233-2 (MOBI)
DOI 10.3726/b14425

Peter Lang – Berlin · Bern · Bruxelles · New York · Oxford · Warszawa · Wien

Diese Publikation wurde begutachtet.

www.peterlang.com

Meinen Eltern
und
meiner Familie

Vorwort

Die vorliegende Arbeit wurde im Wintersemester 2017/18 von der Ludwig-Maximilians-Universität München als Dissertation angenommen. Rechtsprechung und Literatur konnten weitgehend noch bis März 2018 berücksichtigt werden. Ich möchte mich ganz herzlich bei meinem Doktorvater, Herrn Professor Dr. Andreas Spickhoff, für die hervorragende Betreuung und die schöne Zeit an seinem Lehrstuhl bedanken. Herrn Professor Dr. Wolfgang Hau danke ich für die zügige Erstellung des Zweitgutachtens. Für die Aufnahme in die Schriftenreihe danke ich den Herausgebern.

Ganz besonders möchte ich an dieser Stelle meinen Eltern Danke sagen für die fortwährende Unterstützung während des gesamten Studiums. Darüber hinaus gilt auch noch weiteren Personen, die mich während der Doktorarbeit unterstützt haben, ein besonderer Dank: Rebecca Berg sowie Philipp Gärtner, Tiësto, Anna Holzgreve, Adrien Holzgreve und den Kolleginnen und Kollegen am Lehrstuhl.

Der Stiftung der Deutschen Wirtschaft danke ich für das Promotionsstipendium und die umfangreiche Förderung.

München, im Frühjahr 2018 — Andreas Holzgreve

Gliederung

Inhaltsverzeichnis

Hinweis: Die Seitenzahl in den Querverweisen entspricht der jeweils ersten Seite des Gliederungspunkts, auf den verwiesen wird.

Abkürzungsverzeichnis

aA	andere Ansicht
ABGB	Österreichisches Allgemeines Bürgerliches Gesetzbuch
ABl	Amtsblatt der Europäischen Union
abl.	ablehnend(e)
Abs.	Absatz
AcP	Archiv für die civilistische Praxis
aE	am Ende
AEUV	Vertrag über die Arbeitsweise der Europäischen Union
aF	alte Fassung
allg.	allgemein(e)
allgM	allgemeine Meinung
Anm.	Anmerkung
Art.	Artikel
Az.	Aktenzeichen
BayObLG	Bayerisches Oberstes Landesgericht
BB	Der Betriebs-Berater
BeckEuRS	Beck online Rechtsprechung des EuGH, EuG und EuGöD
BeckRS	Beck online Rechtsprechung
Beschl.	Beschluss
BGB	Deutsches Bürgerliches Gesetzbuch
BGBl.	Bundesgesetzblatt
BGH	Bundesgerichtshof
BGHZ	Entscheidungen des Bundesgerichtshofs in Zivilsachen
BT-Drs.	Drucksachen des Deutschen Bundestages
BVerfG	Bundesverfassungsgericht
bzgl.	bezüglich
bzw.	beziehungsweise
C.civ.	*Code civil* (französisches Zivilgesetzbuch)
chZPO	Schweizerische Zivilprozessordnung
CPC	*Code de procédure civile* (französische Zivilprozessordnung)
DB	Der Betrieb
ders.	derselbe
dies.	dieselbe(n)
DS	Der Sachverständige
dZPO	Deutsche Zivilprozessordnung

EG	Europäische Gemeinschaft
EGBGB	Einführungsgesetz zum Bürgerlichen Gesetzbuche
Einl.	Einleitung
ERA	Europäische Rechtsakademie
EuBVO	Beweisaufnahme-Verordnung
EuGH	Gerichtshof der Europäischen Union
EuGVVO	Brüssel Ia-Verordnung
EuR	Europarecht
EuZW	Europäische Zeitschrift für Wirtschaftsrecht
EvBl	Evidenzblatt der Rechtsmittelentscheidungen
EWiR	Entscheidungen zum Wirtschaftsrecht
f	folgende(r)
FamRZ	Zeitschrift für das gesamte Familienrecht
ff	fortfolgende
Fn.	Fußnote(n)
GA	Generalanwalt
GG	Grundgesetz für die Bundesrepublik Deutschland
GRUR Int	Gewerblicher Rechtsschutz und Urheberrecht Internationaler Teil
GVG	Gerichtsverfassungsgesetz
hM	herrschende Meinung
HRR	Höchstrichterliche Rechtsprechung
Hrsg.	Herausgeber
IBR	Zeitschrift IBR Immobilien & Baurecht
IHR	Internationales Handelsrecht
insb.	insbesondere
IntGesR	Internationales Gesellschaftsrecht
IPR	Internationales Privatrecht
IPRax	Praxis des Internationalen Privat- und Verfahrensrechts
IPRspr	Die deutsche Rechtsprechung auf dem Gebiet des Internationalen Privatrechts
iRd	im Rahmen des/der
iSd	im Sinne des/der
iSv	im Sinne von
iVm	in Verbindung mit
JM BaWü	Justizministerium Baden-Württemberg
JuS	Juristische Schulung
JW	Juristische Wochenschrift

JZ	Juristenzeitung
Kap.	Kapitel
krit.	kritisch
LG	Landgericht
Lit	Literatur
lit.	litera
LMK	beck-fachdienst Zivilrecht - LMK
Ls.	Leitsatz
LugÜ	Lugano-Übereinkommen
LZ	Leipziger Zeitschrift für Deutsches Recht
MedR	Medizinrecht
MDR	Monatsschrift für Deutsches Recht
mwN	mit weiteren Nachweisen
nF	neue Fassung
NJOZ	Neue Juristische Online-Zeitschrift
NJW	Neue Juristische Wochenschrift
NJW-RR	Neue Juristische Wochenschrift Rechtsprechungs-Report Zivilrecht
Nr.	Nummer(n)
NStZ	Neue Zeitschrift für Strafrecht
NZBau	Neue Zeitschrift für Baurecht und Vergaberecht
NZV	Neue Zeitschrift für Verkehrsrecht
OLG	Oberlandesgericht
OLGRspr	Die Rechtsprechung der Oberlandesgerichte
OLGZ	Entscheidungen der Oberlandesgerichte in Zivilsachen
öZPO	Österreichische Zivilprozessordnung
RabelsZ	Rabels Zeitschrift für ausländisches und internationales Privatrecht
Rev.crit.DIP	Revue critique de droit international privé
RG	Reichsgericht
RGZ	Entscheidungen des Reichsgerichts in Zivilsachen
RIW	Recht der internationalen Wirtschaft
RIW/AWD	Recht der internationalen Wirtschaft / Außenwirtschaftsdienst
RL	Richtlinie
Rn.	Randnummer(n)
RPflG	Rechtspflegergesetz
Rs.	Rechtssache
Rspr	Rechtsprechung

S.	Seite(n)
sog.	sogennant(e/es/er)
StPO	Strafprozessordnung
str.	strittig
UAbs.	Unterabsatz
Urt.	Urteil
v.	vom
VersR	Versicherungsrecht
vgl.	vergleiche
VO	Verordnung
WM	Zeitschrift für Wirtschafts- und Bankrecht
z.B.	zum Beispiel
ZEuP	Zeitschrift für Europäisches Privatrecht
ZPO	Deutsche Zivilprozessordnung (auch „dZPO")
zust.	zustimmend
ZZP	Zeitschrift für Zivilprozess
ZZPInt	Zeitschrift für Zivilprozess International

§ 1 Einführung

„Wer seine Sache nicht beweisen kann, der darf auch nicht klagen“[1]. In derartiger Absolutheit ist diesem Zitat des französischen Komödiendichters *Molière* zwar nicht zuzustimmen, doch in der Tat genügt es nicht, materiellrechtlich einen Anspruch zu haben, wenn man diesen nicht beweisen und somit prozessual durchsetzen kann. Vor Erhebung einer Klage sollte man also – soweit möglich – sichergehen, dass man die für die Tatbestandsmerkmale des geltend gemachten Anspruchs erforderlichen Tatsachen auch beweisen kann.

Dies kann insbesondere dann Probleme aufwerfen, wenn ein Beweismittel zu dem Zeitpunkt, in dem man eine Klage erwägt oder sogar schon eingereicht hat, zwar noch vorhanden ist, aber bis zur Hauptsacheverhandlung nicht mehr zur Verfügung stehen wird. Man denke hier zum Beispiel an einem schwerkranken Zeugen, der bis zur Hauptverhandlung zu versterben droht. Für solche Fälle ermöglicht es die ZPO, die Beweisaufnahme in einem selbständigen Beweisverfahren gem. §§ 485 ff ZPO vorzuziehen und deren Ergebnis dann im späteren Hauptsacheprozess zu verwerten.

Interessant wird nun ein entsprechendes internationales Beispiel, von denen es in einem globalisierten Handels- und Wirtschaftsverkehr unzählige gibt: Ein deutscher Mittelständler verkauft eine Fertigungsanlage an einen französischen Automobilhersteller und aufgrund eines Defektes dieser Anlage kommt es zu einem Brand, der die Fabrik des französischen Automobilherstellers schwer beschädigt. Der Automobilhersteller wird nun die Fabrik möglichst schnell reparieren wollen, um den Produktionsausfall möglichst gering zu halten. Dabei würde er allerdings die Beweise beeinträchtigen, die auf die defekte Anlage als Brandursache schließen lassen. Da ein Schadensersatzprozess gegen den deutschen Mittelständler erst Monate oder Jahre später beginnen würde, wird der Automobilhersteller, um die Beweise für den Prozess zu sichern, vor Ort eine *mesure d'instruction à futur* gem. Art. 145 CPC, das französische Äquivalent zum selbständigen Beweisverfahren, beantragen. Dieses Beispiel ist auf zahlreiche grenzüberschreitende Sachverhalte übertragbar. So könnte es sich statt einer Fertigungsanlage auch um ein Schiff handeln, das in einer deutschen Werft gewartet wurde und dann auf seinem Weg nach Südamerika aufgrund eines defekten

1 Frei übersetzt nach *Molière*, Tartuffe, Hachette, Paris 1967, Rn. 1685.

Motors in einem französischen Hafen strandet[2]. Auch hier wird der Reeder das Schiff möglichst schnell reparieren wollen, um die Ausfälle gering zu halten, und deshalb die Beweise für einen Gewährleistungsprozess vor Ort sichern. Wenn nun im Anschluss an diese Fälle aber der Hauptsacheprozess in Deutschland durchzuführen ist – was keinesfalls ungewöhnlich wäre (sei es aufgrund des allgemeinen Gerichtsstands des Beklagten gem. Art. 4 Abs. 1 EuGVVO[3] oder aufgrund einer Gerichtsstandsvereinbarung) – stellt sich die Frage, ob die Ergebnisse der französischen *mesure d'instruction à futur* im deutschen Hauptsacheprozess verwertet werden können.

Dieser Frage soll die vorliegende Untersuchung nachgehen. Verfahren, wie das deutsche selbständige Beweisverfahren oder die französische *mesure d'instruction à futur*, die die isolierte Beweisaufnahme vor dem eigentlichen Hauptsacheprozess ermöglichen, können als Beweissicherungsverfahren bezeichnet werden[4]. Es wird sich zeigen, dass derartige Verfahren nicht ausschließlich zur Sicherung eines Beweises, sondern teilweise auch ohne Gefährdung des Beweismittels eingeleitet werden können. Dennoch wird im Folgenden der Begriff Beweis*sicherungs*verfahren verwendet werden, da der Fokus der Untersuchung auf den Verfahren liegt, die vor der Hauptsache durchgeführt werden, um ein Beweismittel für selbige zu erhalten. Lediglich an den insoweit relevanten Stellen wird dann auch auf die vorgezogene Beweisaufnahme zu anderen Zwecken eingegangen.

Die Frage nach der Verwertbarkeit ausländischer Beweissicherungsverfahren im inländischen Prozess ordnet sich in den größeren Kontext der Beweisaufnahme im Ausland ein. Die Beweisaufnahme im Ausland ist zu unterscheiden von der Beweisbeschaffung aus dem Ausland, bei der die Parteien selbständig Beweismittel aus dem Ausland im Inland verfügbar machen, also etwa Dokumente einer ausländischen Tochtergesellschaft ins Inland holen, insbesondere um Prozessnachteile zu vermeiden[5]. Ebenso wenig geht es hier um den völkerrechtlich problematischen Fall, dass ein inländisches Gericht selbständig im Ausland Beweise erhebt, also etwa einen ausländischen Sachverständigen beauftragt, einen deutschen Sachverständigen ins Ausland schickt oder einen ausländischen Zeugen

---

2 Dieser Fall lag etwa LG Hamburg, Urt. v. 15.09.1998, Az. 410 O 44/95, IPRax 2001, 45 ff zugrunde.

3 Für den exakten Titel und Nachweis bzgl. der EuGVVO siehe Fn. 184.

4 Vgl. etwa *Geimer*, Internationales Zivilprozessrecht, Rn. 2541; *Nagel/Gottwald*, Internationales Zivilprozessrecht, § 17 Rn. 85; *Schack*, Internationales Zivilverfahrensrecht, Rn. 490.

5 *Junker*, Internationales Zivilprozessrecht, § 26 Rn. 3.

vorlädt[6]. Vielmehr handelt es sich bei der Beweisaufnahme im Ausland um eine gerichtliche Beweisaufnahme im Ausland durch ein ausländisches Gericht.

Die ganz allgemeine Problematik der Verwertbarkeit von Beweisen aus dem Ausland wurde in der Literatur bereits ausführlich (wenn auch nicht erschöpfend) erörtert[7] und soll hier deshalb nur insoweit untersucht werden, wie sie speziell Beweissicherungsverfahren betrifft. Besonders auf die Verwertbarkeit ausländischer Beweissicherungsverfahren wird bisher in der Literatur nur vereinzelt eingegangen, etwa in der Arbeit von *Dörschner*[8] und in einem Beitrag von *Heinze*[9]. Darüber hinaus gehen auch *Eschenfelder*[10], *Rollin*[11] und *Wannenmacher*[12] im Rahmen von Monographien zu verwandten Themen auf die Verwertbarkeit und Auswirkungen ausländischer Beweissicherungsverfahren ein. Im Übrigen finden sich Äußerungen zu Einzelaspekten dieser Thematik in der Literatur[13]. Die Rechtsprechung ist eher dürftig, obwohl die Situation, wie das genannte Beispiel zeigt, in der Praxis häufig vorkommt. Es scheint so, als hätte sich der Rechtsverkehr auf die aktuell unsichere Rechtslage eingestellt, indem vermieden wird, Beweissicherungsverfahren aus dem Ausland in den inländischen Prozess einzuführen. Dennoch ergehen in regelmäßigen Abständen Entscheidungen, die diese Problematik betreffen (zuletzt des OLG München im Jahre 2014[14]), und es sind weitere zu erwarten.

Ziel dieser Arbeit ist es, die zentralen Auswirkungen eines ausländischen Beweissicherungsverfahrens auf einen Prozess im Inland umfassend zu beleuchten

---

6 Vgl. *Ahrens*, Der Beweis im Zivilprozess, Kap. 58 Rn. 1 ff; *Hau*, RIW 2003, 822 ff.

7 Vgl. etwa *Ahrens*, Der Beweis im Zivilprozess, Kap. 58–60; *Geimer*, Internationales Zivilprozessrecht, Rn. 2260 ff; *Linke/Hau*, Internationales Zivilverfahrensrecht, § 10 Rn. 1 ff; *Schack*, Internationales Zivilverfahrensrecht, Rn. 733 ff.

8 *Dörschner*, Beweissicherung im Ausland.

9 *Heinze*, IPRax 2008, 480 ff.

10 *Eschenfelder*, Beweiserhebung im Ausland.

11 *Rollin*, Ausländische Beweisverfahren.

12 *Wannenmacher*, Einstweilige Maßnahmen.

13 Siehe aber insb. *Ahrens*, Der Beweis im Zivilprozess, Kap. 56 Rn. 15 ff; Stein/Jonas/*Berger*, § 493 Rn. 8 ff; *Försterling*, IPRax 2000, 499 f; *Geimer*, Internationales Zivilprozessrecht, Rn. 2540 ff; *Linke*, FS Nagel, S. 209 (218 ff); *Linke/Hau*, Internationales Zivilverfahrensrecht, § 10 Rn. 47 ff; *Mankowski*, JZ 2005, 1144 ff; *Meilicke*, NJW 1984, 2017 f; *Nagel/Gottwald*, Internationales Zivilprozessrecht, § 17 Rn. 87 ff; *Schack*, Internationales Zivilverfahrensrecht, Rn. 491 f; *Spickhoff*, IPRax 2001, 37 ff; *Stadler*, FS Geimer, S. 1281 (1302 ff); *Stürner*, IPRax 1984, 299 ff; Rauscher/*von Hein*, EG-BewVO Art. 1 Rn. 51 ff.

14 OLG München, Beschl. v. 19.02.2014, Az. 15 W 912/13, IPRax 2015, 93 ff.

sowie dogmatisch einzuordnen und insbesondere die hierzu erforderlichen konkreten Voraussetzungen an das ausländische Verfahren zu erarbeiten. Der Schwerpunkt wird insoweit auf der Verwertbarkeit der Ergebnisse eines ausländischen Beweissicherungsverfahrens in einem inländischen Hauptsacheprozess liegen.

Zunächst soll die Darstellung exemplarisch ausgewählter ausländischer Beweissicherungsverfahren einen Überblick über die verschiedenen Beweissicherungsverfahren ermöglichen (§ 2). Der Fokus soll dabei auf dem für den deutschen Handels- und Rechtsverkehr relevanten Rechtsraum der Europäischen Union, einschließlich der Schweiz, liegen. Auf die bereits vorhandenen umfangreichen Untersuchungen zum anglo-amerikanischen Rechtsraum, insbesondere betreffend die US-amerikanischen *pre-trial discovery*, soll nur verwiesen und an gegebener Stelle eingegangen werden[15].

In einem weiteren Schritt wird die internationale Zuständigkeit für Beweissicherungsverfahren untersucht (§ 3), um aufzuzeigen, unter welchen Voraussetzungen es dazu kommen kann, dass das Beweissicherungsverfahren in einer anderen Jurisdiktion als das spätere Hauptsacheverfahren durchgeführt wird.

Im Anschluss daran liegt der Schwerpunkt der Arbeit darauf, die Auswirkungen eines ausländischen Beweissicherungsverfahrens auf den inländischen Prozess zu untersuchen. Zunächst ist dabei festzulegen, wie diesbezüglich dogmatisch zu verfahren ist (§ 4). Sodann sind die allgemeinen und besonderen Voraussetzungen für die einzelnen Auswirkungen und insbesondere für die Verwertbarkeit des ausländischen Beweissicherungsverfahrens im Inland zu erarbeiten (§§ 5–7).

15 Vgl. etwa *Eschenfelder*, Beweiserhebung im Ausland; *Junker*, Discovery; *ders.*, Electronic Discovery; *Reiling*, Das US-amerikanische Discovery-Verfahren; *Rollin*, Ausländische Beweisverfahren; *Schack*, US-amerikanisches Zivilprozessrecht.

§ 2 Die Struktur der Beweissicherungsverfahren

A. Das selbständige Beweisverfahren gem. §§ 485 ff ZPO (Deutschland)

I. Rechtsgrundlage und Zulässigkeit

1. Rechtsgrundlage

Das deutsche selbständige Beweisverfahren[16] ist in den §§ 485 ff ZPO geregelt. Es ermöglicht gem. § 485 Abs. 1 ZPO eine *einvernehmliche* (Alt. 1) oder *sichernde* (Alt. 2) vorgezogene Beweisaufnahme durch Einnahme des Augenscheins, die Vernehmung von Zeugen oder die Begutachtung durch einen Sachverständigen während oder außerhalb eines Streitverfahrens (also des Hauptsacheverfahrens) als verselbständigter Teil des Klageverfahrens[17]. Außerdem ist im *streitschlichtenden* Beweisverfahren die Begutachtung durch einen Sachverständigen gem. § 485 Abs. 2 ZPO bei entsprechendem rechtlichen Interesse auch schon möglich, bevor ein Hauptsacheverfahren anhängig ist[18].

Das vor der Änderung durch das Rechtspflege-Vereinfachungsgesetz[19] nur im Falle des drohenden Beweismittelverlusts einschlägige Verfahren dient nun, wie aus § 485 Abs. 2 S. 2 ZPO ersichtlich, auch der Streitvermeidung, insbesondere in den Fällen, in denen die Parteien nur über die Höhe eines Schadens, nicht aber über das Bestehen des Anspruchs streiten[20].

Das selbständige Beweisverfahren nach §§ 485 ff ZPO gehört nicht zu den Verfahren im einstweiligen Rechtsschutz. Praktisch bedeutend ist es insbesondere bei Baumängel[21], aber auch zunehmend im Arzthaftungsrecht[22] und anderen Bereichen[23].

---

16 Früher *Beweissicherungsverfahren*.

17 *Musielak/Voit*, Grundkurs ZPO, Rn. 869; *Schellhammer*, Zivilprozess, S. 852 Fn. 1.

18 *Musielak/Voit*, Grundkurs ZPO, Rn. 869.

19 Rechtspflege-Vereinfachungsgesetz vom 17.12.1990, BGBl. 1990 I S. 2847.

20 *Jäckel*, Das Beweisrecht der ZPO, Rn. 917.

21 Vgl. Kleine-Möller/Merl/Glöckner/*Praun*, § 19 Rn. 1 ff.

22 Vgl. Spickhoff/*Spickhoff*, ZPO Rn. 14 ff; MAH-MedR/*Terbille*, § 1 Rn. 169 ff.

23 *Jäckel*, Das Beweisrecht der ZPO, Rn. 922 ff.

2. *Zulässigkeit*

Das einvernehmliche Beweisverfahren nach § 485 Abs. 1 Alt. 1 ZPO ist der unproblematischste und zugleich seltenste Fall, da es lediglich die Zustimmung des Gegners voraussetzt, welche grundsätzlich als Prozesshandlung dem Gericht gegenüber zu erklären ist[24]. Möglich ist aber auch die Erklärung gegenüber dem Antragsgegner, die dann glaubhaft zu machen ist, § 487 Nr. 4 ZPO[25].

Für das sichernde Beweisverfahren nach § 485 Abs. 1 Alt. 2 ZPO muss die Gefahr bestehen, dass ein Beweismittel verloren geht oder seine Benutzung erschwert wird. Hierunter fallen die klassischen Fälle, dass die Feststellung von Mängeln einer Sache (z.B. eines Bauwerks) infolge drohenden Untergangs oder Veränderung, insbesondere durch Reparatur, unmöglich zu werden droht[26]. Ebenso ist diese Voraussetzung gegeben, wenn ein Zeuge zu versterben droht, ein längerer Auslandsaufenthalt eines Zeugen ansteht oder ein Patient nach einem Behandlungsfehler weiter behandelt werden soll[27]. Die drohende Verjährung oder der Verlust der Zeugenstellung aus rechtlichen Gründen hingegen rechtfertigen keine Besorgnis in diesem Sinne[28].

Diese beiden Varianten des selbständigen Beweisverfahrens gem. § 485 Abs. 1 ZPO können sich auf jede Tatsachenbehauptung beziehen (vgl. § 487 Nr. 2 ZPO), wobei erst im Hauptsacheprozess relevant wird, ob diese streitig oder überhaupt entscheidungserheblich ist[29]. Ausgeschlossen ist hingegen jede der Hauptsache vorbehaltene rechtliche Bewertung von Tatsachen und Beantwortung von Rechtsfragen, sodass zum Beispiel nicht die Feststellung begehrt werden kann, dass die Verletzung eines Patienten auf einem groben Behandlungsfehler des Arztes beruht[30]. Zulässig sind der Augenscheins-, der Zeugen- und der Sachverständigenbeweis, § 485 Abs. 1 ZPO.

Das streitschlichtende Beweisverfahren nach § 485 Abs. 2 S. 1 ZPO ist bereits vor Anhängigkeit eines Hauptsacheverfahrens zulässig, allerdings ist hier nur die schriftliche Begutachtung durch einen Sachverständigen möglich. Erforderlich hierfür ist, dass der Antragsteller, wie in § 485 Abs. 2 S. 1 Nr. 1–3 ZPO

---

24 *Jäckel*, Das Beweisrecht der ZPO, Rn. 929.

25 Stein/Jonas/*Berger*, § 485 Rn. 9.

26 BeckOK-ZPO/*Kratz*, § 485 Rn. 24 f.

27 BeckOK-ZPO/*ders.*, § 485 Rn. 24 f.

28 Zöller/*Herget*, § 485 Rn. 5; *Ulrich*, Selbständiges Beweisverfahren mit Sachverständigen, S. 22 Rn. 4.

29 *Schellhammer*, Zivilprozess, Rn. 1811.

30 *Jäckel*, Das Beweisrecht der ZPO, Rn. 937a.

aufgeführt, ein rechtliches Interesse an der Feststellung der Höhe, der Ursache oder des Beseitigungsaufwands eines Personen- oder Sachschadens hat. Ein solches rechtliches Interesse ist insbesondere dann anzunehmen, wenn die Feststellung den Rechtsstreit vermeiden kann, § 485 Abs. 2 S. 2 ZPO. Das rechtliche Interesse ist allgemein weit auszulegen und nur in Ausnahmefällen zu verneinen, wenn zum Beispiel von vorneherein ausgeschlossen ist, dass ein Anspruch besteht[31]. Es genügt somit, wenn die Tatsachengrundlage für die Beurteilung, ob Ansprüche bestehen oder nicht, geschaffen werden soll[32].

3. *Verjährung*

Die Verjährung der in Frage stehenden Ansprüche wird gem. § 204 Abs. 1 Nr. 7 BGB durch die Zustellung des Antrags auf Durchführung eines selbständigen Beweisverfahrens gehemmt.

4. *Besondere Voraussetzungen*

a. *Erneute Begutachtung*

Nach einer bereits erfolgten Begutachtung kann eine erneute Begutachtung desselben Sachverhalts gem. §§ 485 Abs. 3, 412 ZPO nur dann angeordnet werden, wenn das Gericht das vorliegende Gutachten für unzureichend erachtet oder der Sachverständige abgelehnt worden ist. Zweck dieser Regelung ist es insbesondere, widersprüchliche Gutachten zu vermeiden[33].

b. *Ausforschungsverbot, Unzumutbarkeit, Zeugnisverweigerungsrecht*

Der Antrag kann aufgrund berechtigter Interessen des Antragsgegners unzulässig sein[34].

Der Antragsteller muss in seinem Antrag auf Beweissicherung die Tatsache, über die er Feststellung begehrt, ausreichend bestimmt benennen, um auszuschließen, dass das Beweisverfahren zur Ausforschung von Informationen wie etwa Betriebsgeheimnissen missbraucht wird[35]. Auch etwaige Mängel einer Sache müssen zum Beispiel schon so konkretisiert werden, dass der

---

31 Zöller/*Herget*, § 485 Rn. 7a.

32 Saenger/*Pukall*, § 485 Rn. 11.

33 MüKoZPO/*Schreiber*, § 485 Rn. 21 mwN.

34 Str. ob insoweit eine generelle Interessenabwägung vorzunehmen ist, vgl. MüKoZPO/*ders.*, § 485 Rn. 11.

35 Stein/Jonas/*Berger*, § 485 Rn. 21; Saenger/*Pukall*, § 485 Rn. 10b.

Begutachtungsgegenstand bestimmt ist und nicht so weit, dass eigentlich erst die Anknüpfungstatsachen möglicher Mängel in Frage stehen[36].

Besonders eingreifende Maßnahmen wie einen ärztlichen Eingriff muss der Gegner nur bei entsprechender Duldungspflicht hinnehmen (z.B. aus § 372a ZPO)[37].

Auch bei Vorliegen eines Zeugnisverweigerungsrechts können bestimmte Beweismittel unzulässig sein[38].

c. *Antrag gegen unbekannten Gegner*

Gem. § 494 Abs. 1 ZPO kann auch ein Antrag gegen einen unbekannten Gegner zulässig sein. Voraussetzung dafür ist aber, dass der Antragsteller glaubhaft machen kann, dass es ihm unverschuldet nicht möglich ist, einen Gegner zu benennen. Die Vorschrift ist restriktiv auszulegen, aber zum Beispiel zur Feststellung eines durch einen Unbekannten verursachten Schadens einschlägig, etwa bei Unfallflucht infolge eines Verkehrsunfalls[39]. Zum Schutz des unbekannten Gegners kann das Gericht diesem einen Vertreter zur Wahrnehmung seiner Rechte bestellen, § 494 Abs. 2 ZPO.

d. *Nebenintervention und Streitverkündung*

Der BGH hält Nebeninterventionen und Streitverkündungen gem. §§ 66 ff ZPO im selbständigen Beweisverfahren für zulässig, da es sich bei letzterem um ein kontradiktorisches Verfahren handele, ein praktisches Bedürfnis bestehe und dies dem Zweck der §§ 485 ff ZPO, Prozesse zu vermeiden und Verfahren zu beschleunigen, entspreche[40]. Diese Auffassung ist allerdings nach wie vor umstritten[41]. Zu beachten ist jedenfalls, dass nach Ansicht des BGH auch die Verjährung gegenüber dem Dritten gem. § 204 Abs. 1 Nr. 6 BGB durch die (zulässige) Streitverkündung gehemmt wird[42].

---

36 *Ulrich*, Selbständiges Beweisverfahren mit Sachverständigen, S. 60 Rn. 37 f.

37 Musielak/Voit/*M. Huber*, § 485 Rn. 8.

38 Vgl. Musielak/Voit/*ders.*, § 485 Rn. 8.

39 *Balzer*, Beweisaufnahme und Beweiswürdigung im Zivilprozess, Rn. 396; Stein/Jonas/*Berger*, § 494 Rn. 1.

40 BGH, Urt. v. 05.12.1996, Az. VII ZR 108/95, NJW 1997, 859 f.

41 Vgl. Wieczorek/Schütze/*Ahrens*, Vor § 485 Rn. 18 ff; *Weller, W.*, Selbständiges Beweisverfahren und Drittbeteiligung, S. 15 ff.

42 Kleine-Möller/Merl/Glöckner/*Praun*, § 19 Rn. 291.

II. Zuständigkeit

1. Bei anhängiger Hauptsache

Wenn bereits ein Prozess in der Hauptsache anhängig ist, so ist gem. § 486 Abs. 1 ZPO das Gericht der Hauptsache auch für die Anordnung eines selbständigen Beweisverfahrens zuständig.

Gericht der Hauptsache kann neben dem Gericht in der ersten Instanz auch das Berufungsgericht und grundsätzlich auch das Revisionsgericht sein[43]. Der Antrag kann jeweils auch zeitgleich mit der Einreichung der Klage oder der Einlegung des Rechtsmittels gestellt werden[44].

Bei der Bestimmung der örtlichen und sachlichen Zuständigkeit für das Hauptsacheverfahren bestehen keine Besonderheiten. Umstritten ist lediglich die wohl zu bejahende Zuständigkeit staatlicher Gerichte bei Vorliegen einer Schiedsgerichtsvereinbarung oder gar einer Schiedsgutachterklausel[45].

2. Bei nicht anhängiger Hauptsache

Ist noch kein Hauptsacheverfahren anhängig, so ist der Antrag gem. § 486 Abs. 2 S. 1 ZPO bei dem Gericht zu stellen, das nach dem Vortrag des Antragstellers zur Entscheidung in der Hauptsache berufen wäre. Dabei kommt den Angaben des Antragstellers, insbesondere zur Schadenshöhe und somit zur sachlichen Zuständigkeit, maßgebliche Bedeutung zu, auch wenn das Gericht nicht an sie gebunden ist[46]. Ergeben sich danach verschiedene Gerichtsstände, steht dem Antragsteller ein Wahlrecht gem. § 35 ZPO zu[47].

Stellt sich im Laufe des Beweisverfahrens heraus, dass aufgrund der festgestellten Schadenshöhe ein anderes Gericht sachlich zuständig wäre, hat dies keinen Einfluss mehr auf die Zuständigkeit für das selbständige Beweisverfahren[48]. Wird während des selbständigen Beweisverfahrens die Hauptsache bei einem anderen (tatsächlich zuständigen) Gericht anhängig gemacht, geht die Zuständigkeit auf dieses über, sobald es eine Beweisaufnahme für erforderlich hält und deshalb die Akten des selbständigen Beweisverfahrens anfordert[49].

---

43 Stein/Jonas/*Berger*, § 486 Rn. 3; **aA** Zöller/*Herget*, § 486 Rn. 3 (nur ausnahmsweise das Revisionsgericht).

44 Stein/Jonas/*Berger*, § 486 Rn. 1,3.

45 Vgl. dazu Zöller/*Herget*, § 485 Rn. 7a mwN.

46 Stein/Jonas/*Berger*, § 486 Rn. 6.

47 MüKoZPO/*Schreiber*, § 486 Rn. 3.

48 Saenger/*Pukall*, § 486 Rn. 4 (Unanwendbarkeit des § 506 ZPO).

49 BGH, Beschl. v. 22.07.2004, Az. VII ZB 3/03, NZBau 2004, 550.

§ 486 Abs. 2 S. 2 ZPO bestimmt, dass sich der Antragsteller im späteren Hauptsacheverfahren nicht auf die Unzuständigkeit des Gerichts berufen kann, bei dem er den Antrag auf das selbständige Beweisverfahren gestellt hat. Dies ist insofern missverständlich, als es sich nur auf den Fall bezieht, dass der Antragsteller im Hauptsacheprozess Beklagter ist, wohingegen er als Kläger in der Hauptsache auch ein anderes (zuständiges) Gericht wählen kann[50]. Für den Gegner im selbständigen Beweisverfahren entfaltet § 486 Abs. 2 S. 2 ZPO keinerlei Wirkung, sodass er auch bei rügeloser Einlassung auf das Beweisverfahren keine Zuständigkeit gem. § 39 ZPO gegen sich gelten lassen muss[51].

3. *Eilzuständigkeit*

In Fällen dringender Gefahr sieht § 486 Abs. 3 ZPO eine Eilzuständigkeit für das Amtsgericht vor, in dessen Bezirk sich die zu vernehmende oder zu begutachtende Person aufhält oder die in Augenschein zu nehmende oder zu begutachtende Sache befindet. Diese Eilzuständigkeit gilt sowohl in Fällen des § 486 Abs. 1 ZPO, also vor Anhängigkeit einer Hauptsache, als auch in denen des § 486 Abs. 2 ZPO, also bei anhängiger Hauptsache[52].

Unter dringender Gefahr ist, ähnlich wie bei § 486 Abs. 1 Alt. 2. ZPO, ein drohender Verlust des Beweismittels oder eine erschwerte Nutzung desselben zu verstehen, wobei darüber hinaus einschränkend erforderlich ist, dass der Beweis nicht mehr rechtzeitig von dem in der Hauptsache zuständigen Gericht erhoben werden könnte[53]. Die dringende Gefahr ist bei § 486 Abs. 3 ZPO entsprechend dem Ausnahmecharakter des Eilgerichtsstands eng auszulegen, liegt aber zum Beispiel vor, wenn ein schwerkranker Zeuge zu versterben droht[54].

Auch die Eilzuständigkeit des Amtsgerichts endet mit der Beiziehung der Akten durch das Hauptsachegericht[55].

---

50 Stein/Jonas/*Berger*, § 486 Rn. 11.

51 Zöller/*Herget*, § 486 Rn. 4.

52 BeckOK-ZPO/*Kratz*, § 486 Rn. 16.

53 Saenger/*Pukall*, § 486 Rn. 7; MüKoZPO/*Schreiber*, § 486 Rn. 5.

54 Musielak/Voit/*M. Huber*, § 486 Rn. 1,5; Kleine-Möller/Merl/Glöckner/*Praun*, § 19 Rn. 129.

55 Siehe Fn. 49.

4. *Rechtshängigkeit*

Das selbständige Beweisverfahren bewirkt keine entgegenstehende Rechtshängigkeit iSv § 261 Abs. 3 Nr. 1 ZPO gegenüber der Hauptsache oder einem weiteren selbständigen Beweisverfahren[56].

III. Beweisaufnahme und Verfahren

Das selbständige Beweisverfahren ist beim zuständigen Gericht zu beantragen. Der Antrag muss die inhaltlichen Bestimmungen des § 487 ZPO erfüllen, also den Gegner, die Tatsachen, über die Beweis erhoben werden soll, und das Beweismittel (etwa Zeugen) benennen.

Alle Tatsachen, die die Zulässigkeit des Antrags begründen, inklusive der Zuständigkeit des Gerichts, müssen gem. § 487 Nr. 4 ZPO glaubhaft gemacht werden (§ 294 ZPO).

Nachdem das Gericht dem Antrag gem. § 490 ZPO durch Beschluss stattgegeben hat, erfolgt gem. § 492 Abs. 1 ZPO grundsätzlich eine *normale* Beweisaufnahme nach den allgemeinen Regeln der ZPO für das jeweilige Beweismittel (vgl. §§ 355 ff ZPO). Dabei sollen die Beweise bereits im selbständigen Beweisverfahren möglichst vollständig und endgültig erhoben werden, damit sie sich auch als Grundlage einer möglicherweise folgenden Hauptsache eignen[57]. Möglich sind aber nur die benannten Beweismittel, also der Augenscheins-, Zeugen- und Sachverständigenbeweis, vgl. § 485 Abs. 1 ZPO. Eine analoge Anwendung auf den Urkundenbeweis und die Parteivernehmung wird bisher nur als Mindermeinung vertreten[58].

Wenn noch keine Hauptsache anhängig ist, kann das Gericht gem. § 494a ZPO eine Frist zur Klageergebung anordnen.

Der Antrag ist dem Gegner gem. § 491 Abs. 1 ZPO zuzustellen und dieser ist zu dem für die Beweisaufnahme anberaumten Termin rechtzeitig zu laden. Eine Missachtung dieses Erfordernisses steht der Beweisaufnahme gem. § 491 Abs. 2 ZPO zwar nicht entgegen, kann sich aber auf die Verwertbarkeit im Hauptsacheprozess auswirken[59]. Der Gegner ist jedenfalls gem. §§ 357, 397 iVm 492 Abs. 1 ZPO dazu berechtigt, der Beweisaufnahme beizuwohnen und

---

56 BGH, Beschl. v. 18.02.2010, Az. Xa ARZ 14/10, NJW-RR 2010, 891 (892); MüKoZPO/*Becker-Eberhard*, § 261 Rn. 16.

57 Wieczorek/Schütze/*Ahrens*, § 492 Rn. 2.

58 Stein/Jonas/*Berger*, § 485 Rn. 4 ff; für die abl. hM siehe Baumbach/Lauterbach/*Hartmann*, § 485 Rn. 3.

59 Zu § 493 Abs. 2 ZPO und den Folgen der Nichtladung siehe unten § 2A.V, S. 36.

von seinem Fragerecht Gebrauch zu machen[60]. Aus dem Fragerecht der Partei folgt auch, dass das Gericht einem Antrag auf Erläuterung des Gutachtens durch den Sachverständigen gem. §§ 411 Abs. 3 iVm 492 Abs. 1 ZPO stattzugeben hat[61].

Die Parteien können während des Beweisverfahrens die Ablehnung des Sachverständigen gem. § 406 ZPO beantragen[62]. Außerdem können sie generell Einwendungen gegen die Zulässigkeit der Beweisaufnahme erheben[63]. Hier ist allerdings umstritten, ob Einreden in der Hauptsache gem. § 296 Abs. 1, 4 ZPO präkludiert sind, wenn die Parteien die Erhebung einer Einrede im selbständigen Beweisverfahren zuvor unterlassen haben[64].

Das Protokoll über die Beweisaufnahme wird gem. § 492 Abs. 2 ZPO von dem Gericht, das die Beweiserhebung angeordnet hat, aufbewahrt und dann bei abweichendem Prozessgericht von letzterem für die Hauptsache angefordert[65].

Nach § 492 Abs. 3 ZPO kann das Gericht die Parteien, wenn eine Einigung zu erwarten ist, zu einem Erörterungstermin laden und einen entsprechenden Vergleich auch gerichtlich protokollieren.

Die Kosten des selbständigen Beweisverfahrens gehören zu den Kosten der Hauptsache, über die grundsätzlich insgesamt im Hauptsachverfahren gem. §§ 91 ff ZPO zu entscheiden ist[66]. Bei offensichtlicher Nutzlosigkeit des selbständigen Beweisverfahrens können die Kosten gem. § 96 ZPO gänzlich dem Antragsteller auferlegt werden[67]. Ebenso werden ihm die Kosten gem. § 494a Abs. 2 S. 1 ZPO auferlegt, wenn das Gericht gem. § 494a Abs. 1 ZPO die Klageerhebung binnen einer bestimmten Frist angeordnet hat und er dem nicht nachkommt. Im Übrigen kommen, wenn kein Hauptsacheverfahren stattfindet, nur materiellrechtliche Kostenerstattungsansprüche in Betracht[68].

---

60 Musielak/Voit/*M. Huber*, § 491 Rn. 1.

61 MüKoZPO/*Schreiber*, § 492 Rn. 1 mwN zu hM und aA.

62 Stein/Jonas/*Berger*, § 492 Rn. 9 f.

63 Zöller/*Herget*, § 492 Rn. 2.

64 Siehe dazu unten § 2A.V, S. 36.

65 Saenger/*Pukall*, § 492 Rn. 4.

66 MüKoZPO/*Schreiber*, § 485 Rn. 32 mwN.

67 Stein/Jonas/*Berger*, Vor § 485 Rn. 32; OLG Düsseldorf, Beschl. v. 26.08.1997, Az. 22 W 45–97, NJW-RR 1998, 358 f; OLG München, Urt. v. 25.06.2010, Az. 10 U 5028/09, BeckRS 2010, 15759.

68 Vgl. Zöller/*Herget*, § 490 Rn. 6; MüKoZPO/*Schreiber*, § 485 Rn. 36 mwN.

IV. Verwertung

Im Hauptsacheprozess steht die Beweiserhebung aus dem selbständigen Beweisverfahren gem. § 493 Abs. 1 ZPO einer Beweisaufnahme vor dem Prozessgericht gleich. Auf die Tatsachen, über die selbständig Beweis erhoben wurde, können sich beide Parteien gleichermaßen berufen und es Bedarf zur Verwertung keines Beweisbeschlusses mehr[69]. Sofern sich eine Partei auf eine solche Tatsache beruft, hat das Gericht die Beweiserhebung von Amts wegen zu berücksichtigen und dann gem. § 285 ZPO in die mündliche Verhandlung einzuführen[70].

Aus der Gleichstellung mit der Beweisaufnahme vor dem Prozessgericht folgt, dass die Beweismittel ihre rechtliche Natur aus dem selbständigen Beweisverfahren auch vor dem Prozessgericht beibehalten, also eine Zeugenvernehmung Zeugenbeweis und ein Sachverständigengutachten Sachverständigenbeweis bleibt und nicht etwa fortan als Urkundenbeweis behandelt wird[71]. Daraus folgt freilich auch, dass § 360 ZPO und die Regeln der jeweiligen Beweismittel anzuwenden sind und somit für eine Wiederholung oder Fortsetzung derselben Beweiserhebung für den Zeugenbeweis § 398 ZPO und für den Sachverständigenbeweis § 412 ZPO maßgeblich sind[72].

Die Beweiserhebung aus dem selbständigen Beweisverfahren unterliegt im Rahmen der besonderen Beweisregeln selbstverständlich grundsätzlich ebenso der freien Beweiswürdigung nach § 286 ZPO wie die durch das Prozessgericht selbst erhobenen Beweise[73]. Dies kann sich dann bei Zeugenaussagen trotz der bereits erfolgten Vernehmung noch auswirken und theoretisch kann das Prozessgericht auch im noch Hauptsacheverfahren die Glaubhaftigkeit eines Sachverständigengutachtens aus dem selbständigen Beweisverfahren anzweifeln.

Verwertbar ist die Beweisaufnahme allerdings nur bei Parteiidentität, wenn also die Parteien der Hauptsache auch am selbständigen Beweisverfahren beteiligt waren, wozu aber auch ein Dritter zählt, dem im Beweisverfahren der Streit verkündet wurde[74]. Andernfalls kommt für die Verwertung einer Beweiserhebung aus

69 Zöller/*Herget*, § 493 Rn. 1.

70 Wieczorek/Schütze/*Ahrens*, § 493 Rn. 1; Saenger/*Pukall*, § 493 Rn. 2.

71 Stein/Jonas/*Berger*, § 493 Rn. 4.

72 Zöller/*Herget*, § 493 Rn. 2.

73 Kleine-Möller/Merl/Glöckner/*Praun*, § 19 Rn. 336.

74 Stein/Jonas/*Berger*, § 493 Rn. 5; *Schellhammer*, Zivilprozess, Rn. 1816; die Zulässigkeit der Streitverkündung ist str., vgl. Wieczorek/Schütze/*Ahrens*, Vor § 485 Rn. 18 ff.

einem selbständigen Beweisverfahren mit einem sonstigen Dritten nur der Urkundenbeweis bzw. § 411a ZPO in Betracht[75].

V. Verwertungshindernisse und Besonderheiten

Ein spezielles Verwertungsverbot ist in § 493 Abs. 2 ZPO geregelt. Danach darf die Beweisaufnahme nicht verwertet werden, wenn der Gegner bei dem Termin der Beweisaufnahme nicht anwesend war und auch nicht dazu geladen wurde. Insoweit wird die Bedeutung von § 491 Abs. 1 ZPO unterstrichen und § 491 Abs. 2 ZPO dahingehend relativiert, dass die Nichtanwesenheit des Gegners während des Beweisaufnahmetermins eben nur dann unschädlich ist, wenn er ordnungsgemäß geladen worden ist. Einen Verstoß hat der Gegner zur Vermeidung der Präklusion gem. § 295 ZPO zu rügen[76].

Darüber hinaus ist für die Verwertbarkeit erforderlich, dass die Beweisaufnahme rechtmäßig erfolgt ist. Während also die Missachtung des Anwesenheits- oder Fragerechts der Parteien oder Fehler bei der Protokollierung der Verwertbarkeit entgegenstehen, kommt es aber nicht darauf an, dass das selbständige Beweisverfahren an sich zulässig war[77]. Insbesondere hindert die Anordnung durch ein gem. § 486 ZPO unzuständiges Gericht ebenso wenig die Verwertbarkeit wie die Stattgabe eines unzulässigen Beweisantrages (vgl. § 486 Abs. 2 S. 2 ZPO bzw. § 490 Abs. 2 S. 2 ZPO)[78].

Eine sehr umstrittene Frage im Hinblick auf die Verwertbarkeit der Beweisaufnahme ist die nach einer Präklusion gem. § 296 ZPO im Hauptprozess, wenn eine Partei es unterlassen hat, eine Einwendung gegen die Beweisaufnahme schon im selbständigen Beweisverfahren zu erheben[79]. Im Hinblick auf den Sinn und Zweck des selbständigen Beweisverfahrens, Beweise effektiv zu sichern und den Rechtsstreit damit insgesamt eher zu beschleunigen als zu verlangsamen, sollten die Anforderungen an das selbständige Beweisverfahren allerdings nicht überspannt werden, sodass eine Präklusion abzulehnen ist[80].

---

75 Dazu sogleich § 2A.VI, S. 37.

76 Musielak/Voit/*M. Huber*, § 493 Rn. 3; MüKoZPO/*Schreiber*, § 493 Rn. 6.

77 Zöller/*Herget*, § 493 Rn. 3; Thomas/Putzo/*Reichold*, § 493 Rn. 1.

78 *Ahrens*, Der Beweis im Zivilprozess, Kap. 56 Rn. 19; Kleine-Möller/Merl/Glöckner/*Praun*, § 19 Rn. 341.

79 Zum unübersichtlichen Meinungsstand in Rspr und Lit vgl. Kleine-Möller/Merl/Glöckner/*Praun*, § 19 Rn. 352 ff; außerdem Wieczorek/Schütze/*Ahrens*, § 493 Rn. 16.

80 OLG München, Beschl. v. 14.03.2007, Az. 28 W 1155/07, IBR 2008, 59; Stein/Jonas/*Berger*, § 492 Rn. 16; Zöller/*Herget*, § 492 Rn. 1; MüKoZPO/*Schreiber*, § 493 Rn. 3.

VI. Ergänzung durch § 411a ZPO

Der 2004 durch das 1. Justizmodernisierungsgesetz[81] in die ZPO eingefügte § 411a ZPO ermöglicht es, die schriftliche Begutachtung eines Sachverständigen durch ein Sachverständigengutachten aus einem anderen Verfahren zu ersetzen. Während zwar auch vorher schon eine Verwertung als Urkunde möglich war, erlaubt § 411a ZPO nun eine Verwertung als Sachverständigenbeweis, sodass zum Beispiel für ein erneutes Gutachten nun auch die Voraussetzungen des § 412 ZPO vorliegen müssen[82]. Das Gutachten muss durch ein Gericht oder eine Staatsanwaltschaft eingeholt worden sein. Darunter fällt auch ein Sachverständigengutachten aus einem selbständigen Beweisverfahren[83]. Die Besonderheit gegenüber § 493 Abs. 1 ZPO ist, dass die Parteiidentität bei § 411a ZPO keine Voraussetzung ist, also auch ein Sachverständigengutachten aus einem selbständigen Beweisverfahren zwischen anderen Parteien als denen des Hauptsacheverfahrens verwertet werden kann[84].

---

81 1. Justizmodernisierungsgesetz vom 24.08.2004, BGBl. 2004 I S. 2198.

82 Stein/Jonas/*Berger*, § 411a Rn. 1 f.

83 Musielak/Voit/*M. Huber*, § 411a Rn. 4; MüKoZPO/*Zimmermann*, § 411a Rn. 3.

84 Stein/Jonas/*Berger*, § 411a Rn. 8; BeckOK-ZPO/*Scheuch*, § 411a Rn. 7.

B. Die *mesure d'instruction à futur* gem. Art. 145 CPC (Frankreich)

I. Rechtsgrundlage und Zulässigkeit

1. Rechtsgrundlage

Das französische Beweissicherungsverfahren ist in Art. 145 CPC geregelt. Es ermöglicht, entscheidungserhebliche Beweise in einer vorgezogenen Beweisaufnahme vor einem Hauptsacheverfahren zu sichern oder zu ermitteln, wenn dafür ein berechtigtes Interesse (*motif légitim*[85]) besteht. Dafür stehen grundsätzlich alle auch in der Hauptsache vorgesehenen Beweismittel zur Verfügung. In der Praxis wird es sich mit Abstand am häufigsten um ein sogenanntes *référé probatoire* handeln, also ein Sachverständigengutachten (*expertise*), welchem im französischen Zivilverfahren eine hohe Bedeutung zukommt[86].

Das Verfahren dient sowohl der Beweissicherung als auch der Einschätzung der Erfolgsaussichten einer Klage[87].

Die Beweissicherung ist in Frankreich Teil des einstweiligen Rechtsschutzes und kann einerseits im allgemeineren *référé*-Verfahren erfolgen, in besonderen Fällen aber auch als *ordonnance sur requête*, einer speziellen Maßnahme ohne Beteiligung des Gegners[88].

Im Gegensatz zum deutschen selbständigen Beweisverfahren, betrifft die Beweissicherung gem. Art. 145 CPC wortlautgemäß ausschließlich den Zeitpunkt vor der Anhängigkeit eines Hauptsacheverfahrens. Zwar kann auch während eines Hauptsacheprozesses bei drohendem Beweismittelverlust die Beweisaufnahme verlangt werden, doch liegt insoweit eine *normale* Beweisaufnahme im Rahmen eines Prozesses gem. Art. 144 CPC und somit kein Beweissicherungsverfahren im eigentlichen Sinne vor. In diesem Fall richtet sich die Beweisaufnahme also nicht nach Art. 145 CPC, sondern nach den allgemeinen Regeln über die Beweisaufnahme gem. Artt. 143–284 CPC (*mesures d'instruction à titre accessoire*)[89].

---

85 *Wannenmacher*, Einstweilige Maßnahmen, S. 60: „hinreichender Grund"; *Dörschner*, Beweissicherung im Ausland, S. 115: „rechtliches Interesse".

86 *Chainais/Ferrand/Guinchard*, Procédure civile, Rn. 1915; *Dörschner*, Beweissicherung im Ausland, S. 109; *Försterling*, IPRax 2000, 499.

87 *Héron/Le Bars*, Droit judiciaire privé, Rn. 422 f.

88 Vgl. zu den Begriffen *Goût/Pansier*, Petit lexique juridique, S. 238, 272.

89 *Couchez/Lagarde*, Procédure civile, Rn. 338 ff; *Dörschner*, Beweissicherung im Ausland, S. 112 f.

Grundsätzlich gilt im französischen Zivilprozess der Dispositions- und Beibringungsgrundsatz, wenngleich auch gem. Artt. 10, 143 CPC von Amts wegen die Beweisaufnahme angeordnet werden kann, was aber praktisch selten ist und im Rahmen der Beweissicherung vor Anhängigkeit einer Hauptsache keine Rolle spielt[90].

2. *Zulässigkeit*

Erforderlich für die Beweissicherungsmaßnahme (*mesure d'instruction à futur*) ist ein berechtigtes Interesse (*motif légitim*) an der Sicherung oder Ermittlung einer Tatsache. Dieses berechtigte Interesse ist großzügig auszulegen, aber dennoch in Zusammenhang mit der weiteren Voraussetzung der (potentiellen) Entscheidungserheblichkeit für einen künftigen Prozess (*dont pourrait dépendre la solution d'un litige*)[91]. Wie im deutschen Verfahren liegt ein berechtigtes Interesse somit jedenfalls immer dann vor, wenn ein Beweis verloren zu gehen oder sich zu verändern droht[92]. Es genügt aber darüber hinaus auch, dass lediglich Beweise zur Beurteilung der Erfolgsaussichten einer Klage erhoben werden sollen, um so auch möglicherweise einen Prozess gänzlich zu vermeiden[93].

Umstritten war nach Einführung des Art. 145 CPC zunächst, ob über dessen Voraussetzungen hinaus auch nach den Vorschriften über die Verfahren, zu denen Art. 145 CPC verweist (insbesondere das *référé*-Verfahren), weitere Voraussetzungen erfüllt sein müssen, wie etwa die allgemeinen Voraussetzungen für einstweilige Verfügungen nach Art. 808 CPC. Nach einer Reihe von Entscheidungen der *Cour de cassation*, denen sich die Literatur mehrheitlich angeschlossen hat, öffnet Art. 145 CPC eigenständig das *référé*- bzw. das *requête*-Verfahren, sodass nur die Voraussetzungen des Art. 145 CPC selbst für Beweissicherungsmaßnahmen erfüllt sein müssen[94].

In dem Antrag müssen die Tatsachen, über die Beweis erhoben werden soll, bestimmt sein[95].

---

90 *Cadiet/Jeuland*, Droit judiciaire privé, Rn. 526 f, 529; *Héron/Le Bars*, Droit judiciaire privé, Rn. 277, 281.

91 *Chainais/Ferrand/Guinchard*, Procédure civile, Rn. 1916; **aA** *Dörschner*, Beweissicherung im Ausland, S. 60, wonach hohe Anforderungen zu stellen sind.

92 CPC-Dalloz/*Dargent*, Art. 145 Rn. 79.

93 Wieczorek/Schütze/*Ahrens*, Vor § 485 Rn. 36.

94 *Cadiet/Jeuland*, Droit judiciaire privé, Rn. 573; *Chainais/Ferrand/Guinchard*, Procédure civile, Rn. 1918; *Couchez/Lagarde*, Procédure civile, Rn. 339.

95 *Chainais/Ferrand/Guinchard*, Procédure civile, Rn. 1917.

3. *Verjährung*

Der Antrag auf Beweissicherung gem. Art. 145 CPC hemmt gem. Art. 2239 Abs. 1 C.civ. die Verjährung. Die Verjährung beginnt erst sechs Monate nach Beendigung der Beweissicherungsmaßnahme wieder zu laufen, Art. 2239 Abs. 2 C.civ.

4. *Besondere Voraussetzungen*

a. *Erneute Begutachtung*

Die Beantragung einer erneuten Beweissicherung mit Verweis auf darauf, dass die bereits erfolgte Beweissicherung unzureichend oder mangelhaft sei, ist ausgeschlossen[96].

b. *Ausforschungsverbot, Unzumutbarkeit, Zeugnisverweigerungsrecht*

Während die *mesure d'instruction à futur* zwar auch der Einschätzung der Erfolgsaussichten einer Klage dient, ist wie in Deutschland auch nach dem Verfahren des *Code de procédure civile* ein Ausforschungsantrag unzulässig, der entweder ohne konkreten Anhaltspunkt für einen Anspruch oder zur Ausforschung von Geschäftsgeheimnissen oder der finanziellen Situation des Gegners gestellt wird[97].

Außerdem können Grundrechte und insbesondere das Recht auf Privatsphäre einer Beweiserhebung in sensiblen Bereichen entgegenstehen[98].

c. *Antrag gegen unbekannten Gegner*

Ein solcher Antrag ist im französischen Beweissicherungsverfahren nicht möglich, wobei diese Frage – soweit ersichtlich – nicht abschließend in der Rechtsprechung geklärt ist[99].

d. *Nebenintervention und Streitverkündung*

Nebeninterventionen und Streitverkündungen gem. Artt. 331 ff CPC sind zulässig[100].

---

96 *Héron/Le Bars*, Droit judiciaire privé, Rn. 423.

97 *Chainais/Ferrand/Guinchard*, Procédure civile, Rn. 1917; CPC-Dalloz/*Dargent*, Art. 145 Rn. 109 ff; *Héron/Le Bars*, Droit judiciaire privé, Rn. 423.

98 CPC-Dalloz/*Dargent*, Art. 145 Rn. 98 ff.

99 Vgl. *Dörschner*, Beweissicherung im Ausland, S. 119 ff.

100 *Dies.*, Beweissicherung im Ausland, S. 130 ff.

II. Zuständigkeit

1. Zuständigkeit

Während einer anhängigen Hauptsache ist die *mesure d'instruction à futur* nicht zulässig[101]. Es geht folglich immer um eine Zuständigkeit vor Anhängigkeit der Hauptsache.

Die sachliche Zuständigkeit richtet sich nach der (hypothetischen) Zuständigkeit für die Hauptsache[102]. Innerhalb des danach zuständigen Gerichts ist in der Regel der Präsident des Gerichts bzw. der Einzelrichter (als *juge des référés*) zuständig (vgl. für das *tribunal d'instance* Art. 848 CPC, für das *tribunal de grande instance* Art. 808 CPC, für das *tribunal de commerce* Art. 872 CPC und für die *cour d'appel* Art. 956 CPC).

Auch die örtliche Zuständigkeit richtet sich grundsätzlich nach der (hypothetischen) Zuständigkeit der Hauptsache, gem. Art. 42 CPC also nach dem Wohnort des Antragsgegners[103]. Anerkannt ist aber, dass der Antragsteller daneben auch die Beweissicherung bei dem Gericht beantragen kann, in dessen Bezirk sie durchgeführt werden soll[104]. Darüber hinaus gibt es keine spezielle Eilzuständigkeit.

2. Rechtshängigkeit

Das laufende Beweissicherungsverfahren bewirkt keine entgegenstehende Rechtshängigkeit gegenüber einer Hauptsache oder einem weiteren Beweissicherungsverfahren, soweit für letzteres wiederum die Voraussetzungen des Art. 145 CPC vorliegen[105].

III. Beweisaufnahme und Verfahren

Nach Antrag einer Partei verfügt das Gericht in der Regel eine *ordonnance de référé* gem. Art. 484 CPC (einstweilige Verfügung, entspricht hier einem Beschluss über die Beweisaufnahme). Der Gegner ist zu informieren und zur Beweisaufnahme zu laden.

Dabei kann sich das Gericht aller Beweismittel der Artt. 179 ff CPC bedienen, wobei dies in der Praxis in Frankreich insbesondere Sachverständigengutachten gem. Art. 232 ff CPC sind, aber auch das Verlangen nach Vorlage von

101 Siehe oben § 2B.I.1, S. 38.

102 *Héron/Le Bars*, Droit judiciaire privé, Rn. 401.

103 *Dörschner*, Beweissicherung im Ausland, S. 113.

104 *Héron/Le Bars*, Droit judiciaire privé, Rn. 402.

105 CPC-Dalloz/*Dargent*, Art. 145 Rn. 63.

Dokumenten[106]. Die Beweisaufnahme richtet sich nach den für das jeweilige Beweismittel geltenden allgemeinen Regeln und erfolgt grundsätzlich in einem kontradiktorischen Verfahren.

Es kann aber auch eine *ordonnace sur requête* gem. Art. 493 CPC erlassen. Dabei handelt es sich um einen Beschluss in einem besonderen Verfahren, das die Durchführung der Beweisaufnahme ohne Beteiligung des Gegners ermöglicht. Wenngleich nicht ausdrücklich geregelt, handelt es sich dabei um eine zum *référé*-Verfahren subsidiäre Alternative, die nur dann einschlägig ist, wenn die Beteiligung des Gegners den Erfolg der Beweissicherungsmaßnahme gefährdet, etwa weil diese einen Überraschungseffekt erfordert[107].

Die Kosten sind gem. Art. 696 CPC der in der Hauptsache unterliegenden Partei aufzuerlegen[108].

IV. Verwertung

Die Verwertung erfolgt im Hauptsacheprozess so, als wären die Beweise im Rahmen des Hauptsacheprozesses selbst aufgenommen worden. Das Gericht ist aber nicht an die Beweisaufnahme gebunden – so ausdrücklich für das Sachverständigengutachten in Art. 246 CPC –, sondern kann jederzeit Ergänzungen oder Wiederholungen anordnen, was sich schon aus dem Wortlaut von Art. 484 CPC und Art. 493 CPC ergibt, wonach die Maßnahmen vorläufig sind[109].

V. Verwertungshindernisse und Besonderheiten

Die rechtswidrige Beweisaufnahme ist gem. Artt. 175 iVm 112 ff CPC nicht verwertbar. Allerdings kann die Rechtswidrigkeit gegebenenfalls (insbesondere wenn es sich um einen behebbaren Umstand handelt) nach den Artt. 176 ff CPC geheilt werden[110]. Die Rechtswidrigkeit kann sich insbesondere auch aus der Verletzung von Grundrechten wie dem allgemeinen Persönlichkeitsrecht und Freiheitsrechten oder auch von Geschäftsgeheimnissen ergeben[111].

---

106 Wieczorek/Schütze/*Ahrens*, Vor § 485 Rn. 36; *Chainais/Ferrand/Guinchard*, Procédure civile, Rn. 1915; *Dörschner*, Beweissicherung im Ausland, S. 61.

107 *Chainais/Ferrand/Guinchard*, Procédure civile, Rn. 1919; *Héron/Le Bars*, Droit judiciaire privé, Rn. 435.

108 *Dörschner*, Beweissicherung im Ausland, S. 141.

109 *Chainais/Ferrand/Guinchard*, Procédure civile, Rn. 1921; *Dörschner*, Beweissicherung im Ausland, S. 136.

110 *Cadiet/Jeuland*, Droit judiciaire privé, Rn. 576.

111 Vgl. CPC-Dalloz/*Dargent*, Art. 145 Rn. 98 ff.

C. Die vorsorgliche Beweisführung gem. § 158 chZPO (Schweiz)

I. Rechtsgrundlage und Zulässigkeit

1. Rechtsgrundlage

In der Schweiz ist die vorsorgliche Beweisführung in Art. 158 chZPO geregelt. Schon vor Inkrafttreten dieser Vorschrift der gesamtschweizerischen Zivilprozessordnung im Jahre 2011 sahen zahlreiche kantonale Prozessordnungen ein solches Verfahren vor[112]. Nachdem diese in Ausgestaltung und Voraussetzungen sehr unterschiedlich waren, hält Art. 158 chZPO nun eine einheitliche Regelung bereit, nach der vor oder während eines Hauptsacheverfahrens eine Beweisaufnahme eingeleitet werden kann, wenn entweder das Gesetz einen entsprechenden Anspruch gewährt (Art. 158 Abs. 1 lit. a chZPO) oder eine Gefährdung des Beweismittels oder ein schutzwürdiges Interesse einer Partei vorliegt (Art. 158 Abs. 1 lit. b chZPO) und deren Zweck sowohl die Beweissicherung als auch die Vermeidung eines Prozesses und Einschätzung der Prozessaussichten ist[113].

Die Regelung des Art. 158 Abs. 1 lit. a chZPO betrifft eine Vielzahl von Fällen, in denen durch ein anderes Gesetz ein Anspruch auf Beweisfeststellung ausdrücklich gewährt wird. Darüber hinaus ist sie auch auf vertragliche Ansprüche – auch in allgemeinen Geschäftsbedingungen – anwendbar[114]. Auf diese Fälle, die teilweise auch ohne Gefährdung des Beweismittels die Beweisaufnahme zulassen, soll im Folgenden nicht weiter eingegangen werden[115].

Art. 158 Abs. 1 lit. b chZPO hingegen unterscheidet zwischen dem Fall, dass eine Gefährdung des Beweismittels vorliegt und dem Fall, dass eine Partei ein (sonstiges) schutzwürdiges Interesse geltend macht.

Auf die vorsorgliche Beweisführung sind gem. Art. 158 Abs. 2 chZPO die Vorschriften über die vorsorglichen Maßnahmen anzuwenden (Art. 261 ff chZPO).

---

112 Wieczorek/Schütze/*Ahrens*, Vor § 485 Rn. 40; *Dörschner*, Beweissicherung im Ausland, S. 73 ff.

113 BSK-ZPO/*Guyan*, Art. 158 Rn. 1; *Staehelin/Staehelin/Grolimund*, Zivilprozessrecht, Rn. 141 ff.

114 Sutter-Somm/Hasenböhler/Leuenberger/*Fellmann*, Art. 158 Rn. 8.

115 Vgl. dazu Sutter-Somm/Hasenböhler/Leuenberger/*ders.*, Art. 158 Rn. 9 ff.

Sie kann also zu den vorsorglichen Maßnahmen (also zum einstweiligen Rechtsschutz) gezählt werden[116].

2. *Zulässigkeit*

Die sichernde Beweisführung gem. Art. 158 Abs. 1 lit. b Alt. 1 chZPO setzt voraus, dass ein Beweismittel gefährdet ist. Dies ist der Fall, wenn ein Beweis im späteren Hauptsacheprozess nicht mehr erhoben werden kann, weil das Beweismittel verloren zu gehen oder sich zu verändern droht[117]. Wie im deutschen Beweisverfahren fallen hierunter zum Beispiel Zeugen, die zu versterben drohen bzw. einen längeren Auslandsaufenthalt planen, oder einsturzgefährdete Gebäude, die repariert werden müssen[118]. Der Umstand, der zum Verlust des Beweismittels führt, kann also auch aus der Sphäre des Antragstellers kommen (z.B. Reparatur)[119]. Vor Anhängigkeit einer Hauptsache hat der Antragsteller nur die Gefährdung, während einer Hauptsache auch die Beweiserheblichkeit und Tauglichkeit des Beweismittels glaubhaft zu machen[120].

Gem. Art. 158 Abs. 1 lit. b Alt. 2 chZPO kann auch eine vorsorgliche Beweisführung eingeleitet werden, wenn der Antragsteller ein schutzwürdiges Interesse hat. Dieses schutzwürdige Interesse ist ähnlich wie bei § 485 Abs. 2 S. 1 dZPO großzügig auszulegen und ist in Anbetracht der Tatsache, dass das Verfahren nach Art. 158 chZPO auch der Einschätzung der Erfolgsaussichten einer Klage dient, schon dann erfüllt, wenn der Antragsteller durch die Beweiserhebung einen praktischen Nutzen bezüglich weiterer Dispositionen hat[121].

Strittig ist, ob das schutzwürdige Interesse zu verneinen ist, wenn dem Antragsteller auch die Klageerhebung möglich und zumutbar ist. Dies ist ebenfalls im Hinblick darauf, dass die vorsorgliche Beweisführung gerade auch der Einschätzung der Aussichten einer Klage dient, grundsätzlich abzulehnen, wobei einschränkend dem Antragsteller das Prozessrisiko nicht gänzlich abgenommen werden soll[122].

---

116 So *Leuenberger/Uffer-Tobler*, Schweizerisches Zivilprozessrecht, S. 249; eine aA erscheint mit einem *e contrario*-Schluss allerdings ebenso vertretbar.

117 *Dies.*, Schweizerisches Zivilprozessrecht, S. 247 f; Sutter-Somm/Hasenböhler/Leuenberger/*Fellmann*, Art. 158 Rn. 12.

118 BSK-ZPO/*Guyan*, Art. 158 Rn. 4.

119 Sutter-Somm/Hasenböhler/Leuenberger/*Fellmann*, Art. 158 Rn. 12.

120 Sutter-Somm/Hasenböhler/Leuenberger/*ders.*, Art. 158 Rn. 15 f.

121 Sutter-Somm/Hasenböhler/Leuenberger/*ders.*, Art. 158 Rn. 19.

122 Sutter-Somm/Hasenböhler/Leuenberger/*ders.*, Art. 158 Rn. 20.

3. *Verjährung*

Zur Unterbrechung der Verjährung eines Anspruchs ist im Schweizerischen Recht die Geltendmachung des Anspruchs selbst erforderlich, sodass anders als in Deutschland durch die vorsorgliche Beweisführung keine Unterbrechung der Verjährung eintritt[123].

4. *Besondere Voraussetzungen*

a. *Erneute Begutachtung*

Die erneute Beweisaufnahme ist wohl auch nach aktueller Gesetzeslage abzulehnen, obwohl es eine entsprechende Regelung aus dem Vorentwurf nicht in die endgültige Fassung der chZPO geschafft hat[124].

b. *Ausforschungsverbot, Unzumutbarkeit, Zeugnisverweigerungsrecht*

Wie im deutschen Beweisverfahren ist auch im Rahmen der vorsorglichen Beweisführung in der Schweiz kein Ausforschungsbeweis zulässig, sodass der Antragsteller die Beweismittel und das Beweisthema schon im Antrag genau bezeichnen muss[125].

c. *Antrag gegen unbekannten Gegner*

Der Antrag kann zwar nicht gegen einen unbekannten Gegner gestellt werden, es genügt aber, dass der Gegner nur potentielle Partei eines späteren Hauptsacheprozesses ist[126].

d. *Nebenintervention und Streitverkündung*

Nebeninterventionen und Streitverkündungen gem. Artt. 74 ff chZPO sind auch im Rahmen der vorsorglichen Beweisführung schon zulässig[127].

---

123 BSK-OR/*Däppen*, Art. 135 Rn. 12.

124 Vgl. BSK-ZPO/*Guyan*, Art. 155 Rn. 13 mit Nachweis zur aA.

125 Sutter-Somm/Hasenböhler/Leuenberger/*Fellmann*, Art. 158 Rn. 17b.

126 Vgl. *Leuenberger/Uffer-Tobler*, Schweizerisches Zivilprozessrecht, S. 249.

127 Sutter-Somm/Hasenböhler/Leuenberger/*Staehelin/Schweizer*, Art. 74 Rn. 14.

II. Zuständigkeit

1. Bei anhängiger Hauptsache

Sofern bereits ein Hauptsacheverfahren anhängig ist, ist das Prozessgericht auch für die vorsorgliche Beweisführung zuständig[128].

2. Bei nicht anhängiger Hauptsache

Vor der Anhängigkeit eines Hauptsacheverfahrens ist gem. Art. 13 chZPO zwingend nach Wahl des Antragstellers entweder das (hypothetische) Gericht der Hauptsache oder das Gericht des Ortes, an dem die Maßnahme vollstreckt werden soll (also die Beweiserhebung stattfinden soll), zuständig.

Die sachliche Zuständigkeit richtet sich gem. Art. 4 Abs. 1 chZPO nach dem jeweiligen kantonalen Recht.

3. Rechtshängigkeit

Die vorsorgliche Beweisaufnahme bewirkt keine Rechtshängigkeit der Streitsache gegenüber der Hauptsache[129].

III. Beweisaufnahme und Verfahren

Die Beweisaufnahme im Rahmen der vorsorglichen Beweisführung richtet sich kraft gesetzlicher Verweisung gem. Art. 158 Abs. 2 chZPO nach den Vorschriften über die vorsorglichen Maßnahmen der Art. 261 ff chZPO. Diese Regelung ist insoweit etwas missglückt, als dass eine Reihe von Vorschriften über die vorsorglichen Maßnahmen trotz des Verweises nicht auf die vorsorgliche Beweisführung anwendbar sind[130].

Der Antragsteller hat gem. Art. 252 Abs. 1 chZPO einen Antrag (*Gesuch*) zu stellen und die Zulässigkeitsvoraussetzungen der vorsorglichen Beweisführung glaubhaft zu machen[131]. Der Gegner kann dann grundsätzlich dazu Stellung nehmen und ist zur Beweisaufnahme zu laden[132]. Wenn der Erfolg der Beweiserhebung bei Anwesenheit des Gegners gefährdet ist, kann die Ladung

---

128 Sutter-Somm/Hasenböhler/Leuenberger/*Fellmann*, Art. 158 Rn. 33.
129 Sutter-Somm/Hasenböhler/Leuenberger/*ders.*, Art. 158 Rn. 49.
130 BSK-ZPO/*Guyan*, Art. 158 Rn. 7.
131 BSK-ZPO/*ders.*, Art. 158 Rn. 6.
132 Sutter-Somm/Hasenböhler/Leuenberger/*Fellmann*, Art. 158 Rn. 26 ff.

ausnahmsweise unterbleiben, wogegen der Gegner sich im Hauptsacheprozess wehren und eine Wiederholung der Beweisaufnahme erzwingen kann[133].

Im Gegensatz zur deutschen Regelung werden die Beweismittel durch Art. 158 chZPO nicht eingeschränkt, sodass grundsätzlich alle Beweismittel der Artt. 168 ff chZPO für die vorsorgliche Beweisführung zur Verfügung stehen[134]. Umstritten ist dennoch, ob auch die Parteivernehmung zulässig ist, wogegen allerdings keine Bedenken bestehen, wenn man der betroffenen Partei – mit Art. 164 chZPO vereinbar – bis zur Hauptverhandlung die Verweigerung der Aussage zusteht[135].

Das Gericht muss dem Antragsteller bei der vorsorglichen Beweisführung, anders als gem. Art. 263 chZPO für vorsorgliche Maßnahmen an sich vorgesehen, keine Frist zur Klageerhebung setzen[136].

Außerdem gelten die Mitwirkungspflichten und die Verweigerungsrechte der Artt. 160 ff chZPO.

Die Kosten sind, wenn eine Hauptsache anhängig ist, Prozesskosten iSd Artt. 95 ff chZPO und, wenn die Hauptsache noch nicht anhängig ist, zunächst vom Antragsteller zu tragen und dann in der Hauptsache oder separat zu verteilen[137].

IV. Verwertung

Die Beweisaufnahme aus der vorsorglichen Beweisführung kann von jeder Partei im Prozess zur Beweisführung genutzt werden. Wenn die vorsorgliche Beweisführung vor Anhängigkeit der Hauptsache durchgeführt wurde, können die Parteien jedoch auch die Wiederholung oder Ergänzung der Beweisaufnahme verlangen, ohne dass sie dafür ein besonderes Interesse nachweisen müssen[138].

Anders verhält es sich, wenn die vorsorgliche Beweisführung während eines anhängigen Hauptsacheprozesses erfolgt ist. In diesem Fall kann über das gleiche Thema nur dann eine erneute Beweisaufnahme durchgeführt werden, wenn ein wichtiger Grund vorliegt, sich etwa neue Umständen ergeben haben, die eine erneute Beweisaufnahme erfordern[139].

---

133 Sutter-Somm/Hasenböhler/Leuenberger/*Fellmann*, Art. 158 Rn. 27, 29.

134 *Leuenberger/Uffer-Tobler*, Schweizerisches Zivilprozessrecht, S. 246 f.

135 Sutter-Somm/Hasenböhler/Leuenberger/*Fellmann*, Art. 158 Rn. 30.

136 BSK-ZPO/*Guyan*, Art. 158 Rn. 9.

137 Sutter-Somm/Hasenböhler/Leuenberger/*Fellmann*, Art. 158 Rn. 36 ff; *Staehelin/Staehelin/Grolimund*, Zivilprozessrecht, Rn. 144.

138 Sutter-Somm/Hasenböhler/Leuenberger/*Fellmann*, Art. 158 Rn. 46.

139 Sutter-Somm/Hasenböhler/Leuenberger/*ders.*, Art. 158 Rn. 47.

Das Gericht kann die Beweisaufnahme aus der vorsorglichen Beweisführung auch von Amts wegen heranziehen und verwerten, wenn dies gem. Art. 155 Abs. 2 chZPO geboten ist[140].

V. Verwertungshindernisse und Besonderheiten

Wurde bei der vorläufigen Beweisführung gegen prozessuale Vorschriften verstoßen, etwa das Weigerungsrecht einer Partei missachtet, ist die Beweisaufnahme nicht verwertbar[141].

Wenn die vorsorgliche Beweisführung, wie ausnahmsweise möglich, ohne Vorladung des Gegners durchgeführt wird und dies auf Rüge des Gegners vom Prozessgericht als unrechtmäßig erklärt wird, ist die Beweisaufnahme wegen Verletzung des rechtlichen Gehörs nicht verwertbar[142].

Problematischer ist die Verwertung von materiell rechtswidrig erlangten Beweisen, die gem. Art. 152 Abs. 2 chZPO dann verwertet werden können, wenn das Interesse an der Wahrheitsfindung überwiegt. Diese Regelung, die an die Abwägungslehre bei den Beweisverwertungsverboten der deutschen Strafprozessordnung erinnert, passt dazu, dass der Schweizerische Zivilprozess im Gegensatz zum deutschen teilweise den Untersuchungsgrundsatz kennt. Entgegen dem Grundprinzip des Art. 55 Abs. 1 chZPO (Dispositionsgrundsatz) gilt in der Schweizerischen Zivilprozessordnung gem. Art. 55 Abs. 2 chZPO in einigen Fällen auch der Amtsermittlungsgrundsatz, sodass das Gericht gegebenenfalls gem. Art. 153 Abs. 1 chZPO von Amts wegen Beweise zu erheben hat[143]. Dies betrifft jedoch insbesondere Fälle des Familienrechts und wird in vielen klassischen Fällen der vorsorglichen Beweisführung somit nicht einschlägig sein (vgl. insoweit in Deutschland auch § 26 FamFG)[144]. Für Art. 152 Abs. 2 chZPO bedeutet dies, dass die Wahrheitsfindung insbesondere in diesen Fällen der Amtsermittlung überwiegt[145].

---

140 Sutter-Somm/Hasenböhler/Leuenberger/*Fellmann*, Art. 158 Rn. 48.

141 *Vogel/Spühler/Gehri*, Grundriss des Zivilprozessrechts und des internationalen Zivilprozessrechts der Schweiz, Rn. 98 f.

142 Sutter-Somm/Hasenböhler/Leuenberger/*Fellmann*, Art. 158 Rn. 29.

143 Vgl. *Ehrenzeller*, in: Nagel/Bajons (Hrsg.), Beweis - Preuve - Evidence, S. 557 (560 ff).

144 BSK-ZPO/*Guyan*, Art. 153 Rn. 1 ff.

145 BSK-ZPO/*ders.*, Art. 152 Rn. 10 ff.

D. Die Sicherung von Beweisen gem. §§ 384 ff öZPO (Österreich)

I. Rechtsgrundlage und Zulässigkeit

1. Rechtsgrundlage

Die österreichische vorsorgliche Beweisaufnahme[146] ist in den §§ 384 ff öZPO geregelt. Sie kann gem. § 384 Abs. 1 öZPO in jeder Lage des Rechtsstreites und auch bereits vor einem solchen beantragt werden. Außerdem kann das Verfahren auch von Amts wegen im Rahmen der diskretionären Gewalt des Richters gem. § 183 öZPO angeordnet werden[147].

Möglich sind in der vorsorglichen Beweisaufnahme der Augenscheins-, Zeugen- und Sachverständigenbeweis. Insoweit entspricht das österreichische Verfahren dem deutschen.

Während § 384 Abs. 1 öZPO die vorsorgliche Beweisaufnahme zum Zwecke der eigentlichen Beweissicherung regelt, kann darüber hinaus auch gem. § 384 Abs. 2 öZPO ein Beweisverfahren angestrengt werden, wenn der Antragsteller ein *rechtliches Interesse* an der Feststellung des gegenwärtigen Zustands einer Sache hat.

Ein Unterschied zur deutschen Regelung besteht insoweit, als auch bei Zustimmung des Gegners anders als beim deutschen einvernehmlichen Verfahren das Gericht von Amts wegen zu prüfen hat, ob die Voraussetzungen gem. § 384 Abs. 1, 2 öZPO für eine vorsorgliche Beweisaufnahme vorliegen[148].

Auch die österreichische vorsorgliche Beweisaufnahme ist zwar ein Akt vorbeugender Rechtspflege, zählt aber nicht zum einstweiligen Rechtsschutz[149].

2. Zulässigkeit

Wenn die Anordnung des Beweisverfahrens nicht von Amts wegen erfolgt, ist gem. § 385 Abs. 1, 2 öZPO von einer Partei ein Antrag zu stellen, in dem die Tatsachen, über die die Beweisaufnahme erfolgen soll, sowie der Gegner und die Zulässigkeitsvoraussetzungen nach § 384 Abs. 1, 2 öZPO zu benennen sind.

---

146 Die Überschrift des 8. Titels der öZPO lautet zwar „Sicherung von Beweisen", doch ist der Begriff vorsorgliche Beweisaufnahme insoweit gebräuchlich (teilweise auch Beweissicherungsverfahren oder vorläufige Beweissicherung).

147 *Rechberger/Simotta*, Grundriss des österreichischen Zivilprozessrechts, Rn. 823.

148 Fasching/Konecny/*Rassi*, § 386 Rn. 2.

149 *Rechberger/Simotta*, Grundriss des österreichischen Zivilprozessrechts, Rn. 823.

Diese Voraussetzungen sind gem. § 386 Abs. 1 S. 3 ZPO nur auf Verlangen des Gerichts glaubhaft zu machen.

Das sichernde Beweisverfahren gem. § 384 Abs. 1 öZPO setzt die Besorgnis voraus, dass ein Beweis verloren geht oder seine Benutzung erschwert wird und ist sowohl vor als auch während der Anhängigkeit eines Hauptsacheverfahrens möglich. Wie für das deutsche Beweissicherungsverfahren ausgeführt, liegt dies zum Beispiel bei einem längeren Auslandsaufenthalt oder bei drohendem Versterben eines Zeugen vor[150]. Nach Ansicht der Rechtsprechung müssen die Umstände, aufgrund derer die Beweisaufnahme erschwert oder unmöglich wird, außerhalb der Einflussspähre des Antragstellers liegen, was in der Literatur insbesondere im Hinblick auf Schadensfälle, in denen eine Reparatur drängt, zu Recht kritisiert wird[151].

Im Falle des § 384 Abs. 2 öZPO ist für die Feststellung des Zustands einer Sache erforderlich, dass der Antragsteller ein rechtliches Interesse an dieser Feststellung hat. Im Gegensatz zum ersten Absatz ist hier also keine Gefährdung des Beweismittels erforderlich, sondern ein großzügig auszulegendes rechtliches Interesse[152]. Ein solches liegt dann vor, wenn der Zustand der Sache Grundlage eines Anspruchs für oder gegen den Antragsteller sein kann[153]. Dies ist zum Beispiel dann der Fall, wenn die Mangelhaftigkeit einer Sache zur Begründung eines Gewährleistungsanspruchs festgestellt werden soll[154].

Im Falle von § 384 Abs. 1 öZPO kann grundsätzlich jede Tatsachenbehauptung Beweisthema sein, vgl. § 385 Abs. 1 öZPO, während bei § 384 Abs. 2 öZPO nur die Feststellung des gegenwärtigen Zustands einer Sache zulässig ist[155].

3. *Verjährung*

Bezüglich der Auswirkungen der Einleitung einer vorsorglichen Beweisaufnahme auf die Verjährung enthalten weder die §§ 384 ff öZPO noch die allgemeinen Vorschriften der §§ 1451 ff ABGB besondere Regelungen. Nach allgemeiner Ansicht unterbrechen jedoch Handlungen, die die Geltendmachung eines Anspruchs, also eine Klage, nur vorbereiten, die Verjährung nicht[156].

---

150 Vgl. oben § 2A.I.2, S. 28.

151 Fasching/Konecny/*Rassi*, § 384 Rn. 15 mwN zur Rspr; **aA** *Buchegger/Roth*, Zivilprozessrecht, S. 81; Rechberger/*Rechberger*, § 384 Rn. 3.

152 Fasching/Konecny/*Rassi*, § 384 Rn. 17.

153 Rechberger/*Rechberger*, § 384 Rn. 3.

154 *Fasching*, Lehrbuch des österreichischen Zivilprozeßrechts, Rn. 922.

155 Rechberger/*Rechberger*, § 384 Rn. 3.

156 Rummel/*Bydlinski*, § 1497 Rn. 9; Schwimann/Kodek/*Mader/Janisch*, § 1497 Rn. 18.

Dementsprechend wird auch eine analoge Anwendung des § 1497 ABGB, der eine Unterbrechung der Verjährung bei Klageerhebung vorsieht, abgelehnt, sodass die vorsorgliche Beweisaufnahme nicht die Verjährung unterbricht oder hemmt[157].

4. *Besondere Voraussetzungen*

a. *Ausforschungsverbot, Unzumutbarkeit, Zeugnisverweigerungsrecht*

Zwar ist auch in Österreich ein Ausforschungsbeweis unzulässig, bei dem der Antragsteller noch keinerlei Grundlage für einen Anspruch hat[158]. Jedoch ist hier auf die Besonderheit hinzuweisen, dass im österreichischen Prozessrecht im Vergleich zum deutschen dem Richter deutlich mehr Einfluss zukommt, da der zwar grundsätzlich auch geltende Verhandlungsgrundsatz stark durch den sogenannten eingeschränkten Untersuchungsgrundsatz beschränkt wird[159]. Außerdem sind die Parteien gem. § 178 Abs. 1 öZPO (ähnlich wie bei § 138 dZPO) zur Wahrheit und Vollständigkeit verpflichtet. Wenngleich es den Parteien nach dem Beibringungsgrundsatz obliegt, die wesentlichen Tatsachen zu behaupten und zu beweisen, wirkt der Richter durch seine Prozessleitungspflicht gem. § 182 öZPO aktiv an der Ermittlung der Tatsachengrundlage für seine Entscheidung mit[160]. Dies bedeutet zum einen, dass er durch Fragen und in sonstiger Weise auf die Schaffung einer wahrheitsgemäßen Tatsachengrundlage hinzuwirken hat[161]. Zum anderen bedeutet dies aber auch, dass der Richter im Rahmen seiner sogenannten diskretionären Gewalt von Amts wegen Beweise ermitteln kann und insbesondere zu jeder Zeit gem. § 183 Abs. 1, 3 öZPO, unabhängig von der Dringlichkeit, eine vorsorgliche Beweisaufnahme anordnen kann[162]. Hier liegt ein wichtiger Unterschied zum deutschen Beweissicherungsverfahren, welches ganz im Sinne der Dispositionsmaxime grundsätzlich nur auf Antrag mindestens einer Partei eingeleitet werden kann.

---

157 Fasching/Konecny/*Rassi*, § 389 Rn. 9.

158 Wieczorek/Schütze/*Ahrens*, Vor § 485 Rn. 39.

159 *Bajons*, in: Nagel/Bajons (Hrsg.), Beweis - Preuve - Evidence, S. 427 ff; *Rechberger/Simotta*, Grundriss des österreichischen Zivilprozessrechts, Rn. 401 ff.

160 Fasching/Konecny/*Rassi*, § 183 Rn. 1.

161 *Rechberger/Simotta*, Grundriss des österreichischen Zivilprozessrechts, Rn. 404.

162 Fasching/Konecny/*Rassi*, § 183 Rn. 36 ff.

b. *Antrag gegen unbekannten Gegner*

Wenn der Antragsteller nicht in der Lage ist, einen Gegner zu benennen, kann gem. § 385 Abs. 2 S. 2 öZPO auch ein Antrag gegen einen unbekannten Gegner gestellt werden. Wie § 494 Abs. 1 dZPO ist auch diese Regelung restriktiv auszulegen und zum Beispiel aber dann gegeben, wenn ein Schaden durch einen unbekannten Schädiger vorliegt[163]. Das Gericht hat in diesem Fall gem. § 386 Abs. 3 S. 3 öZPO einen Kurator zur Wahrnehmung der Rechte des Unbekannten zu bestellen.

c. *Nebenintervention und Streitverkündung*

Nebeninterventionen und Streitverkündungen gem. §§ 17 ff öZPO sind in der österreichischen vorsorglichen Beweisaufnahme nicht möglich[164].

II. Zuständigkeit

1. *Bei anhängiger Hauptsache*

Wenn bereits ein Hauptsacheverfahren anhängig ist, ist gem. § 384 Abs. 3 Var. 1 öZPO das Prozessgericht für die Anordnung der vorsorglichen Beweisaufnahme zuständig.

Bei der Bestimmung der örtlichen und sachlichen Zuständigkeit des Prozessgerichts bestehen insoweit keine Besonderheiten.

2. *Bei nicht anhängiger Hauptsache und Eilzuständigkeit*

Wenn noch keine Hauptsache anhängig ist und in dringenden Fällen, ist gem. § 384 Abs. 3 Var. 3 öZPO das Bezirksgericht zuständig, in dessen Sprengel sich die in Augenschein zu nehmende oder zu begutachtende Sache oder die zu vernehmende Person befindet. In dringenden Fällen bestimmt sich die Eilzuständigkeit gem. § 384 Abs. 3 Var. 2 öZPO genau wie die Zuständigkeit vor Anhängigkeit. Im Unterschied zum deutschen Recht ist die Zuständigkeit vor Anhängigkeit der Hauptsache also identisch mit der Eilzuständigkeit und nicht mit der (hypothetischen) Hauptsachezuständigkeit.

Die Dringlichkeit ist auch bei § 384 Abs. 3 Var. 2 öZPO eng auszulegen und nur in den Fällen gegeben, in denen es nicht möglich ist, die Beweissicherung durch das Prozessgericht abzuwarten[165]. Insoweit kann also auf die Ausführungen zum

---

163 Fasching/Konecny/*Rassi*, § 385 Rn. 5 f.

164 Fasching/Konecny/*ders.*, § 384 Rn. 8.

165 Fasching/Konecny/*ders.*, § 384 Rn. 7.

deutschen Recht verwiesen werden[166]. Die Eilzuständigkeit ist unabhängig von der Anhängigkeit der Hauptsache[167].

3. *Rechtshängigkeit*

Die vorsorgliche Beweisaufnahme bewirkt keine Rechtshängigkeitssperre[168].

III. Beweisaufnahme und Verfahren

Die Beweisaufnahme erfolgt im Rahmen der vorsorglichen Beweisaufnahme gem. § 388 Abs. 1 öZPO nach den allgemeinen Vorschriften über die Beweisaufnahme (vgl. §§ 266 ff, 320 ff, 351 ff, 368 ff öZPO). Dem Antrag einer Partei wird gem. § 386 Abs. 4 öZPO durch Gericht stattgegeben. Möglich sind gem. § 384 Abs. 1 öZPO der Augenscheins-, der Zeugen- und der Sachverständigenbeweis.

Umstritten ist, ob im Rahmen der vorsorglichen Beweisaufnahme gem. 384 öZPO entgegen dem Wortlaut auch eine Parteienvernehmung zulässig ist. In einer weit zurückliegenden Entscheidung des OLG Wien aus dem Jahre 1935 wurde dies eindeutig verneint[169]. Seitdem hat sich die österreichische ZPO allerdings geändert und die Parteienvernehmung ist nunmehr kein subsidiäres Beweismittel mehr wie noch im § 371 öZPO aF. Deshalb wird heute von der wohl überwiegenden Ansicht in der Literatur eine planwidrige Regelungslücke angenommen und vertreten, dass im Wege der Analogie auch die Parteienvernehmung in der vorsorglichen Beweisaufnahme zuzulassen sei[170]. Insoweit unterscheidet sich das österreichische Beweissicherungsverfahren vom deutschen[171].

Ein weiterer Unterschied zur deutschen Regelung betrifft den Sachverständigenbeweis. Nach Ansicht der Rechtsprechung und einem Teil der Literatur soll der Sachverständige im Rahmen der Beweissicherung – anders hingegen bei Anordnung durch das Gericht gem. § 183 öZPO – lediglich zur Aufnahme des

166 Dort § 2A.II.3, S. 32.

167 Fasching/Konecny/*Rassi*, § 384 Rn. 7.

168 Fasching/Konecny/*ders.*, § 386 Rn. 10.

169 OLG Wien, Az. 3 R 135, EvBl 1935 Nr. 256.

170 *Konecny*, Der Anwendungsbereich der einstweiligen Verfügung, S. 240; Fasching/Konecny/*Rassi*, § 384 Rn. 18; Rechberger/*Rechberger*, § 384 Rn. 5.

171 Vgl. oben § 2A.III, S. 33.

Befundes befugt sein, nicht jedoch schon das gesamte Gutachten erstellen und bereitstellen[172].

Der Beschluss über die Anordnung der vorsorglichen Beweisaufnahme ist gem. § 387 Abs. 1 öZPO dem Gegner zuzustellen und dieser ist zum Beweisaufnahmetermin zu laden. In dringenden Fällen kann gem. § 387 Abs. 2 öZPO auch ohne den Gegner mit der Beweisaufnahme begonnen werden.

Das Protokoll über die Beweisaufnahme wird gem. § 388 Abs. 2 öZPO von dem Gericht, das die Beweisaufnahme angeordnet hat, aufbewahrt und ist auf Ersuchen des Prozessgerichts oder auf Antrag einer Partei an das Prozessgericht zu übersenden.

Die Kosten der vorsorglichen Beweisaufnahme sind zunächst – nach bestrittener Auffassung sogar bei der Beweisaufnahme während einer Anhängigen Hauptsache – gem. § 388 Abs. 3 öZPO vom Antragsteller zu tragen, der dann aber gegebenenfalls einen Ersatzanspruch hat[173]. Außerdem sind dem Gegner zunächst seine Kosten zu ersetzen, die vom Antragsteller bei Erfolg der Klage als vorprozessuale Kosten oder, wenn es zu keinem Prozess kommt, in selbständiger Klage wieder geltend gemacht werden können[174].

IV. Verwertung

Jede Partei kann sich gem. § 389 Abs. 1 öZPO im Hauptsacheverfahren auf die Beweisaufnahme aus der vorsorglichen Beweisaufnahme berufen. Wurde die vorsorgliche Beweisaufnahme von Amts wegen durch das Gericht angeordnet, erfolgt auch die Verwertung von Amts wegen[175]. Darüber hinaus ist strittig, ob auch sonst eine Verwertung von Amts wegen erfolgen kann[176].

Die Verwertung erfolgt durch Beiziehung und Verlesung des Beweisaufnahmeprotokolls, was im österreichischen Prozessrecht im Hinblick auf den Unmittelbarkeitsgrundsatz als bedenklich angesehen wird[177]. Unproblematisch ist die alleinige Verwertung der Beweisaufnahme aus der vorsorglichen Beweisaufnahme dann, wenn die Voraussetzungen des § 281a öZPO vorliegen, also Parteiidentität

---

172 Fasching/Konecny/*Rassi*, § 384 Rn. 20 mwN zur Rspr; **aA** Rechberger/*Rechberger*, § 384 Rn. 5.

173 Rechberger/*Rechberger*, §§ 387–388 Rn. 5.

174 *Fasching*, Lehrbuch des österreichischen Zivilprozeßrechts, Rn. 923; Fasching/Konecny/*Rassi*, § 388 Rn. 14.

175 *Rechberger/Simotta*, Grundriss des österreichischen Zivilprozessrechts, Rn. 823.

176 Fasching/Konecny/*Rassi*, § 389 Rn. 1; **aA** Rechberger/*Rechberger*, § 389 Rn. 1.

177 *Rechberger/Simotta*, Grundriss des österreichischen Zivilprozessrechts, Rn. 823, 786 ff.

besteht und entweder die Parteien einverstanden sind oder insbesondere, wenn das Beweismittel nicht mehr zur Verfügung steht (§ 281a Nr. 1 lit. b öZPO). Wenn aber das Beweismittel noch in derselben Qualität zur Verfügung steht oder wenn es sich um einen Hauptsacheprozess zwischen anderen Parteien als in der vorsorglichen Beweisaufnahme handelt, ist es umstritten, ob gem. § 389 Abs. 3 öZPO nicht nur die Möglichkeit besteht, die Beweisaufnahme zu wiederholen bzw. zumindest zu ergänzen, oder ob das Gericht gar dazu angehalten ist[178]. Im Hinblick darauf, dass § 281a öZPO erst nachträglich in die öZPO eingefügt wurde, ist hier wohl der Ansicht zu folgen, die entsprechend dieser Regelung eine Wiederholung nur bei ausdrücklichem Antrag einer Partei für erforderlich hält, sofern das Beweismittel überhaupt noch zur Verfügung steht[179]. In jedem Fall besteht hier ein deutlicher Unterschied zum deutschen selbständigen Beweisverfahren, dessen Ergebnisse gem. § 493 Abs. 1 dZPO einer Beweisaufnahme vor dem Prozessgericht gleichgestellt sind[180].

V. Verwertungshindernisse und Besonderheiten

Die §§ 384 ff öZPO enthalten keine Regelungen über spezielle Verwertungshindernisse. Vielmehr regelt § 389 Abs. 2 öZPO diesbezüglich ganz allgemein, dass die Folgen von Mängeln der Beweisaufnahme oder der verspäteten oder ausgebliebenen Unterrichtung des Gegners vom Prozessgericht nach freier Beweiswürdigung gem. § 272 öZPO zu würdigen sind.

Es kommt mithin immer auf eine Einzelfallbewertung an, die hier nicht generalisiert werden kann[181]. Ein klassischer Fall ist hier die vorgegriffene Beweiswürdigung durch das Gericht in der vorsorglichen Beweisaufnahme, obwohl jede Bewertung der Beweise dem Prozessgericht vorbehalten ist[182].

---

178 Vgl. Fasching/Konecny/*Rassi*, § 389 Rn. 2 ff mwN; Rechberger/*Rechberger*, § 389 Rn. 3.

179 Fasching/Konecny/*Rassi*, § 389 Rn. 3.

180 Siehe oben § 2A.IV, S. 35.

181 Vgl. z.B. *Kodek/Mayr*, Zivilprozessrecht, Rn. 785 ff.

182 Fasching/Konecny/*Rechberger*, § 272 Rn. 10 f.

E. Rechtsvergleichendes Ergebnis zu § 2

Es kann somit festgehalten werden, dass die untersuchten Verfahren sich zwar im Wesentlichen ähnlich sind, aber dennoch nicht unerhebliche Unterschiede im Detail aufweisen. Geringe Auswirkungen wird es insoweit haben, dass die Beweissicherungsverfahren teilweise dem einstweiligen Rechtsschutz zugeordnet sind und teilweise als selbständiger Teil des Erkenntnisverfahrens begriffen werden. Während alle Verfahren insbesondere auch zum Ziel haben, Beweise vor dem Verlust zu schützen, dienen allerdings insbesondere die *mesure d'instruction à futur* in Frankreich und die vorsorgliche Beweisführung in der Schweiz auch der Einschätzung der Erfolgsaussichten eines Hauptsacheprozesses. Auch die Auswirkungen der Beweissicherungsverfahren auf die Verjährung unterscheiden sich, da diese nur im deutschen und französischen Recht durch die Einleitung des Beweissicherungsverfahrens gehemmt wird. Interessant ist darüber hinaus, dass die französische *ordonnace sur requête* gem. Art. 493 CPC die Durchführung der Beweisaufnahme ohne Beteiligung des Gegners ermöglicht. Die Zuständigkeit für das Beweissicherungsverfahren ist in jedem Fall bei dem (hypothetischen) Gericht der Hauptsache gegeben. Teilweise besteht allerdings daneben auch eine Zuständigkeit bei dem Gericht, in dessen Bezirk die Beweissicherungsmaßnahme durchgeführt werden soll. Darüber hinaus unterscheiden sich auch die in den jeweiligen Verfahren zulässigen Beweismittel.

Es wird nun insbesondere zu untersuchen sein, inwiefern sich die Unterschiede auswirken, wenn das Beweissicherungsverfahren eines Landes in einem anderen Land Wirkungen haben soll.

§ 3 Die internationale Zuständigkeit für das Beweissicherungsverfahren

A. Nach Europäischem Zivilprozessrecht

I. Grundsätzliche Zuständigkeit des Hauptsachegerichts

Die Untersuchung der ausgewählten Verfahren hat erkennen lassen, dass die verschiedenen Rechtsordnungen, wie auch die ZPO in § 486 Abs. 1 ZPO, grundsätzlich davon ausgehen, dass das für die Hauptsache zuständige Gericht auch für die Beweissicherung zuständig ist. Allerdings sehen auch alle der untersuchten Rechtsordnungen (zumindest für rein inländische Fälle) Ausnahmen von diesem Grundsatz vor.

Die Zuständigkeit für ein Beweissicherungsverfahren ist hingegen klärungsbedürftig, wenn es nun aber einen derartigen Auslandsbezug gibt, dass entweder bei inländischer Hauptsachezuständigkeit Beweise im Ausland zu sichern sind oder andersrum bei ausländischer Hauptsachezuständigkeit im Inland Beweise zu sichern sind. Da die gerichtliche Zuständigkeit ebenso wie die Rechtshilfe im europäischen Rechtsraum grundsätzlich sekundärrechtlich europäisch geregelt ist, ist für diese Fälle die Zuständigkeit für das Beweissicherungsverfahren nach der EuGVVO einerseits (II.) und nach der EuBVO andererseits (III.) zu untersuchen[183].

II. Die Zuständigkeit nach der EuGVVO

1. Die EuGVVO und das LugÜ

Die internationale Zuständigkeit ist innerhalb der Europäischen Union weitgehend sekundärrechtlich geregelt. Die zentrale Rechtsquelle ist die Europäische Gerichtsstands- und Vollstreckungsverordnung (EuGVVO), die am 12.12.2012 als Brüssel Ia-Verordnung neu gefasst wurde[184]. Ihre Vorgängerfassung war die

183 Für die exakten Titel und Nachweise siehe bzgl. der EuGVVO sogleich Fn. 184 und bzgl. der EuBVO unten Fn. 251.

184 Verordnung (EU) Nr. 1215/2012 des Europäischen Parlaments und des Rates vom 12. Dezember 2012 über die gerichtliche Zuständigkeit und die Anerkennung und Vollstreckung von Entscheidungen in Zivil- und Handelssachen, ABl. 2012 Nr. L 351 S. 1.

Brüssel I-Verordnung (EuGVVO aF)[185], die wiederum der Nachfolger des Europäischen Gerichtsstands- und Vollstreckungsübereinkommens (EuGVÜ)[186] war. Im Zuge dieser Entwicklung wurden die alten Fassungen – um Ergänzungen erweitert – jeweils nahezu inhaltsgleich übernommen, wobei es allerdings zu mehrfachen Umnummerierungen der Artikel gekommen ist. Die heutige EuGVVO gilt in allen Mitgliedstaaten der Europäischen Union (aufgrund eines Abkommens auch in Dänemark[187]).

Neben der EuGVVO steht das Lugano-Übereinkommen (LugÜ)[188], das im Verhältnis zu der Schweiz, Norwegen und Island gilt. Das LugÜ ist an die EuGVVO in der Fassung der Brüssel I-Verordnung angelehnt (und auch entsprechend nummeriert), sodass die zur EuGVVO gemachten Ausführungen grundsätzlich auch auf das LugÜ entsprechend übertragen werden können[189]. Im Folgenden ist deshalb nur bei Bedarf gesondert auf das LugÜ einzugehen.

Die Zuständigkeitsvorschriften der EuGVVO gelten in ihrem Anwendungsbereich vorrangig und verdrängen insoweit die Vorschriften des autonomen nationalen Rechts über die internationale Zuständigkeit[190]. Auch die internationale Zuständigkeit für das Beweissicherungsverfahren ist also vorrangig anhand der EuGVVO zu untersuchen. Strittig ist hier aber bereits, ob Beweissicherungsverfahren überhaupt in den Anwendungsbereich der EuGVVO fallen.

2. *Das Verhältnis zur EuBVO*

Die EuGVVO könnte schon deshalb unanwendbar sein, wenn man bei einem grenzüberschreitenden Beweissicherungsverfahren die Vorschriften der EuBVO

---

185 Verordnung (EG) Nr. 44/2001 des Rates vom 22. Dezember 2000 über die gerichtliche Zuständigkeit und die Anerkennung und Vollstreckung von Entscheidungen in Zivil- und Handelssachen, ABl. 2001 Nr. L 12 S. 1.

186 Übereinkommen über die gerichtliche Zuständigkeit und die Vollstreckung gerichtlicher Entscheidungen in Zivil- und Handelssachen vom 27. September 1968, BGBl. 1972 II S. 774.

187 Abkommen (EG) vom 16.11.2005 zwischen der Europäischen Gemeinschaft und dem Königreich Dänemark über die gerichtliche Zuständigkeit und die Anerkennung und Vollstreckung von Entscheidungen in Zivil- und Handelssachen, ABl. 2005 Nr. L 299 S. 62; sowie ABl. Nr. L 79/4 vom 21.03.2013.

188 Übereinkommen über die gerichtliche Zuständigkeit und die Anerkennung und Vollstreckung von Entscheidungen in Zivil- und Handelssachen vom 30. Oktober 2007, ABl. 2009 Nr. L 147 S. 5.

189 Vgl. *Nagel/Gottwald*, Internationales Zivilprozessrecht, § 3 Rn. 19.

190 Vgl. *Schack*, Internationales Zivilverfahrensrecht, Rn. 269 ff.

als vorrangig gegenüber der EuGVVO ansieht. So hat auch der EuGH in der Rechtssache *St. Paul* die Sorge einer Umgehung der EuBVO durch die EuGVVO geäußert[191]. Es stellt sich insbesondere die Frage, ob Beweise, die sich aus Sicht des für die Hauptsache international zuständigen Gerichts im Ausland befinden, nur von diesem im Wege der Rechtshilfe erhoben werden können. Ein Beweissicherungsverfahren am Belegenheitsort des Beweises könnte somit nur vom Hauptsachegericht nach den Regeln der EuBVO angestrengt werden, anderslautende Zuständigkeitsnormen wie etwa die der EuGVVO oder des autonomen Prozessrechts wären insoweit gesperrt.

In der Literatur wurde die *St. Paul*-Entscheidung in der Tat vielfach so interpretiert, dass grenzüberschreitende Beweissicherungsmaßnahmen ausschließlich der EuBVO unterfielen[192]. Dabei wurde jedoch übersehen, dass der EuGH sich in der Sache nicht mit dem Vorrang der EuBVO vor der EuGVVO, sondern mit der – noch zu klärenden – Anwendbarkeit von Art. 35 EuGVVO befasste und die mögliche Umgehung der EuBVO lediglich als weiteren Aspekt in diesem Kontext erwähnte[193]. Auch die einige Jahre später folgende Rechtssache *Lippens*[194] hat im Hinblick auf einen möglichen Vorrang der EuBVO gegenüber der EuGVVO keine Klarheit gebracht. In dem Vorabentscheidungsverfahren *Lippens* ging es um die Frage, ob das in der Hauptsache zuständige niederländische Gericht die Vernehmung eines in Belgien ansässigen Zeugens zwingend im Wege der Rechtshilfe nach den Regeln der EuBVO durchzuführen hat oder ob alternativ auch eine, nach der niederländischen *lex fori* zulässige, Vernehmung des Zeugens in Belgien durch einen beauftragten (französischsprachigen) niederländischen Richter möglich ist. Der EuGH hat mit Verweis auf das Ziel der EuBVO, die Beweisaufnahme zu erleichtern (Erwägungsgrund 2), entschieden, dass hier der Rückgriff auf andere Möglichkeiten der grenzüberschreitenden Beweisaufnahme neben der EuBVO zulässig ist[195]. Die Fallkonstellation in *Lippens* unterscheidet sich aber insofern von der hier untersuchten, als das niederländische Gericht gerade in der Hauptsache für den Rechtsstreit zuständig ist,

---

191 EuGH, Urt. v. 28.04.2005, Rs. C-104/03 - St. Paul Dairy Industries ./. Unibel Exser, IPRax 2007, 208 ff.

192 Geimer/Schütze/*Geimer*, EuGVVO Art. 31 Rn. 33; Zöller/*ders.*, § 363 Rn. 155; *Kropholler/von Hein*, Europäisches Zivilprozessrecht, EuGVVO Art. 31 Rn. 5; Musielak/Voit/*Stadler*, Art. 35 EuGVVO nF Rn. 2; weitere Nachweise bei *Heinze*, IPRax 2008, 480 (482) Fn. 41.

193 *Nordmeier*, MedR 2012, 125 (127).

194 EuGH, Urt. v. 06.09.2012, Rs. C-170/11 - Lippens, EuZW 2012, 831 ff.

195 EuGH, Urt. v. 06.09.2012, Rs. C-170/11 - Lippens, EuZW 2012, 831 (832 f) Rn. 29 ff.

wohingegen hier in Frage steht, ob das Gericht eines Landes für das Beweissicherungsverfahren zuständig sein kann, während das Gericht eines anderen Landes für die Hauptsache zuständig ist[196]. In der Sache gilt die im *Lippens*-Urteil nicht ausdrücklich ausgeführte Begründung gegen den obligatorischen Charakter der EuBVO, dass nämlich die EuBVO nicht die internationale Zuständigkeit regelt, sondern Voraussetzung für ihre Anwendung zunächst ein Rechtshilfeersuchen des zuständigen Gerichts gem. Art. 1 Abs. 1 EuBVO ist[197], aber für beide Fallkonstellationen gleichermaßen. Die Entscheidung über das „Ob" des Rechtshilfeverfahrens obliegt dem ersuchenden Gericht, nur bezüglich des „Wie" sind dann die Regeln der EuBVO zwingend[198]. Nur dieses Verständnis der EuBVO entspricht eben auch der Zielsetzung der EuBVO, den Parteien die internationale Beweisaufnahme zu erleichtern, die Möglichkeiten also zu erweitern und nicht einzuschränken[199].

Vereinfachend könnte man hier auch sagen, dass sich das Problem eines möglichen Vorrangs der EuBVO gar nicht stellt, da es sich aus Sicht des von einer Partei zur Beweissicherung angerufenen Gerichts am Ort des Beweisgegenstandes um eine Beweisaufnahme im Inland handelt, sodass der Anwendungsbereich der EuBVO gem. Art. 1 Abs. 1 EuBVO ohnehin nicht eröffnet ist und die EuBVO somit auch nicht vorrangig sein kann[200]. In der Sache läuft es aber jedenfalls darauf hinaus, dass die EuBVO weder die Zuständigkeit für die Hauptsache noch für das Beweissicherungsverfahren regelt.

Dieses Ergebnis ist auch interessengerecht, da insbesondere bei Eilbedürftigkeit neben dem zeitraubenden Rechtshilfeweg ein praktisches Bedürfnis für eine schnelle und unkomplizierte Sicherung von Beweisen besteht[201].

Die EuGVVO ist somit für Beweissicherungsverfahren nicht durch die EuBVO gesperrt[202].

---

196 Vgl. *Nordmeier*, MedR 2012, 125 (127).

197 Vgl. Anm. *Bach*, zu EuGH, Urt. v. 06.09.2012, Rs. C-170/11 - Lippens, EuZW 2012, 831 (833 ff).

198 *Junker*, Internationales Zivilprozessrecht, § 26 Rn. 2; Rauscher/*von Hein*, EG-BewVO Art. 1 Rn. 18.

199 Geigel/*Haag*, Kap. 43 Rn. 28.

200 *Mankowski*, JZ 2005, 1144 (1146); *Nordmeier*, MedR 2012, 125 (127); Rauscher/*von Hein*, EG-BewVO Art. 1 Rn. 53.

201 Stein/Jonas/*Berger*, § 486 Rn. 30; *Mankowski*, JZ 2005, 1144 (1146).

202 OLG Dresden, Beschl. v. 15.09.2011, Az. 10 W 0376/11, unalexDE-2252, 1 (4); *Mankowski*, JZ 2005, 1144 (1146 ff); Rauscher/*von Hein*, EG-BewVO Art. 1 Rn. 51 ff; hier im Ergebnis auch *Heinze*, IPRax 2008, 480 (482 ff); *Hess/Zhou*, IPRax 2007, 183 (188).

3. *Die Anwendbarkeit der EuGVVO: die Beweissicherung als einstweilige Maßnahme iSv Art. 35 EuGVVO?*

Nachdem die EuGVVO also zwar nicht von der EuBVVO verdrängt wird, bleibt zu klären, ob die EuGVVO auch in der Sache anwendbar ist.

a. *Die generelle Anwendbarkeit der EuGVVO*

Die EuGVVO ist gem. Art. 1 Abs. 1 S. 1 EuGVVO auf alle Zivil- und Handelssachen anwendbar, soweit diese nicht gem. Art. 1 Abs. 2 EuGVVO ausgenommen sind. Vertreten wird allerdings, auch Beweissicherungsmaßnahmen, zu denen die EuGVVO keine ausdrücklichen Regelungen enthält, generell vom Anwendungsbereich der EuGVVO auszunehmen[203]. Dies überzeugt schon deshalb nicht, da es wegen des Grundsatzes, dass das Hauptsachegericht auch für Beweissicherungsmaßnahmen zuständig ist, nicht zwingend einer ausdrücklichen Regelung bedarf[204]. Außerdem spricht der Wortlaut des Art. 1 EuGVVO dafür, den generellen Anwendungsbereich der EuGVVO auf alle gerichtliche Verfahren einschließlich Zwischenakten und mithin auch auf Beweissicherungsmaßnahmen zu erstrecken[205]. Auch wenn anzuerkennen ist, dass durch die Anwendung der nationalen Eilzuständigkeiten am Belegenheitsort des Beweises eine einfache und schnelle Beweissicherung ermöglicht werden soll, so ließe sich dieses Ergebnis auch im Rahmen der EuGVVO erreichen, da Art. 35 EuGVVO letztere gerade für die nationalen Zuständigkeitsregeln öffnet[206].

---

203 *Geimer*, Internationales Zivilprozessrecht, Rn. 2540; Geimer/Schütze/*ders.*, EuGVVO Art. 2 Rn. 92; Zöller/*ders.*, § 363 Rn. 155; *Schack*, Internationales Zivilverfahrensrecht, Rn. 491; *Stadler*, FS Geimer, S. 1281 (1302 f); Rauscher/*von Hein*, EG-BewVO Art. 1 Rn. 51.

204 § 3A.I, S. 57.

205 OLG München, Beschl. v. 19.02.2014, Az. 15 W 912/13, IPRax 2015, 93 ff.

206 *Mankowski*, JZ 2005, 1144 (1146); *Wannenmacher*, Einstweilige Maßnahmen, S. 190; ausführlich zur Anwendbarkeit des Art. 35 EuGVVO unten § 3A.II.3.b, S. 63.

Die EuGVVO ist somit auch bezüglich der Beweissicherungsverfahren anwendbar[207] und der rechtsvergleichende Blick in die Rechtsordnungen[208] rechtfertigt es, auch hier den allgemeinen Grundsatz der Zuständigkeit des (hypothetischen) Hauptsachegerichts zu postulieren[209]. Danach ist nach der EuGVVO grundsätzlich das nach den allgemeinen Regeln für die Hauptsache zuständige Gericht auch für die Anordnung eines Beweissicherungsverfahrens zuständig.

Die Zuständigkeit ist danach also gem. Artt. 4 ff EuGVVO zu beurteilen. Dabei ist besonders zu beachten, dass im Rahmen von Beweissicherungsverfahren häufig materiellrechtlich eine Anspruchskonkurrenz zwischen vertraglichen Gewährleistungs- bzw. Schadensersatzansprüchen und Ansprüchen aus unerlaubter Handlung (oder *culpa in contrahendo*) gegeben ist[210], sodass hier nach der insoweit nicht eindeutigen EuGH-Rechtsprechung[211] die deliktische Tatortzuständigkeit gem. Art. 7 Nr. 2 EUGVVO zugunsten der vertraglichen

---

207 OLG Hamburg, Beschl. v. 29.09.1999, Az. 8 W 235/99, IPRax 2000, 530; OLG Köln, Beschl. v. 24.05.2006, Az. 16 W 25/06, IHR 2006, 147 (148); OLG Dresden, Beschl. v. 15.09.2011, Az. 10 W 0376/11, unalexDE-2252, S. 1 (3); OLG München, Beschl. v. 19.02.2014, Az. 15 W 912/13, IPRax 2015, 93 ff; Schlussantrag der GA *Colomer*, 9.9.2004 - C-104/03, BeckEuRS 2004, 432853, Nr. 20 ff; *Ahrens*, Der Beweis im Zivilprozess, Kap. 53 Rn. 35; Wieczorek/Schütze/*ders.*, Vor § 485 Rn. 59 ff; Stein/Jonas/*Berger*, § 486 Rn. 22; *Dörschner*, Beweissicherung im Ausland, S. 158 ff; MüKoZPO/*Gottwald*, EuGVO Art. 1 Rn. 3; *Heinze*, IPRax 2008, 480 (483 f); Gebauer/Wiedmann/*S. Huber*, Kap. 31 EuBVO Art. 1 Rn. 30; *Mankowski*, JZ 2005, 1144 (1145 ff); *Meilicke*, NJW 1984, 2017 (2018); *Niggemann*, IPRax 2015, 75 (77 f); Schlosser/Hess/*Schlosser*, EuGVVO Art. 1 Rn. 6; *Spickhoff*, IPRax 2001, 37 (39); *Wannenmacher*, Einstweilige Maßnahmen, S. 189 f; einschränkend Rauscher/*Leible*, Brüssel Ia-VO Art. 2 Rn. 16.

208 Siehe oben § 2, S. 6 ff und darüber hinaus *Ahrens*, Der Beweis im Zivilprozess, Kap. 53 Rn. 2 ff; *Hess/Zhou*, IPRax 2007, 183 (186) mwN.

209 Vgl. EuGH, Urt. v. 17.11.1998, Rs. C-391/95 - van Uden ./. Deco-Line, EuZW 1999, 413 (415) Rn. 19; *Ahrens*, FS Loschelder, S. 1 (5) mwN; *Garber*, in: Mayr (Hrsg.), Handbuch des europäischen Zivilverfahrensrechts, Rn. 3.839 ff; *Heinze*, IPRax 2008, 480 (484); *Junker*, Internationales Zivilprozessrecht, § 18 Rn. 3, mit Verweis auf Art. 2 lit. a. UAbs. 2 S. 1 EuGVVO und einen Umkehrschluss zu Art. 35 EuGVVO.

210 Vgl. zur entsprechenden Problematik bei der Bestimmung des anwendbaren Sachrechts unten § 5A.I, S. 97.

211 Vgl. insb. EuGH, Urt. v. 27.09.1988, Rs. C-189/87 - Kalfelis, NJW 1988, 3088 ff; EuGH, Urt. v. 13.03.2014, Rs. C-548/12 - Brogsitter, NJW 2014, 1648 f.

Erfüllungsortszuständigkeit gem. Art. 7 Nr. 1 EuGVVO als Gerichtsstand des Sachzusammenhangs zurücktreten könnte[212].

Ungeachtet der Schwierigkeiten, die es bei der Bestimmung des für die Hauptsache zuständigen Gerichts geben mag, ist letzteres jedenfalls für die Anordnung eines Beweissicherungsverfahrens zuständig.

b. Art. 35 EuGVVO

Fraglich ist darüber hinaus aber, ob insbesondere im Falle der Eilbedürftigkeit einer Beweissicherung auch ein anderes Gericht als das (künftige) Hauptsachegericht für die Beweissicherung zuständig sein kann. Das Beweissicherungsverfahren müsste dazu also unter den Begriff der einstweiligen Maßnahme iSv Art. 35 EuGVVO fallen. Dafür spricht zwar zunächst der Wortlaut, der ausdrücklich auch Sicherungsmaßnahmen umfasst. Damit sind allerdings in erster Linie den materiellen Anspruch sichernde Maßnahmen gemeint, wie sie für den einstweiligen Rechtsschutz typisch sind[213]. Gerade hier liegt die Problematik, da die vorgezogene Beweissicherung in den jeweiligen Verfahrensrechten eine Doppelfunktion hat und sowohl Maßnahme des einstweiligen Rechtschutzes als auch selbständiges Beweisaufnahmeverfahren sein kann[214]. Im Rahmen der EuGVVO ist der Begriff jedoch ohnehin europarechtlich autonom auszulegen[215]. Der EuGH hat einstweilige Maßnahmen iSv Art. 35 EuGVVO in der Rechtssache *van Uden* als „Maßnahmen […], die eine Veränderung der Sach- oder Rechtslage verhindern sollen, um Rechte zu sichern, deren Anerkennung im Übrigen bei dem in der Hauptsache zuständigen Gericht beantragt wird" definiert[216].

Einige Jahre später erging die zentrale Entscheidung des EuGH zur Anwendung des Art. 35 EuGVVO auf Beweissicherungsmaßnahmen in der Rechtssache *St. Paul*, in der der EuGH zu dem Schluss kommt, dass Art. 35 EuGVVO

---

212 *Spickhoff*, IPRax 2017, 72 (73 ff); dezidiert gegen eine Annexzuständigkeit *Junker*, Internationales Zivilprozessrecht, § 9 Rn. 11.

213 Vgl. EuGH, Urt. v. 26.03.1992, Rs. C-261/90 - Reichert ./. Dresdner Bank, BeckRS 2004, 75788 Rn. 32.

214 *Ahrens*, FS Schütze 1999, S. 1 (6 f); vgl. auch oben § 2, S. 27 ff sowie weitere Verfahren bei Wieczorek/Schütze/*ders.*, Vor § 485 Rn. 35 ff und *Hess/Zhou*, IPRax 2007, 183 (186) mwN.

215 allgM Schlosser/Hess/*Schlosser*, EuGVVO Art. 35 Rn. 26; **aA** hier im Ergebnis wohl *Hess/Zhou*, IPRax 2007, 183 (189 f).

216 EuGH, Urt. v. 17.11.1998, Rs. C-391/95 - van Uden ./. Deco-Line, EuZW 1999, 413 (416); vorher bereits EuGH, Urt. v. 26.03.1992, Rs. C-261/90 - Reichert ./. Dresdner Bank, BeckRS 2004, 75788 Rn. 34.

auf das dort in Frage stehende niederländische Institut der vorgezogenen Zeugenvernehmung gem. Artt. 186 ff der niederländischen Zivilprozessordnung (*Nederlandse Wetboek van Burgerlijke Rechtsvordering*) nicht anzuwenden sei[217]. Die Entscheidung wurde in der Literatur zum Teil stark kritisiert[218]. Die Berechtigung der Kritik zu diesem Punkt hängt allerdings von der Interpretation dieser Entscheidung sowie ihrer Reichweite und Begründung ab. Nicht zuzustimmen ist der Interpretation der deutschen Rechtsprechung[219] (mit Ausnahme einer wenig beachteten Entscheidung des OLG Dresden[220]) und einiger Autoren[221], die aus ihr schließen, dass Beweissicherungsmaßnahmen generell keine einstweiligen Maßnahmen iSv Art. 35 EuGVVO seien. Als wesentliches Argument dafür, die niederländische vorgezogene Zeugenvernehmung nicht als einstweilige Maßnahme iSv Art. 35 EuGVVO einzustufen, führt der EuGH nämlich an, dass das Ziel dieser Maßnahme die Einschätzung der Zweckmäßigkeit einer Klage sei[222]. *Mankowski* hat diese Aussage so weit interpretiert, dass er annimmt, alle Maßnahmen im alleinigen Interesse des Gläubigers fielen laut EuGH nicht unter Art. 35 EuGVVO und kritisiert dies dann konsequenterweise mit zutreffendem Verweis darauf, dass einstweiliger Rechtsschutz immer im Interesse des Gläubigers stünde[223]. Richtigerweise sollte *St. Paul* bereits nur entnommen werden, dass die alleinige Zielsetzung der Maßnahme, ohne weitere Voraussetzungen die Einschätzung der Zweckmäßigkeit – also der Erfolgsaussichten – einer Klage zu ermöglichen, der entscheidende Aspekt gegen die Annahme einer einstweiligen

---

217 EuGH, Urt. v. 28.04.2005, Rs. C-104/03 - St. Paul Dairy Industries ./. Unibel Exser, IPRax 2007, 208 ff.

218 *Heinze*, IPRax 2008, 480 (484 ff); *Hess/Zhou*, IPRax 2007, 183 ff; *Mankowski*, JZ 2005, 1144 ff.

219 OLG Köln, Beschl. v. 24.05.2006, Az. 16 W 25/06, IHR 2006, 147 (148); OLG München, Beschl. v. 19.02.2014, Az. 15 W 912/13, IPRax 2015, 93 (94).

220 OLG Dresden, Beschl. v. 15.09.2011, Az. 10 W 0376/11, unalexDE-2252, 1 (3).

221 *Ulrich*, Selbständiges Beweisverfahren mit Sachverständigen, S. 131 Rn. 258; Rauscher/*von Hein*, EG-BewVO Art. 1 Rn. 51; wohl auch *Linke/Hau*, Internationales Zivilverfahrensrecht, § 10 Rn. 49.

222 EuGH, Urt. v. 28.04.2005, Rs. C-104/03 - St. Paul Dairy Industries ./. Unibel Exser, IPRax 2007, 208 (209).

223 *Mankowski*, JZ 2005, 1144 (1145).

Maßnahme ist[224]. Dieser Interpretation folgt auch das OLG Dresden[225]. Probleme aufwerfen könnten insoweit insbesondere auch das deutsche Verfahren nach § 485 Abs. 1 Alt. 1 ZPO, das französische nach Art. 145 CPC und das der Schweiz nach Art. 158 Abs. 1 lit. a chZPO, die allesamt zumindest auch eine Einschätzung der Prozessaussichten ermöglichen. Im Übrigen trifft dieses Argument im Falle von Beweisverfahren jedoch nur eingeschränkt zu. Vielmehr kommt die Beweisaufnahme beiden Parteien im Hauptsacheprozess zugute, indem sie die Tatsachengrundlage für die Hauptverhandlung liefert[226]. Umso mehr gilt dies für Maßnahmen der Beweis*sicherung*, die Beweise gerade kurzfristig sichern sollen und die Gefahr des Verlusts oder der Erschwerung der Beweismittel voraussetzen[227]. Insoweit liegt der Schwerpunkt gerade nicht auf der Einschätzung der Erfolgschancen eines anschließenden Hauptsacheprozesses. Vielmehr erlaubt es die Beweissicherung hier – ganz im Sinne der Definition der einstweiligen Maßnahme durch den EuGH – „eine Veränderung der Sach[...]lage [zu] verhindern [...], um [die Durchsetzbarkeit der] Rechte zu sichern, deren Anerkennung im Übrigen bei dem in der Hauptsache zuständigen Gericht beantragt wird“[228]. Damit gleicht das Beweissicherungsverfahren strukturell dem einstweiligen Rechtsschutz, was sich auch in zahlreichen nationalen Rechtsordnungen widerspiegelt (z.B. im *référé*-Verfahren in Frankreich[229]). In der Praxis dürfte der Kläger darüber hinaus außerdem häufig ohnehin schon von der Zweckmäßigkeit seiner Klage überzeugt sein[230]. Dieses Verständnis des Art. 35 EuGVVO wird auch durch den Erwägungsgrund 22 der EuGVVO gestützt, demzufolge Anordnungen zur Beweiserhebung oder Beweissicherung im Sinne der Artikel 6 und 7 der Durchsetzungs-Richtlinie[231] umfasst sein sollen. Beweismaßnahmen sollen also keinesfalls grundsätzlich ausgeschlossen sein. Ebenso heißt es dort aber, dass „Maßnahmen, die nicht auf Sicherung gerichtet sind, wie Anordnungen

224 *Besso Marcheis*, in: Stürner/Kawano (Hrsg.), Comparative Studies on Enforcement and Provisional Measures, 2011, S. 390 (396 f); *Heinze*, RabelsZ 75 (2011), 581 (604 f); *Kiesselbach*, in: Lein (Hrsg.), The Brussels I review proposal uncovered, S. 1 (15 f); vgl. EuGH, Urt. v. 28.04.2005, Rs. C-104/03 - St. Paul Dairy Industries ./. Unibel Exser, IPRax 2007, 208 (209), insb. Rn. 17.

225 OLG Dresden, Beschl. v. 15.09.2011, Az. 10 W 0376/11, unalexDE-2252, 1 (3).

226 Dahingehend *Niggemann*, IPRax 2015, 75 (78).

227 *Hess/Zhou*, IPRax 2007, 183 (185); vgl. auch *Grabinski*, FS Schilling, S. 191 (194 f).

228 EuGH, Urt. v. 17.11.1998, Rs. C-391/95 - van Uden ./. Deco-Line, EuZW 1999, 413 (416).

229 Siehe oben § 2B.I.1, S. 38.

230 *Schlosser*, The Brussels I-Regulation (Heidelberg report), S. 185.

231 Vgl. unten § 3A.III.5, S. 73.

zur Zeugenvernehmung", nicht umfasst sein sollen. Nun sind zwar die Erwägungsgründe bei der Auslegung zu berücksichtigen[232], doch könnte man hier auch von einer unglücklichen Formulierung ausgehen, die möglicherweise nur als Bestätigung von *St. Paul* gedacht war[233]. Der gänzliche Ausschluss von Zeugenvernehmungen verwundert nämlich insofern, als gerade im Rahmen der Beweissicherungsverfahren die Zeugenvernehmung sehr wohl auf Sicherung gerichtet sein kann, wie es das Beispiel des totkranken Zeugen zeigt.

Gegen die Anwendbarkeit des Art. 35 EuGVVO auf Beweissicherungsverfahren wird außerdem vorgebracht, dass letztere nicht in einer anerkennungsfähigen Entscheidung iSd Art. 36 EuGVVO endeten[234]. Zwar ist zutreffend, dass die Beweiserhebung im Rahmen eines Beweissicherungsverfahrens keine anerkennungsfähige Entscheidung iSd Art. 36 EuGVVO darstellt[235], allerdings ist nicht ersichtlich, weshalb dies zu einer Unanwendbarkeit des Art. 35 EuGVVO auf Beweissicherungsverfahren führen sollte[236]. Hier sollte die Frage der internationalen Zuständigkeit nicht mit der Frage nach der Anerkennung ausländischer Entscheidungen vermischt werden[237], zumal das Ergebnis eines ausländischen Beweissicherungsverfahrens durch die Bejahung der Verwertbarkeit im Hauptsacheverfahren im Inland sehr wohl „anerkannt" wird, wenn auch nicht nach Art. 36 EuGVVO[238].

Nach alledem könnte man also insbesondere im Hinblick auf die Rechtsprechung des EuGH in *St. Paul* und den Erwägungsgrund 22 der EuGVVO wohl unterscheiden zwischen einerseits solchen Beweissicherungsmaßnahmen, bei denen der Sicherungszweck im Vordergrund steht und die mithin unter Art. 35 EuGVVO fallen und andererseits solchen Beweissicherungsmaßnahmen, die vordergründig der bloßen (von einem Sicherungsbedürfnis unabhängigen)

---

232 Vgl. Saenger/*Dörner*, Vor. EuGVVO Rn. 25; Calliess/Ruffert/*Wegener*, EUV Art. 19 Rn. 16.

233 So sieht es Rauscher/*Leible*, Brüssel Ia-VO Art. 2 Rn. 16; wohl auch Rauscher/*von Hein*, EG-BewVO Art. 1 Rn. 51.

234 Rauscher/*Leible*, Brüssel Ia-VO Art. 35 Rn. 15; Musielak/Voit/*Stadler*, Art. 35 EuGVVO nF Rn. 2.

235 Siehe dazu unten § 5C.II, S. 119.

236 Zur insoweit möglicherweise uneinheitlichen Auslegung des Begriffs der einstweiligen Maßnahme in der EuGVVO siehe unten § 5C.II, S. 119 ff.

237 Wieczorek/Schütze/*Ahrens*, Vor § 485 Rn. 60; *Wannenmacher*, Einstweilige Maßnahmen, S. 189.

238 Siehe zur Verwertbarkeit eines ausländischen Beweissicherungsverfahrens ausführlich unten § 5C, S. 115 ff.

Beweisbeschaffung dienen[239]. Anzuwenden wäre Art. 35 EuGVVO danach jedenfalls auf Beweissicherungsverfahren in Form von Eilverfahren, wie etwa § 485 Abs. 1 Alt. 2 ZPO[240] oder Art. 158 Abs. 1 lit. b Alt. 1 chZPO[241]. Vorgezogene Beweisverfahren, die ohne Eilbedürftigkeit und Sicherungszweck zulässig sind, könnten jedoch nicht unter Art. 35 EuGVVO subsumiert werden. Dies beträfe in Deutschland das Verfahren nach § 485 Abs. 1 Alt. 1 ZPO[242] oder in der Schweiz das Verfahren nach Art. 158 Abs. 1 lit. a chZPO[243]. Während sich hier die insofern ausgeschlossenen Verfahren am Gesetzeswortlaut in bestimmen Varianten festmachen lassen, kommt dies in der französischen Regelung des Art. 145 CPC nicht in Betracht. Maßgeblich ist hier allein, dass ein berechtigtes Interesse (*motif légitim*) an der Sicherung oder Ermittlung einer Tatsache besteht, wofür allerdings eben genügt, dass lediglich Beweise zur Beurteilung der Erfolgsaussichten einer Klage erhoben werden sollen, um so möglicherweise einen Prozess gänzlich zu vermeiden[244]. Es wäre mithin für jeden Einzelfall eine wertende Betrachtung anzustellen, um festzustellen, aufgrund welchen berechtigten Interesses (*motif légitim*) das Verfahren angeordnet wird. Ein solches Vorgehen ist meines Erachtens in der Sache angemessen und insbesondere aufgrund seiner Vereinbarkeit mit der *St. Paul*-Entscheidung des EuGH wohl auch geboten. Allerdings halte ich die damit verbundene Einzelfallprüfung (etwa beim französischen Verfahren nach Art. 145 CPC) im Hinblick auf klare und vorhersehbare Zuständigkeitsregeln für misslich. Verlockend wäre es deshalb auch aus Praktikabilitätsgründen, Art. 35 EuGVVO generell auf Beweissicherungsverfahren anzuwenden, die bereits dem Namen nach und wie es die vorliegende Untersuchung gezeigt hat[245], immer zumindest auch Sicherungszwecke verfolgen[246]. Der befürchteten möglichen Umgehung der Zuständigkeiten nach der EuGVVO wird insofern vorgebeugt, als der EuGH einschränkend eine reale Verknüpfung zwischen dem nach

239 OLG Dresden, Beschl. v. 15.09.2011, Az. 10 W 0376/11, unalexDE-2252, 1 (3); *Domej*, RabelsZ 78 (2014), 508 (547 f); *Heinze*, RabelsZ 75 (2011), 581 (605); *Kiesselbach*, in: Lein (Hrsg.), The Brussels I review proposal uncovered, 2012, S. 1 (16 f); Rauscher/*Leible*, Brüssel Ia-VO Art. 2 Rn. 16; Rauscher/*ders.*, Brüssel Ia-VO Art. 35 Rn. 16.

240 Dazu oben § 2A.I.2, S. 28; vgl. § 486 Abs. 3 ZPO.

241 Dazu oben § 2C.I.2, S. 44.

242 Dazu oben § 2A.I.2, S. 28; so Stein/Jonas/*Berger*, § 486 Rn. 28 f.

243 Dazu oben § 2C.I.1, S. 43.

244 Dazu oben § 2B.I.2, S. 39.

245 Vgl. oben § 2, S. 27 ff.

246 Vgl. *Heinze*, RabelsZ 75 (2011), 581 (604), der dies auch für ausreichend zu halten scheint.

Art. 35 EuGVVO aufgerufenen Gericht und dem Gegenstand der Beweissicherungsmaßnahme fordert[247]. Jedenfalls ist hier aber den Autoren zuzustimmen, die rechtspolitisch die Aufnahme einer ausdrücklichen Regelung über Beweissicherungsverfahren in die EuGVVO für wünschenswert halten[248].

Beweissicherungsverfahren sind somit richtigerweise (wohl entgegen der Rechtsprechung[249]) als einstweilige Maßnahme iSv Art. 35 EuGVVO anzusehen[250]. Zumindest ist die *St. Paul*-Entscheidung des EuGH so zu interpretieren, dass jedenfalls Beweissicherungsverfahren, die auf die Sicherung der Beweise abzielen, unter Art. 35 EuGVVO fallen. Danach kann sich für ein Beweissicherungsverfahren die (internationale) Zuständigkeit eines Gerichts auch nur nach seinem nationalen Recht ergeben, ohne dass nach der EuGVVO eine Zuständigkeit für die Hauptsache besteht, sofern zu diesem Gericht eine reale Verknüpfung besteht.

---

247 Dazu sogleich § 3B.III, S. 76.

248 So etwa *Domej*, RabelsZ 78 (2014), 508 (547); *von Hein*, RIW 2003, 97 ff. (108); Rauscher/*ders.*, EG-BewVO Art. 1 Rn. 51.

249 EuGH, Urt. v. 28.04.2005, Rs. C-104/03 - St. Paul Dairy Industries ./. Unibel Exser, IPRax 2007, 208 ff; dem folgend OLG Köln, Beschl. v. 24.05.2006, Az. 16 W 25/06, IHR 2006, 147 (148) und OLG München, Beschl. v. 19.02.2014, Az. 15 W 912/13, IPRax 2015, 93 (94); differenzierend aber OLG Dresden, Beschl. v. 15.09.2011, Az. 10 W 0376/11, unalexDE-2252, S. 1 (3).

250 Schlussantrag der GA *Colomer*, 9.9.2004 - C-104/03, BeckEuRS 2004, 432853, Nr. 62; *Ahrens*, Der Beweis im Zivilprozess, Kap. 53 Rn. 35; Wieczorek/Schütze/*ders.*, Vor § 485 Rn. 60; *Berger*, IPRax 2001, 522 (523); Stein/Jonas/*ders.*, § 486 Rn. 23 ff; *Dörschner*, Beweissicherung im Ausland, S. 163 ff; MüKoZPO/*Gottwald*, EuGVO Art. 35 Rn. 5; *Gronstedt*, Grenzüberschreitender einstweiliger Rechtsschutz, S. 219 ff; *Heinze*, IPRax 2008, 480 ff; *ders.*, RabelsZ 75 (2011), 581 (605); *Hess/Zhou*, IPRax 2007, 183 ff; Gebauer/Wiedmann/*S. Huber*, Kap. 31 EuBVO Art. 1 Rn. 30; *Knöfel*, EuZW 2008, 267 (268); *Mankowski*, JZ 2005, 1144 ff; *Meilicke*, NJW 1984, 2017 (2018); *Niggemann*, IPRax 2015, 75 (78); *Schlosser*, The Brussels I-Regulation (Heidelberg report), S. 185 f; *Spickhoff*, IPRax 2001, 37 (39); *Wannenmacher*, Einstweilige Maßnahmen, S. 191 ff; **aA** *Dietze/Schnichels*, EuZW 2006, 742 (747); Saenger/*Dörner*, Art. 35 EuGVVO Rn. 6; Geimer/Schütze/*Geimer*, EuGVVO Art. 31 Rn. 32; Zöller/*ders.*, EuGVVO Art. 35 Rn. 14; Baumbach/Lauterbach/*Hartmann*, EuGVVO Art. 35 Rn. 1; Thomas/Putzo/*Hüßtege*, EuGVVO Art. 35 Rn. 2; Rauscher/*Leible*, Brüssel Ia-VO Art. 35 Rn. 15; *Leitzen*, Jura 2007, 201 (204 f); *Schack*, Internationales Zivilverfahrensrecht, Rn. 491; Musielak/Voit/*Stadler*, Art. 35 EuGVVO nF Rn. 2; *Ulrich*, Selbständiges Beweisverfahren mit Sachverständigen, S. 131 Rn. 258.

4. *Ergebnis zu II.*

Die EuGVVO ist auf Beweissicherungsverfahren generell anwendbar und die EuBVO ist insoweit nicht vorrangig. Nach der EuGVVO ist grundsätzlich das für die Hauptsache zuständige Gericht auch für das Beweissicherungsverfahren zuständig. Auf Beweissicherungsverfahren ist aber auch Art. 35 EuGVVO anwendbar, sodass danach auch ein Gericht eines anderen Mitgliedstaates, das nicht in der Hauptsache zuständig ist, nach seiner *lex fori* für das Beweissicherungsverfahren zuständig sein kann, wenn zu diesem Gericht eine reale Verknüpfung besteht.

III. Der Rechtshilfeweg nach der EuBVO

1. *Rechtshilfe nach der EuBVO*

Die Partei, die die Sicherung von Beweisen im Ausland begehrt, kann dies aber auch bei dem in der Hauptsache zuständigen inländischen Gericht beantragen, das nämlich auch die Möglichkeit hat, selbst eine grenzüberschreitende Beweissicherung anzuordnen. Dazu kann es sich im Wege der Rechtshilfe eines ausländischen Gerichts vor Ort bedienen. Die Zusammenarbeit der Gerichte verschiedener Mitgliedstaaten der Europäischen Union auf dem Gebiet der Beweisaufnahme wird durch die Europäische Beweisaufnahmeverordnung (EuBVO)[251] geregelt.

Die EuBVO ist sachlich wie die EuGVVO auf Zivil- und Handelssachen anwendbar (Art. 1 Abs. 1 EuBVO). Sie ermöglicht es dem Gericht eines Mitgliedstaats, das Gericht eines anderen Mitgliedstaats darum zu ersuchen, eine Beweisaufnahme vorzunehmen (sog. aktive Beweisaufnahme gem. Art. 1 Abs. 1 lit. a EuBVO) oder selber in einem anderen Mitgliedstaat Beweise erheben zu dürfen (sog. passive Beweisaufnahme gem. Art. 1 Abs. 1 lit. b EuBVO)[252]. Räumlich gilt die EuBVO in allen Mitgliedstaaten der Europäischen Union außer Dänemark (Art. 1 Abs. 3 EuBVO).

Die Art. 4–16 EuBVO enthalten Regelungen zur Übermittlung und Erledigung der Ersuche um Beweisaufnahme. Zur unmittelbaren Beweisaufnahme durch das ersuchende Gericht enthält Art. 17 EuBVO spezielle Regelungen. Die

251 Verordnung (EG) Nr. 1206/2001 des Rates vom 28. Mai 2001 über die Zusammenarbeit zwischen den Gerichten der Mitgliedstaaten auf dem Gebiet der Beweisaufnahme in Zivil- oder Handelssachen.

252 Rauscher/*von Hein*, EG-BewVO Art. 1 Rn. 11.

Vorschriften der EuBVO werden durch die nationalen Durchführungsvorschriften ergänzt. In Deutschland handelt es sich um die §§ 1072–1075 ZPO.

Das Ersuchen um eine Beweisaufnahme ist nur zulässig, wenn die Beweise in einem gerichtlichen Verfahren verwendet werden sollen (Art. 1 Abs. 2 EuBVO).

2. Anwendbarkeit der EuBVO auf Beweissicherungsmaßnahmen

Der Anwendungsbereich der EuBVO ist für Beweissicherungsmaßnahmen eröffnet, wenn diese unter den Begriff der Beweisaufnahme iSv Art. 1 Abs. 1 EuBVO fallen. Da es sich bei der EuBVO um eine Verordnung iSv Art. 288 Abs. 2 AEUV handelt, ist der Begriff europarechtlich autonom auszulegen[253]. Danach ist unter Beweisaufnahme jede justizielle Beschaffung von Informationen, die zur richterlichen Wahrheitsfindung und Überzeugungsbildung im Erkenntnisverfahren beitragen soll, zu verstehen[254]. Bei den Beweissicherungsmaßnahmen, die freilich zum Zwecke der Informationsbeschaffung erfolgen, ist jedoch fraglich, ob sie der Wahrheitsfindung und Überzeugungsbildung dienen. Letzteres kann bezweifelt werden mit Verweis darauf, dass im Rahmen der Beweissicherung die Beweise lediglich dokumentiert werden und im Hauptsacheprozess zunächst als Beweismittel eingeführt werden müssen, bevor das Gericht sie bewerten kann und sie somit der Wahrheitsfindung und Überzeugungsbildung dienen[255]. Das Beweissicherungsverfahren besteht aber gerade aus Beweisaufnahmeelementen wie etwa einer Zeugenvernehmung und dient damit im Ergebnis aber zumindest mittelbar der Überzeugungsbildung des Gerichts[256]. Dafür spricht auch, dass der Begriff der Beweisaufnahme hier grundsätzlich weit auszulegen ist[257]. Zudem erfasst Art. 1 Abs. 2 EuBVO ausdrücklich auch die Beweisaufnahme für ein noch zu eröffnendes gerichtliches Verfahren.

---

253 Geimer/Schütze/*Geimer*, EuBVO Art. 1 Rn. 4.

254 Rauscher/*von Hein*, EG-BewVO Art. 1 Rn. 14; einschränkend *Knöfel*, in: Geimer/Schütze (Hrsg.), Internationaler Rechtsverkehr, EuBVO Art. 1 Rn. 36.

255 *Heinze*, IPRax 2008, 480 (481).

256 *Ders.*, IPRax 2008, 480 (481); Schlussantrag der GA *Kokott*, 18.7.2007 - C-175/06, BeckEuRS 2007, 452352 Rn. 55 f; Schlosser/Hess/*Schlosser*, EuBVO Art. 1 Rn. 6.

257 *Knöfel*, in: Geimer/Schütze (Hrsg.), Internationaler Rechtsverkehr, EuBVO Art. 1 Rn. 36 mwN.

Beweissicherungsmaßnahmen sind somit als von der EuBVO erfasst anzusehen[258]. Dagegen fallen Maßnahmen zur Sicherung des Hauptanspruchs nicht in den Anwendungsbereich der EuBVO[259].

3. *Verfahren und Durchführung der Beweissicherung nach der EuBVO*

Das ersuchte Gericht erfüllt ein Ersuchen um Beweisaufnahme gem. Art. 1 Abs. 1 lit. a EuBVO grundsätzlich nach seiner *lex fori* (Art. 10 Abs. 2 EuBVO). Das ersuchende Gericht kann aber gem. Art. 10 Abs. 3 EuBVO um eine Beweisaufnahme in einer bestimmten für das nationale Prozessrecht erforderlichen Form bitten. Das ersuchte Gericht ist grundsätzlich an die Maßgaben des Ersuchens gebunden und muss diese gegebenenfalls auch durch analoge Anwendung nationaler Verfahrensvorschriften erfüllen[260]. Es hat die Beweisaufnahme innerhalb von 90 Tagen zu erledigen (Art. 10 Abs. 1 EuBVO) und kann das Ersuchen nur ausnahmsweise gem. Art. 10 Abs. 3 S. 2 EuBVO sowie aus den in Art. 14 EuBVO genannten Gründen ablehnen.

Gem. Art. 13 EuBVO wendet das ersuchte Gericht auch Zwangsmittel an, soweit dies erforderlich ist. Diese Möglichkeit besteht allerdings gem. Art. 17 Abs. 2 EuBVO nicht für das ersuchende Gericht, wenn dieses gem. Art. 1 Abs. 1 lit. b EuGVO selbst unmittelbar Beweis im Ausland erhebt. Deshalb ist für die grenzüberschreitende Beweissicherung die Beweisaufnahme durch das ersuchte Gericht im Wege der aktiven Rechtshilfe nach Art. 1 Abs. 1 lit. a EuBVO besser geeignet[261].

Die Parteien haben das Recht, der Beweisaufnahme beizuwohnen, wenn das Recht des ersuchenden (Art. 11 Abs. 1 EuBVO) oder des ersuchten Gerichts (Art. 11 Abs. 5 EuBVO, der sich wegen eines Übersetzungsfehlers zu Unrecht auch auf das *ersuchende* Gericht bezieht[262]) dies vorsehen.

---

258 *Alio*, NJW 2004, 2706 (2707); *Berger*, IPRax 2001, 522 (523); Baumbach/Lauterbach/*Hartmann*, § 1072 Rn. 3; Schlussantrag der GA *Kokott*, 18.7.2007 - C-175/06, BeckEuRS 2007, 452352 Rn. 80 ff; *Nagel/Gottwald*, Internationales Zivilprozessrecht, § 17 Rn. 85; MüKoZPO/*Rauscher*, § 1072 Rn. 1; Saenger/*Saenger*, § 1072 Rn. 1; Schlosser/Hess/*Schlosser*, EuBVO Art. 1 Rn. 6; Musielak/Voit/*Stadler*, § 1072 Rn. 1; BeckOK-ZPO/*Thode*, § 1072 Rn. 1; Rauscher/*von Hein*, EG-BewVO Art. 1 Rn. 51.

259 Schlussantrag der GA *Kokott*, 18.7.2007 - C-175/06, BeckEuRS 2007, 452352 Rn. 85; Rauscher/*von Hein*, EG-BewVO Art. 1 Rn. 13.

260 *Heinze*, IPRax 2008, 480 (482).

261 *Ders.*, IPRax 2008, 480 (482).

262 Rauscher/*von Hein*, EG-BewVO Art. 11 Rn. 2.

4. *Grenzen*

Aus dem Erwägungsgrund 11 der EuBVO ist ersichtlich, dass die Ablehnung eines Ersuchens auf möglichst enge Ausnahmefälle begrenzt sein soll, um das Ziel der Vereinfachung und Beschleunigung der grenzüberschreitenden Beweisaufnahme zu erreichen (Erwägungsgrund 3). Trotzdem sind gewisse Grenzen anerkannt.

Besondere Relevanz im Zusammenhang mit vorprozessualen Beweissicherungsmaßnahmen kommt dem sog. Ausforschungsverbot zu[263]. Die Beweiserhebung muss gem. Art. 1 Abs. 2 EuBVO zur Verwendung in einem Prozess erfolgen. Wie bereits festgestellt ist dies grundsätzlich auch bei Beweissicherungsmaßnahmen der Fall[264]. Dabei muss es sich aber um eine reine Tatsache*nermittlung* im Sinne einer Beweiserhebung handeln, wenngleich sie sich auch auf noch aufzufindende Beweise beziehen kann[265]. Nicht mehr zulässig ist eine Tatsachen*ausforschung*, die die zu erhebenden Beweise nicht hinreichend bestimmt und keinen unmittelbaren Zusammenhang mit dem Streitgegenstand erkennen lässt[266]. Problematisch sind insoweit vor allem die *discovery*- und *disclosure*-Verfahren aus dem anglo-amerikanischen Recht (dort insbesondere die sog. *fishing expeditions*)[267].

Außerdem können sich die Betroffenen nach dem Meistbegünstigungsprinzip sowohl auf die Aussageverweigerungsrechte aus dem nationalen Recht des ersuchenden als auch des ersuchten Gerichts berufen (Art. 14 Abs. 1 EuBVO)[268].

Bei der Beweisaufnahme sind zudem die Parteiöffentlichkeit sowie die Teilnahmerechte der Parteien gem. Art. 11 EuBVO zu wahren. Darüber hinaus enthält die EuBVO gewisse Vorbehaltsklauseln (Art. 10 Abs. 3 S. 2 EuBVO und Art. 14 Abs. 2 EuBVO) und generell sind das Datenschutzrecht (vgl. Erwägungsgrund 18) sowie die europäischen Grundrechte zu beachten[269].

---

263 *Heinze*, IPRax 2008, 480 (481); Schlosser/Hess/*Schlosser*, EuBVO Art. 1 Rn. 4.

264 § 3A.III.2, S. 70.

265 *Heinze*, IPRax 2008, 480 (482).

266 Schlussantrag der GA *Kokott*, 18.7.2007 - C-175/06, BeckEuRS 2007, 452352 Rn. 73.

267 Ausführlich dazu Rauscher/*von Hein*, EG-BewVO Art. 1 Rn. 41 ff; zur discovery *Junker*, Discovery, S. 116 ff, 300 ff.

268 *Knöfel*, in: Geimer/Schütze (Hrsg.), Internationaler Rechtsverkehr, EuBVO Art. 14 Rn. 3 ff.

269 Vgl. *Heinze*, IPRax 2008, 480 (482).

5. *Exkurs: das HBÜ, die Durchsetzungs-RL und das deutsche autonome Recht*

Neben der EuBVO ist insbesondere auf das Haager Beweisaufnahme-Übereinkommen (HBÜ)[270] hinzuweisen. Dieser völkerrechtliche Vertrag regelt die Rechtshilfe im Rahmen der Beweisaufnahme zwischen einem Großteil der Staaten, die nicht Mitglied der Europäischen Union sind, darunter insbesondere die Vereinigten Staaten von Amerika. Das HBÜ betrifft zudem auch Dänemark, wo die EuBVO wie bereits erwähnt nicht anwendbar ist. Im Gegensatz zur EuBVO erfolgt das Rechtshilfeverfahren im Rahmen des HBÜ nicht direkt zwischen den Gerichten, sondern über zu diesem Zwecke errichtete Zentrale Behörden (Art. 2 HBÜ) und auch sonst bleibt das HBÜ hinter den Möglichkeiten nach der EuBVO zurück[271].

Außerdem ist speziell für die Rechte des geistigen Eigentums in der Europäischen Union die sog. Enforcement-Richtlinie (Durchsetzungs-RL)[272] zu beachten. Insoweit sei an dieser Stelle aber nur darauf hingewiesen, dass diese die Mitgliedstaaten in Art. 6 und 7 Durchsetzungs-RL dazu verpflichtet, Möglichkeiten der Beweissicherung zur Verfügung zu stellen, welche nach dem Erwägungsgrund 25 der EuGVVO ausdrücklich in den Anwendungsbereich des Art. 35 EuGVVO fallen sollen[273].

Für den geringen verbleibenden Bereich der vertragslosen Rechtshilfe kann nach deutschem Recht gem. § 363 Abs. 2 ZPO versucht werden, über einen deutschen Konsul Beweise im Ausland aufzunehmen, was ausländische Staaten auf freiwilliger Basis zulassen können[274].

6. *Ergebnis zu III.*

Die Beweissicherung im Ausland kann also beim inländischen, in der Hauptsache zuständigen Gericht beantragt werden, welches dann im Wege der Rechtshilfe ein ausländisches Gericht darum ersuchen kann, die Beweissicherungsmaßnahmen vor Ort nach seinen Vorgaben durchzuführen. Da die EuBVO gem. Art. 1 Abs. 1 EuBVO auf Beweissicherungsverfahren anwendbar ist,

---

270 Übereinkommen über die Beweisaufnahme im Ausland in Zivil- und Handelssachen vom 18. März 1970, BGBl. 1977 II S. 1472.

271 Für einen Überblick vgl. *Junker*, Internationales Zivilprozessrecht, § 26 Rn. 10 ff.

272 Richtlinie 2004/48/EG des Europäischen Parlaments und des Rates vom 29. April 2004 zur Durchsetzung der Rechte des geistigen Eigentums, ABl. Nr. L 157 S. 45.

273 Vgl. oben § 3A.II.3.b, S. 63.

274 *Junker*, Internationales Zivilprozessrecht, § 26 Rn. 16.

erfolgt die Rechtshilfe unter den Gerichten der Mitgliedstaaten der Europäischen Union (mit Ausnahme von Dänemark) nach den Regeln der EuBVO. Aus Sicht des deutschen ersuchenden Gerichts handelt es sich dabei um ein selbständiges Beweisverfahren iSd §§ 485 ZPO, das lediglich im Wege der Rechtshilfe durchgeführt wird[275].

IV. Ergebnis zu A.

Danach sind sowohl die EuGVVO als auch die EuBVO auf Beweissicherungsverfahren anwendbar. Grundsätzlich ist das nach der EuGVVO in der Hauptsache zuständige Gericht auch für das Beweissicherungsverfahren zuständig. Für eine aus Sicht des in der Hauptsache zuständigen Gerichts im Ausland durchzuführende Beweissicherung hat der Antragsteller die Wahl, ein Beweissicherungsverfahren beim (hypothetischen) Hauptsachegericht, das sich dann der Rechtshilfe nach der EuBVO bedienen kann, oder gem. Art. 35 EuGVVO direkt bei dem ausländischen Gericht vor Ort zu beantragen.

275 Stein/Jonas/*Berger*, § 493 Rn. 11.

B. Nach inländischem Internationalen Zivilprozessrecht

I. Anwendungsbereich

Da die EuGVVO die nationalen Zuständigkeitsregeln in Zivil- und Handelssachen verdrängt, haben die nationalen Regeln über die internationale Zuständigkeit stark an Bedeutung verloren[276]. Im Zusammenhang mit Beweissicherungsverfahren sind jedoch auch in Zivil- und Handelssachen die nationalen Regeln über die internationale Zuständigkeit für das selbständige Beweisverfahren keineswegs bedeutungslos. Nach zutreffender Ansicht[277] ermöglicht es Art. 35 EuGVVO für den relevanten Bereich der eilbedürftigen Beweissicherungsmaßnahmen, die Zuständigkeit für ein Beweissicherungsverfahren nicht nur auf die Regeln der EuGVVO zu stützen, sondern auch nach der *lex fori* des jeweiligen mitgliedstaatlichen Gerichts zu bestimmen.

Es lohnt sich mithin, allgemein einen Blick auf die deutschen Regeln der internationalen Zuständigkeit für Beweissicherungsverfahren (II.) sowie auf das insoweit einschränkende Kriterium der realen Verknüpfung zu werfen, das der EuGH zusätzlich für erforderlich hält (III.).

II. Doppelfunktion des § 486 ZPO

Im autonomen deutschen Internationalen Zivilprozessrecht ist die internationale Zuständigkeit grundsätzlich entsprechend den Regeln über die örtliche Zuständigkeit, also den §§ 12 ff ZPO, zu bestimmen (sog. Doppelfunktion)[278]. Die Zuständigkeit für das selbständige Beweisverfahren iSd §§ 485 ff ZPO richtet sich in der ZPO allerdings nach der spezielleren Regelung des § 486 ZPO, sodass auch für die internationale Zuständigkeit auf § 486 ZPO in doppelfunktionaler Anwendung abzustellen ist[279].

Sofern also in Deutschland eine Hauptsache bereits anhängig ist, ist das Hauptsachegericht gem. § 486 Abs. 1 ZPO auch für eine Beweissicherung im Ausland zuständig[280]. Ebenso ist, wenn die Hauptsache noch nicht anhängig

---

276 Vgl. *Junker*, Internationales Zivilprozessrecht, § 21 Rn. 1 ff.

277 Dazu ausführlich oben § 3A.II.3.b, S. 63.

278 Statt aller *Geimer*, Internationales Zivilprozessrecht, Rn. 946 ff mwN.

279 *Ahrens*, Der Beweis im Zivilprozess, 2015 Kap. 53 Rn. 38 ff; Wieczorek/Schütze/*ders.*, Vor § 485 Rn. 63 ff; *Geimer*, Internationales Zivilprozessrecht, Rn. 2540; Zöller/*ders.*, § 363 Rn. 155; *Nagel/Gottwald*, Internationales Zivilprozessrecht, § 17 Rn. 85 ff; *Schack*, Internationales Zivilverfahrensrecht, Rn. 491; wohl auch Rauscher/*von Hein*, EG-BewVO Art. 1 Rn. 53 f.

280 Wieczorek/Schütze/*Ahrens*, Vor § 485 Rn. 62.

ist, das hypothetische deutsche Hauptsachegericht gem. § 486 Abs. 2 ZPO zuständig[281]. Praktisch relevant wird aber insbesondere die Eilzuständigkeit gem. § 486 Abs. 3 ZPO sein, der zufolge auch das deutsche Amtsgericht, in dessen Bezirk die zu vernehmende oder zu begutachtende Person sich aufhält oder die in Augenschein zu nehmende oder zu begutachtende Sache sich befindet, für die Beweissicherung zuständig ist, obwohl keine Zuständigkeit der deutschen Gerichtsbarkeit für die Hauptsache gegeben ist[282]. Freilich müssen dabei die jeweiligen Voraussetzungen des § 486 Abs. 1–3 ZPO erfüllt sein, im Falle der Eilzuständigkeit nach Abs. 3 mithin insbesondere die dringende Gefahr[283].

Auch die Zuständigkeit ausländischer Gerichte für Beweissicherungsverfahren beurteilt sich nach deutschem internationalen Zivilprozessrecht also entsprechend § 486 ZPO, was hier aber nicht weiter von Bedeutung ist, insbesondere da die internationale Zuständigkeit – nach hier vertretener Ansicht[284] und anders als bei § 328 Abs. 1 Nr. 1 ZPO – keine Voraussetzung für die Verwerbarkeit ist.

III. Erfordernis einer realen Verknüpfung iSv Art. 35 EuGVVO

Da die internationale Zuständigkeit in ihrem Anwendungsbereich vorrangig durch die EuGVVO geregelt ist, ergibt sich bei der Bestimmung der Zuständigkeit nach dem autonomen mitgliedstaatlichen Recht insoweit eine Einschränkung. Art. 35 EuGVVO öffnet das starre Zuständigkeitsregime der EuGVVO im Bereich der einstweiligen Maßnahmen einer Vielzahl an Gerichtsständen nach der jeweiligen *lex fori* der mitgliedstaatlichen Gerichte. Im Hinblick auf das der EuGVVO innewohnende allgemeine Prinzip der Entscheidung durch ein sachnahes Gericht, das in der Lage ist, die konkreten Umstände des Einzelfalls zu berücksichtigen, und um die Gefahr des *forum shoppings* zu unterbinden, knüpft der EuGH die Anwendung des Art. 35 EuGVVO im Wege der teleologischen Reduktion an ein zusätzliches einschränkendes Kriterium[285]. Erforderlich ist nach dem *Van Uden*-Urteil für die Annahme einer Zuständigkeit nach der *lex fori* eines Gerichts, das nicht nach der EuGVVO für die Hauptsache zuständig ist, gem. Art. 35 EuGVVO, dass eine „reale Verknüpfung" zwischen dem Gegenstand der

281 *Schack*, Internationales Zivilverfahrensrecht, Rn. 491.

282 *Nagel/Gottwald*, Internationales Zivilprozessrecht, § 17 Rn. 87.

283 Vgl. zu den Voraussetzungen oben § 2A.II, S. 31.

284 Dazu unten § 6C.II, S. 167.

285 *Kropholler/von Hein*, Europäisches Zivilprozessrecht, EuGVO Art. 31 Rn. 15; Rauscher/*Leible*, Brüssel Ia-VO Art. 35 Rn. 26; *Schack*, Internationales Zivilverfahrensrecht, Rn. 486.

Maßnahme und dem betreffenden Gericht besteht[286]. Was genau unter dieser realen Verknüpfung zu verstehen ist, ist ebenso umstritten, wie die Fortgeltung dieser Rechtsprechung unter der neuen EuGVVO (Brüssel Ia-VO)[287]. Der EuGH versteht die Zuständigkeit jedenfalls gebietsbezogen und führt zum Kriterium der realen Verknüpfung aus, dass „dabei [...] das örtlich zuständige Gericht oder jedenfalls das Gericht des Vertragsstaats, in dem sich die von der beantragten Maßnahme betroffenen Vermögensgegenstände befinden, sicherlich am besten in der Lage [ist], die Umstände zu beurteilen, auf die es für den Erlaß oder die Versagung der beantragten Maßnahmen oder für die Bestimmung der vom Antragsteller zu beachtenden Modalitäten und Voraussetzungen ankommt, durch die der einstweilige und auf eine Sicherung gerichtete Charakter der Maßnahme sichergestellt werden soll"[288]. Teilweise wird dies auch in vollstreckungsrechtlicher Hinsicht dahingehend ausgelegt, dass auf das Gericht abzustellen sei, in dem die Maßnahme vollzogen werden soll[289].

Bei Beweissicherungsverfahren, deren Zuständigkeit wie in Deutschland gem. § 486 Abs. 3 dZPO oder in Österreich gem. § 384 Abs. 3 Var. 3 öZPO an dem Ort gegeben ist, an dem die Beweissicherungsmaßnahme durchgeführt werden soll, wirft das Kriterium der realen Verknüpfung jedenfalls kein Problem auf. In Frankreich (vgl. Art. 42 CPC) und in der Schweiz (vgl. Art. 13 chZPO) könnte es hingegen auf die reale Verknüpfung ankommen, wenn die Beweissicherung beim hypothetischen Hauptsachegericht beantragt wird, aber nicht im Bezirk dieses Gerichts durchgeführt werden soll. Auch in diesen Ländern hat der Antragsteller aber zusätzlich die Möglichkeit, die Beweissicherungsmaßnahme bei dem Gericht zu beantragen, in dessen Bezirk die Maßnahme durchgeführt werden soll, was in der Praxis auch der am häufigsten relevante Fall sein wird.

In der Regel wird das Kriterium der realen Verknüpfung bei Beweissicherungsverfahren somit ohnehin gegeben sein.

---

286 EuGH, Urt. v. 17.11.1998, Rs. C-391/95 - van Uden ./. Deco-Line, EuZW 1999, 413 ff.

287 Vgl. *Garber*, in: Mayr (Hrsg.), Handbuch des europäischen Zivilverfahrensrechts, Rn. 3.850; Rauscher/*Leible*, Brüssel Ia-VO Art. 35 Rn. 27 f jeweils mwN.

288 EuGH, Urt. v. 17.11.1998, Rs. C-391/95 - van Uden ./. Deco-Line, EuZW1999, 413 (416); zuvor bereits EuGH, Urt. v. 21.05.1980, Rs. C - 125/79 - Denilauler ./. Couchet Frères, GRUR Int 1980, 512 (514).

289 Rauscher/*Leible*, Brüssel Ia-VO Art. 35 Rn. 28.

IV. Ergebnis zu B.

Nach dem deutschen autonomen Internationalen Zivilprozessrecht ist für die internationale Zuständigkeit auf die örtliche Zuständigkeit abzustellen, die insoweit eine Doppelfunktion hat. Für das Beweissicherungsverfahren ist die spezielle Regelung des § 486 ZPO maßgeblich. So kann insbesondere eine Eilzuständigkeit gem. § 486 Abs. 3 ZPO im Bezirk des Amtsgerichts, in dem eine Maßnahme durchgeführt werden soll, gegeben sein. Sofern die Hauptsachezuständigkeit allerdings in einer anderen Jurisdiktion gegeben ist, kommt es für die Zuständigkeit nach Art. 35 EuGVVO nach der EuGH-Rechtsprechung zusätzlich auf eine reale Verknüpfung zwischen dem Gegenstand der Maßnahme und dem jeweiligen Gericht an.

C. Sonderfall: Gerichtsstandsvereinbarung

Nachdem ein Urteil des LG Hamburg[290] die Zuständigkeit der französischen Gerichte für die Beweissicherung verneint hat, weil die Parteien eine Gerichtsstandsvereinbarung zugunsten der deutschen Gerichtsbarkeit getroffen hatten, bedarf es auch einer kurzen Erörterung des Einflusses von Gerichtsstandsvereinbarungen auf die (internationale) Zuständigkeit für Beweissicherungsverfahren.

Dem LG Hamburg ist insoweit grundsätzlich nicht zu folgen. Eine Gerichtsstandsvereinbarung ist freilich wie jede andere Vereinbarung auszulegen und kann sich in der Tat auch auf die Zuständigkeit für die Beweissicherung beziehen[291]. Dafür bedarf es allerdings einer ausdrücklichen Vereinbarung oder besonderer Anhaltspunkte. Im Regelfall kann bei der Auslegung am objektiven Empfängerhorizont gem. §§ 133, 157 BGB nicht angenommen werden, dass die Parteien mit einer Prorogation auch die Beweissicherung (oder insgesamt den einstweiligen Rechtsschutz) miteingeschlossen haben[292]. Dies widerspräche nämlich meistens gerade der Interessenlage, die nach der schnellen Sicherung der Beweise durch ein Gericht vor Ort verlangt[293]. Viel wahrscheinlicher ist, dass sich die Parteien über eine möglicherweise erforderliche Beweissicherung keine Gedanken gemacht haben.

Soweit kein gegenteiliger Wille der Parteien erkennbar ist, erstreckt sich eine Gerichtsstandsvereinbarung somit grundsätzlich nicht auf Beweissicherungsmaßnahmen[294]. Jedenfalls gilt dies für die Eilgerichtsstände, die nicht an eine Hauptsachezuständigkeit anknüpfen (etwa § 486 Abs. 3 ZPO)[295].

---

290 LG Hamburg, Urt. v. 15.09.1998, Az. 410 O 44/95, IPRax 2001, 45 ff.

291 *Auer*, in: Geimer/Schütze (Hrsg.), Internationaler Rechtsverkehr, EuGVVO Art. 23 aF Rn. 150; *Peiffer/Peiffer*, in: Geimer/Schütze (Hrsg.), Internationaler Rechtsverkehr, EuGVVO Art. 35 Rn. 9.

292 Dahingehend Rauscher/*Mankowski*, Brüssel Ia-VO Art. 25 Rn. 224.

293 *Spickhoff*, IPRax 2001, 37 (39).

294 *Geimer*, Internationales Zivilprozessrecht, Rn. 1781; *Schack*, Internationales Zivilverfahrensrecht, Rn. 491; *Spickhoff*, IPRax 2001, 37 (39); **aA** *Schlosser*, IPRax 2017, 551 (552).

295 *Nagel/Gottwald*, Internationales Zivilprozessrecht, § 3 Rn. 226.

D. Ergebnis zu § 3

Das Beweissicherungsverfahren fällt sowohl in den Anwendungsbereich der EuGVVO als auch der EuBVO. Nach der EuGVVO ist grundsätzlich das für die Hauptsache zuständige Gericht auch für das Beweissicherungsverfahren zuständig. Für ein aus Sicht dieses nach der EuGVVO zuständigen Gerichts im Ausland durchzuführendes Beweissicherungsverfahren stehen die Rechtshilfe nach der EuBVO und die Beantragung eines Beweissicherungsverfahrens direkt beim ausländischen Gericht alternativ nebeneinander. Da Beweissicherungsverfahren richtigerweise wohl entgegen der Rechtsprechung unter Art. 35 EuGVVO fallen, kann für letzteres Gericht die internationale Zuständigkeit gem. Art. 35 EuGVVO in Verbindung mit seinem autonomen Internationalen Zivilprozessrecht gegeben sein. In Deutschland kann sich diese insbesondere aus der Eilzuständigkeit des § 486 Abs. 3 ZPO ergeben. Zusätzlich ist im Rahmen des Art. 35 EuGVVO einschränkend aber eine reale Verknüpfung zwischen diesem Gericht und dem Gegenstand der Beweissicherungsmaßnahme erforderlich.

§ 4 Die Substitution ausländischer Beweissicherungsverfahren im Inland

A. Überblick über die Auswirkungen im inländischen Prozess

Wenn, nachdem im Ausland ein Beweissicherungsverfahren durchgeführt worden ist, nun die Hauptsache vor einem deutschen Gericht zur Verhandlung steht, stellen sich eine Reihe weiterer Probleme. Neben der auf der Hand liegenden Frage danach, ob das Ergebnis des ausländischen Beweissicherungsverfahrens in der Hauptsache verwertbar ist und welcher Beweiswert ihm zukommt, ist zunächst einmal zu klären, ob durch das Beweissicherungsverfahren die Verjährung unterbrochen wurde oder ob etwaige Ansprüche schon längst verjährt sind. Für den nationalen Fall ist dies mit Verweis auf § 204 Abs. 1 Nr. 7 BGB schnell beantwortet. Hier kommt es nun aber darauf an, ob auch das ausländische Beweissicherungsverfahren diese Wirkung hat. In gleicher Weise präsentiert sich das Problem für die Verwertbarkeit der Beweissicherung, für das die Lösung im rein deutschen Fall in § 493 Abs. 1 ZPO zu finden ist. Diesmal sind die denkbaren Lösungen für den internationalen Fall jedoch deutlich vielfältiger.

Außerdem kann sich im Inland noch die Frage danach stellen, ob der Hauptsacheprozess überhaupt schon begonnen werden kann, während im Ausland ein Beweissicherungsverfahren läuft. Ebenso könnte ein weiteres inländisches selbständiges Beweisverfahren durch das ausländische Beweissicherungsverfahren gesperrt sein. In beiden Fällen ist zu klären, ob das ausländische Verfahren möglicherweise entgegenstehende Rechtshängigkeit für das inländische Verfahren bewirkt (vgl. § 261 Abs. 3 Nr. 1 ZPO bzw. Art. 29 Abs. 1 EuGVVO).

All diese Fragen sind im Inland entweder gesetzlich ausdrücklich geregelt oder jedenfalls durch die Rechtsprechung seit geraumer Zeit geklärt. Im Falle ausländischer Beweissicherungsverfahren bedarf es insoweit jedoch einer ausführlichen Untersuchung, ob jene diese Rechtsfolgen auch herbeizuführen vermögen.

B. Eine Frage der Substitution

I. Internationalprivatrechtliche Substitution

Es stellt sich mithin immer die Frage, ob ein Rechtsvorgang im Ausland – nämlich das dort durchgeführte Beweissicherungsverfahren – nach einer deutschen Norm eine bestimmte Rechtsfolge herbeiführen kann. Die Sachrechtsnormen und umso mehr die verfahrensrechtlichen Normen sind grundsätzlich als *geschlossen* konzipiert und meinen Begriffe so, wie sie nach der eigenen Rechtsordnung zu verstehen sind[296]. Während also ein dem Rechtssystem interner Vorgang, hier ein in Deutschland gem. § 485 ZPO durchgeführtes selbständiges Beweisverfahren, unproblematisch beispielsweise die Verjährung gem. § 204 Abs. 1 Nr. 7 BGB unterbricht, ist es nicht selbstverständlich, dass diese Rechtsfolge auch durch ein im Ausland angestrengtes Beweissicherungsverfahren eintritt. *Ferid* beschreibt diese Situation treffend als „im Ausland erfüllte Tatbestandsmerkmale inländischer Sachnormen"[297]. Bei verfahrensrechtlichen Normen wie § 493 Abs. 1 ZPO hat diese Problematik bisher wenig Beachtung erfahren[298], doch stellt sie sich hier in gleicher Weise. Bei der Frage, ob nun das Tatbestandsmerkmal *selbständiges Beweisverfahren* einer deutschen Norm durch ein Verfahren einer anderen Rechtsordnung im Ausland erfüllt ist, handelt es sich um eine Frage im Bereich der von *Lewald* so benannten Substitution[299]. Die Substitution bezeichnet den Vorgang, ein Tatbestandsmerkmal (Systembegriff[300]) einer inländischen Norm (Ausgangsnorm[301]) durch einen gleichwertigen nach ausländischem Recht zu beurteilenden Rechtsvorgang zu ersetzen, letzteren also zu substituieren[302]. Während die Substitution wie gesagt bisher insbesondere auf Sachnormen angewendet wurde, spricht einerseits meines Erachtens nichts dagegen, sie auch auf verfahrensrechtliche Normen (also etwa § 493 Abs. 1 ZPO) anzuwenden und andererseits kann es sich selbstverständlich bei dem fraglichen Tatbestandsmerkmal einer Verfahrens- oder Sachnorm auch

---

296 *Kegel/Schurig*, Internationales Privatrecht, S. 67; krit. *Schulz*, Die Subsumtion ausländischer Rechtstatsachen, S. 53 f.

297 *Ferid*, GRUR Int 1973, 472.

298 Nennenswert insoweit insbesondere *Hug*, Die Substitution im internationalen Privatrecht, S. 82 ff.

299 *Lewald*, Recueil des cours, S. 131 ff.

300 *Mansel*, FS W. Lorenz, S. 689 ff.

301 *von Bar/Mankowski*, Internationales Privatrecht, § 7 Rn. 240.

302 *Lewald*, Recueil des cours, S. 1 (131); *Rauscher*, Internationales Privatrecht, Rn. 537.

um eine prozessuale Handlung, wie etwa ein Beweissicherungsverfahren, handeln[303]. Gerade das Beweisrecht bewegt sich ohnehin im „Spannungsfeld zwischen *lex causae* und *lex fori*“[304].

Die Substitution ist mithin als gemeinsames Institut sowohl des Internationalen Privatrechts als auch des Internationalen Verfahrensrechts zu begreifen. In beiden Fällen lautet die Sachfrage: Genügt auch der im Ausland erfolgte oder nach ausländischem Recht zu beurteilende Vorgang um dieselbe Rechtsfolge wie der entsprechende inländische Vorgang herbeizuführen[305]. Etwas vorschnell könnte man sagen, es handele sich gewissermaßen nur um Subsumtion, was jedoch zu Recht kritisiert wird, denn schon der Begriff Substitution zeige, dass es sich nicht *nur* um Subsumtion handele, und in der Tat unterscheiden sich die Anforderungen der Substitution von denen der Subsumtion, insbesondere im Hinblick auf das Kriterium der Gleichwertigkeit[306]. Passender scheint es hier anzunehmen, dass es sich bei der Substitution als besonderer internationalprivatrechlicher Methode um eine Frage der Auslegung der inländischen Sachnormen im weiteren Sinne handelt[307]. *Van Venrooy* spricht von Konkretisierung der Tatbestandselemente inländischer Normen durch – insoweit wohl zu weit gehend – Anwendung ausländischen Rechts[308]. Festzuhalten bleibt jedenfalls, dass die Substitution eigenen Regeln unterliegt. Insofern kommt es auch nicht darauf an, ob man sie nun als Auslegung eben mit speziellen Regeln bezeichnet oder ob man sie meines Erachtens zutreffend als ein eigenes Institut begreift. Die Substitution kann jedenfalls von anderen ähnlichen Instituten abgegrenzt werden.

---

303 *Hug*, Die Substitution im internationalen Privatrecht, S. 19 f, 145 ff; *Mansel*, FS W. Lorenz, S. 689 (691 ff, 707 ff); *Rauscher*, Internationales Privatrecht, Rn. 549; ausdrücklich für Beweissicherungsverfahren Prütting/Gehrlein/*Ulrich*, § 485 Rn. 19; wohl auch *Reithmann*, NJW 2003, 385 (386); **aA** *Schulz*, Die Subsumtion ausländischer Rechtstatsachen, S. 38.

304 *Geimer*, Internationales Zivilprozessrecht, Rn. 2260 ff.

305 *Lewald*, Recueil des cours, S. 1 (132); Staudinger/*Winkler von Mohrenfels*, EGBGB Art. 11 Rn. 200.

306 *van Venrooy*, Internationalprivatrechtliche Substitution, 1999 S. 1 ff; vgl. zum Kriterium der Gleichwertigkeit unten § 4C, S. 88.

307 Vgl. *Linke*, FS Nagel, S. 209; BeckOK/*Lorenz*, EGBGB Einl. Rn. 91.

308 *van Venrooy*, Internationalprivatrechtliche Substitution, 1999 S. 136, der die Substitution aber als Modifikation der kollisionsrechtlichen Verweisung begreift.

II. Abgrenzung zur Qualifikation

Bevor sich die Frage der Substitution stellt, ist zunächst einmal das anwendbare Sachrecht zu ermitteln. Zu diesem Zwecke erfolgt eine Qualifikation, also eine Beurteilung des einschlägigen Sachverhalts nach dem inländischen Internationalen Privatrecht oder zum Beispiel autonom europarechtlich, um ihn unter die richtige Kollisionsnormen zu subsumieren[309]. Bei der Qualifikation geht es mithin um die Festlegung des Anknüpfungsgegenstands im Hinblick auf die Systembegriffe in den Kollisionsnormen[310]. Die Substitution setzt hingegen erst nach diesem Prozess, wenn die Ermittlung des anwendbaren Sachrechts abgeschlossen ist, bei den Systembegriffen des Sachrechts an und wird dementsprechend nicht mehr durch die kollisionsrechtlichen, sondern durch die sachrechtlichen Interessen geleitet[311]. Nachdem die anwendbare inländische Norm feststeht, fragt die Substitution, ob der ausländische Vorgang nun darunter subsumiert werden kann[312].

III. Abgrenzung zur Vorfrage

Die Substitution ähnelt allerdings der Vorfrage. In beiden Fällen soll ein ausländischer Vorgang nach inländischen Normen Rechtsfolgen erzeugen[313]. Der entscheidende Unterschied ist dabei, dass im Falle der Vorfrage die inländische Norm die Beurteilung und Ausfüllung eines Tatbestandmerkmals bewusst der ausländischen Rechtsordnung überlässt, das Tatbestandsmerkmal mithin selbständig angeknüpft wird[314]. Dies gilt etwa im Rahmen des Ehegattenerbrechts gem. § 1931 BGB für die Frage, ob eine Ehe vorliegt, da diese insoweit als rechtsvergleichend austauschbar angesehen wird[315]. Im Falle der Substitution setzt die inländische Norm hingegen grundsätzlich inzident das inländische Rechtinstitut

309 BeckOK/*Lorenz*, EGBGB Einl. Rn. 51 ff, 62.

310 *Hug*, Die Substitution im internationalen Privatrecht, S. 39; *Kegel/Schurig*, Internationales Privatrecht, S. 327.

311 *Kegel/Schurig*, Internationales Privatrecht, S. 67; MüKoBGB/*Kindler*, IntGesR Rn. 199.

312 *Schulz*, Die Subsumtion ausländischer Rechtstatsachen, S. 41 f.

313 *Mansel*, FS W. Lorenz, S. 689 (692 f) zählt beide Fälle zur Substitution.

314 *Nehne*, Methodik und allgemeine Lehren des europäischen Internationalen Privatrechts, S. 326 f; *Rauscher*, Internationales Privatrecht, Rn. 539.

315 *Rauscher*, Internationales Privatrecht, Rn. 540.

voraus und ist durch Auslegung der Norm zu ermitteln, ob das ausländische Rechtsinstitut dieses nach Bedeutung und Inhalt ersetzen kann[316].

IV. Abgrenzung zur Transposition

Auch bei der Transposition müssen ausländische Rechtsvorgänge nach inländischem Recht beurteilt werden. Auslöser dafür ist hier aber ein Statutenwechsel (aufgrund von Kollisionsnormen oder beim sogenannten *Handeln unter falschem Recht*), sodass der gesamte Vorgang, der zunächst nach ausländischem Recht vorgenommen oder begründet wurde, nun nach inländischem Recht zu verwirklichen oder zu beurteilen ist, mithin in die Denkkategorien des inländischen Rechts zu übertragen ist[317]. Während zwar bei der Transposition methodisch sehr ähnlich wie bei der Substitution vorgegangen wird (nämlich durch rechtsvergleichende Feststellung der funktionalen Gleichwertigkeit[318]), unterscheidet sie sich dadurch von der Substitution, dass sie das ausländische Institut unter Aufgabe seines fremden Charakters in ein inländisches Rechtsinstitut überleitet und es fortan auch wie das inländische behandelt wird[319]. Bei der Substitution hingegen wird der ausländische Vorgang lediglich unter ein bestimmtes Tatbestandsmerkmal einer inländischen Norm subsumiert, deren Rechtsfolgen somit eintreten, während er aber ein ausländischer Vorgang bleibt, auf den im Übrigen auch die ausländischen Regeln anwendbar bleiben[320].

V. Abgrenzung zur Anpassung

Die größte Nähe weist die Substitution indes zur Anpassung auf, zumal die Grenzen dieser beiden Methoden umstritten sind und die Substitution von nicht wenigen Autoren als Unterfall derselben gesehen wird[321]. Die Anpassung beseitigt einen Normwiderspruch zwischen zwei Rechtsordnungen durch eine Modifizierung entweder des eigenen Kollisionsrechts oder eines der einschlägigen

---

316 Rauscher, Internationales Privatrecht, Rn. 539; *Kropholler*, Internationales Privatrecht, S. 231.

317 *Hug*, Die Substitution im internationalen Privatrecht, S. 23 ff; *Looschelders*, Die Anpassung im Internationalen Privatrecht, S. 184 f.

318 Siehe dazu sogleich § 4D, S. 90 ff.

319 MüKoBGB/*von Hein*, Einl. IPR Rn. 229.

320 MüKoBGB/*ders.*, Einl. IPR Rn. 229.

321 Vgl. dazu *Looschelders*, Die Anpassung im Internationalen Privatrecht, S. 60 ff mwN.

Sachrechte[322]. Im Gegensatz dazu steht bei der Substitution schon fest, dass die inländische Rechtsordnung berufen ist und ist nur die Auslegung einer Norm im Hinblick darauf fraglich, ob ihr auch die Verwirklichung eines bestimmten Tatbestandsmerkmals im Ausland bzw. nach ausländischem Recht genügt[323].

Die Anpassung betrifft also die Rechtsfolge, während die Substitution schon beim Tatbestand und der Frage nach dessen Erfüllung ansetzt[324]. Zudem wird bei letzterer der Norminhalt grundsätzlich nicht modifiziert, wohingegen die Anpassung voraussetzt, dass ein Widerspruch durch eine Modifikation aufzulösen ist[325]. Nicht ganz unberechtigt hält *Looschelders* dem entgegen, dass auch die Substitution Auswirkungen auf die Rechtsfolge haben kann[326]. Dass es insoweit Überschneidungen geben mag, die *Schröder* beispielsweise als Subsumtionsanpassung bezeichnet[327], ändert aber nichts an dem Ausgangspunkt, dass – wie *Looschelders* selbst zu Recht feststellt – die Substitution grundsätzlich bei wesentlicher Gleichheit den Tatbestand betrifft, während die Anpassung bei wesentlicher Ungleichheit und damit verbundenen unliebsamen Rechtsfolgen eingreift[328].

VI. Abgrenzung zur Anerkennung ausländischer Entscheidungen

Die besondere Konstellation der Substitution bei verfahrensrechtlichen Normen bzw. Rechtsinstituten erfordert zudem eine Abgrenzung zur (prozessrechtlichen) Anerkennung ausländischer Entscheidungen. Letztere bewirkt eine Erstreckung der prozessualen Wirkungen einer ausländischen Entscheidung, die dieser als hoheitlichem Akt grundsätzlich nur in ihrem Herkunftsland zukommen, kraft inländischen Erstreckungsbefehls auf das Inland[329]. Die Subsumtion hingegen

---

322 *Kropholler*, Internationales Privatrecht, S. 231; MüKoBGB/*von Hein*, Einl. IPR Rn. 228.

323 *Hug*, Die Substitution im internationalen Privatrecht, S. 3; *Kropholler*, Internationales Privatrecht, S. 231.

324 *Hug*, Die Substitution im internationalen Privatrecht, S. 27 f; krit. *Looschelders*, Die Anpassung im Internationalen Privatrecht, S. 73 f.

325 *Hug*, Die Substitution im internationalen Privatrecht, S. 38; vgl. dahingehend auch *Czermak*, Der express trust im internationalen Privatrecht, S. 281 ff.

326 *Looschelders*, Die Anpassung im Internationalen Privatrecht, S. 72 ff.

327 *Schröder*, Die Anpassung von Kollisions- und Sachnormen, S. 76 f.

328 *Looschelders*, Die Anpassung im Internationalen Privatrecht, S. 179 f.

329 *Schack*, Internationales Zivilverfahrensrecht, Rn. 865; *Schulz*, Die Subsumtion ausländischer Rechtstatsachen, S. 42.

betrifft die Auslegung und Wirkung der inländischen Norm selbst, sodass es keiner Anerkennung bedarf[330].

Auf die Frage, unter welche dieser Alternativen die Verwertung der Ergebnisse ausländischer Beweissicherungsverfahren fällt, soll erst an entsprechender Stelle eingegangen werden[331].

330 *Schulz*, Die Subsumtion ausländischer Rechtstatsachen, S. 42.

331 Nach herrschender Meinung scheidet die Anerkennung ausländischer Entscheidungen bei Beweissicherungsverfahren mangels anerkennungsfähiger Entscheidung aus, siehe dazu ausführlich unten § 5C.II, S. 119.

C. Methode der Substitution

Im Gegensatz zur Vorfrage meint das betroffene Tatbestandsmerkmal im Falle der Substitution an sich immer ein deutsches Rechtsinstitut bzw. nach deutschem Recht zu beurteilende Vorgänge[332]. Zunächst ist zu klären, ob die Norm (oder präziser das Tatbestandsmerkmal) überhaupt der Substitution zugänglich, also substitutionsoffen[333], ist. Die ist nur selten ausdrücklich geregelt (so z.B. in § 34 Abs. 1 SGB I), doch meistens schweigt die Norm – und oft auch die Rechtsprechung oder Literatur – dazu[334]. Erst nachdem die grundsätzliche oder generelle Substitutionsfähigkeit festgestellt wurde, stellt sich die Frage, ob nun ein konkreter, im Ausland erfüllter Vorgang im Einzelfall substituiert werden kann.

Es bietet sich an, im Anschluss an *Ferid* bei der Beurteilung der grundsätzlichen Substitutionsfähigkeit zunächst zwischen Naturereignissen, menschlichen Handlungen (oder besser Handlungen von Personen) sowie Handlungen von Behörden zu unterscheiden[335]. Während im Ausland und im Inland erfolgte Naturereignisse überzeugenderweise nur bei entsprechender gesetzlicher Anordnung anders zu behandeln seien, müsse im Übrigen weiter unterschieden werden. Einerseits könne man Handlungen privater Personen, die formgebunden sind oder insbesondere die Mitwirkung einer Behörde voraussetzen, mit denen einer Behörde in der Kategorie verfahrensgebundener Handlungen (oder normativer Tatbestandsmerkmale[336]) zusammenfassen und diese andererseits den rein privaten oder verfahrensunabhängigen Handlungen gegenüberstellen.

Bei diesen privaten Handlungen ist ausschließlich nach dem inländischen Recht zu qualifizieren und nur zu fragen, ob die im Ausland erfolgte Handlung dem entspricht[337]. In diesem Fall ist also tatsächlich lediglich zu subsumieren[338]. Zu Recht verweist *Hug* aber auch darauf, dass zum Beispiel bei der Beurteilung der Ehelichkeit eines Kindes die Geburt zwar eine nicht verfahrens- oder behördenabhängige Handlung ist, dennoch aber die Frage der Substitution angebracht ist und spricht deshalb stattdessen von „rechtlich geprägten Tatbestandsmerkmalen“[339]. Ähnlich umschreibt es *Wengler* mit einem

---

332 *Kropholler*, Internationales Privatrecht, S. 231.

333 *van Venrooy*, Internationalprivatrechtliche Substitution, S. 395.

334 *Mansel*, FS W. Lorenz, S. 689 (690 f).

335 *Ferid*, GRUR Int 1973, 472 (474 f).

336 Hausmann/Odersky/*Hausmann*, § 3 Rn. 89.

337 *Hug*, Die Substitution im internationalen Privatrecht, S. 11.

338 NK-BGB/*Freitag*, EGBGB Art. 3 Rn. 39; krit. *Mansel*, FS Kropholler, S. 353 (365).

339 *Hug*, Die Substitution im internationalen Privatrecht, S. 19; ebenso *Mansel*, FS Kropholler, S. 353.

„vom Recht geregelten Verhältnis“[340], während *Weber* einfach von „normativen Tatbestandsmerkmalen“[341] spricht. Ungeachtet dieser Feinheiten wird es im Rahmen von Beweissicherungsverfahren eindeutig um Handlungen von Behörden, also um verfahrensgebundene Handlungen, gehen, sodass hier die grundsätzliche Substitutionsfähigkeit nicht ohne weiteres als gegeben anzusehen ist.

Vielmehr ist bei verfahrensgebundenen Handlungen die Norm bezüglich ihrer Substitutionsfähigkeit auszulegen. Zu fragen ist dabei, ob der Sinn und Zweck der Norm es erlaubt, grundsätzlich auch ausländische Rechtserscheinungen zu berücksichtigen oder ob diese gänzlich ausgeschlossen sein sollen[342]. Diese Frage ist im Zweifel dann aber großzügig zu beantworten, da man ansonsten der Diversität der vielfältigen Rechtsordnungen nicht gerecht wird[343]. Außerdem hat die Bejahung der grundsätzlichen Substitutionsfähigkeit noch nicht zwingend die Substitution im Einzelfall zur Folge, da insoweit noch eine Einzelfallprüfung als Filter fungiert[344].

Vergleichsweise umstritten ist die grundsätzliche Substitutionsfähigkeit, wenn es um die Tätigkeit eines Notars geht, insbesondere im Grundstücks- und Gesellschaftsrecht[345]. So wurde die Substitutionsfähigkeit zum Beispiel ausnahmsweise für den Notar bei der Auflassungserklärung iSv § 925 Abs. 1 S. 2 BGB verneint, sodass diese nicht formwirksam vor einem ausländischen Notar erfolgen kann[346]. Begründet wird dies mit der Sicherheit des deutschen Grundbuchverkehrs, was letztlich nur historisch zu erklären ist[347]. Aus demselben Grund könnte auch bei § 35 GBO die generelle Substitutionsfähigkeit abgelehnt werden[348]. Im Gesellschaftsrecht hingegen wird die (generelle) Substitutionsfähigkeit recht großzügig angenommen[349]. Auch insgesamt sind die Normen des Privatrechts wie dargelegt im Zweifel zugunsten der generellen Substitutionsfähigkeit auszulegen, die nur in Ausnahmefällen nicht gegeben ist[350].

---

340 *Wengler*, BGB RGRK - Internationales Privatrecht, 1981 § 8 Anm. Nr. 88 zu S. 175–178.

341 Dutta/Weber/*Weber*, Einl. Rn. 101.

342 *Kropholler*, Internationales Privatrecht, S. 231; *Mansel*, FS W. Lorenz, S. 689 (697).

343 *Kropholler*, Internationales Privatrecht, S. 233.

344 Siehe unten § 4D, S. 90.

345 Vgl. *Schulz*, Die Subsumtion ausländischer Rechtstatsachen, S. 203 ff.

346 Kammergericht, Beschl. v. 27.05.1986, Az. 1 W 2627/85, OLGZ 1986, 319 ff; MüKoBGB/*Kanzleiter*, § 925 Rn. 14 mwN.

347 *Rauscher*, Internationales Privatrecht, Rn. 543; *Rehm*, RabelsZ 64 (2000), 104 (105).

348 *Ferid*, Internationales Privatrecht, § 9 Rn. 102.

349 Aber str., vgl. *Benecke*, RIW 2002, 280 ff.

350 Hausmann/Odersky/*Hausmann*, § 3 Rn. 90 mwN.

D. Funktionale Vergleichbarkeit bei verfahrensgebundenen Handlungen

Bei verfahrensgebundenen Handlungen erfolgt die Substitutionsprüfung zweistufig, sodass dann neben der generellen Substitutionsfähigkeit des Tatbestandsmerkmals der inländischen Norm auch erforderlich ist, dass es sich bei dem ausländischen Verfahren um ein mit dem entsprechenden deutschen Verfahren vergleichbares Verfahren handelt. Bei dieser Frage der Gleichwertigkeit im konkreten Einzelfall (auch Äquivalenz[351] oder Fungibilität[352]) wird in Rechtsprechung und Literatur auf die funktionale Vergleichbarkeit abgestellt[353]. Auf eine Vergleichbarkeit der rechtlichen Konstruktion oder Bezeichnungen kommt es hingegen nicht maßgeblich an[354]. Die Funktion bestimmt sich vielmehr aus dem Sinn und Zweck der Rechtserscheinung, also aus der Aufgabe, die sie in einer Rechtsordnung erfüllt[355]. Dazu sind deshalb Tatbestand und Rechtsfolgen der verschiedenen Rechtserscheinungen rechtsvergleichend zu untersuchen, wobei entscheidend ist, welche Wirkungen oder Rechtsfolgen sie einleitet, da Wirkung und Funktion insoweit untrennbar korrelieren[356]. Bei verschiedenen Funktionen

---

351 *Vischer*, Die rechtsvergleichenden Tatbestände im internationalen Privatrecht, S. 44 ff.

352 MüKoGmbHG/*Mayer*, § 2 Rn. 46.

353 BGH, Beschl. v. 04.10.1989, Az. IVb ZB 9/88, IPRax 1990, 120 ff; BayObLG, Beschl. v. 09.12.1987, Az. 3 Z 42/87, IPRax 1990, 115 ff; BeckOGK/*Gebauer*, Rom I-VO Art. 11 Rn. 105; *Gössl*, MDR 2017, 251 (252); Hausmann/Odersky/*Hausmann*, § 3 Rn. 91; *Hug*, Die Substitution im internationalen Privatrecht, S. 131 ff; MüKoBGB/*Kindler*, IntGesR Rn. 767; *Koch/Magnus/Winkler von Mohrenfels*, IPR und Rechtsvergleichung, § 1 Rn. 50; *Kropholler*, Internationales Privatrecht, (232 f); *Linke*, FS Nagel, S. 209 (211); *Mansel*, FS Kropholler, S. 353 (367 f); *ders.*, FS W. Lorenz, S. 689 (689); BeckOGK/*Meller-Hannich*, BGB § 204 Rn. 90; *Neuhaus*, Die Grundbegriffe des Internationalen Privatrechts, S. 351 f; *Odersky*, in: Geimer/Schütze (Hrsg.), Internationaler Rechtsverkehr, EuErbVO Art. 23 Rn. 7; Hausmann/Odersky/*Schäuble*, § 7 Rn. 49; *Schröder*, Die Anpassung von Kollisions- und Sachnormen, S. 102 ff; *Schulz*, Die Subsumtion ausländischer Rechtstatsachen, S. 79; MüKoBGB(5. Aufl.)/*Sonnenberger*, Einl. IPR Rn. 602; *Spickhoff*, IPRax 2001, 37 (39); *Vischer*, Die rechtsvergleichenden Tatbestände im internationalen Privatrecht, S. 44 ff; MüKoBGB/*von Hein*, Einl. IPR Rn. 235; *Wengler*, RabelsZ 8 (1934), 148 (180 ff).

354 *Kropholler*, Internationales Privatrecht, S. 233.

355 MüKoBGB/*Kindler*, IntGesR Rn. 767; *Rauscher*, Internationales Privatrecht, Rn. 545; *Zweigert/Kötz*, Einführung in die Rechtsvergleichung, § 3 II.

356 NK-BGB/*Freitag*, EGBGB Art. 3 Rn. 39; *Mansel*, FS W. Lorenz, S. 689 (698 f); *Schulz*, Die Subsumtion ausländischer Rechtstatsachen, S. 87 f.

einer Rechtserscheinung ist insbesondere auf die wesentliche Hauptfunktion abzustellen[357]. Es genügt für die Vergleichbarkeit dann aber, wenn keine völlige Identität der Funktion gegeben ist, dass eine Wirkung „derselben Art" festzustellen ist, mithin eine Übereinstimmung der wesentlichen Züge[358]. Zwar kann ein Staat grundsätzlich selbst entscheiden, welche ausländischen Verfahrensakte er nicht anerkennen möchte, doch hat in Ermangelung einer ausdrücklichen Regelung bei Vorliegen der funktionalen Vergleichbarkeit grundsätzlich eine Berücksichtigung stattzufinden, um der Realität eines internationalen Rechtsverkehrs gerecht zu werden[359].

Die genauen Kriterien für die funktionale Vergleichbarkeit können angesichts der unzähligen Normen, die generell eine Substitution zulassen, nicht abstrakt formuliert werden, sondern sind jeweils im Hinblick auf das in Frage stehende Tatbestandsmerkmal und für den Einzelfall zu bestimmen[360]. Dies wird auch in der Rechtsprechung und teilweise in der Literatur so praktiziert, indem – häufig ohne ausdrückliche Benennung der Substitution – lediglich gewisse Kriterien postuliert werden, die im jeweiligen Fall für die Gleichstellung eines ausländischen Rechtsvorgangs mit einem inländischen erforderlich sind[361]. Eine umfassende Systematisierung in Fallgruppen und möglicherweise allgemeine Kriterien, die in jedem Fall gelten, ist hier zwar auch denkbar, aber bisher – soweit ersichtlich – nicht erfolgt und soll auch an dieser Stelle nicht vorgenommen werden[362]. In der vorliegenden Untersuchung jedenfalls kommt es vielmehr auf den konkreten Einzelfall der Substitution eines ausländischen Beweissicherungsverfahrens an, sodass (nur) die Kriterien, unter denen ein solches mit einem inländischen selbständigen Beweisverfahren gem. § 485 ff ZPO funktional vergleichbar ist, hier relevant sind. Maßgeblicher Leitgedanke ist dabei, dass der ausländische Rechtsvorgang eine Funktion, die in etwa der des inländischen entspricht, haben muss

357 *Hug*, Die Substitution im internationalen Privatrecht, S. 138 f.

358 MüKoBGB/*Kindler*, IntGesR Rn. 767; *Mansel*, FS W. Lorenz, S. 689 (699); *Riezler*, Internationales Zivilprozessrecht, S. 462.

359 *Hug*, Die Substitution im internationalen Privatrecht, S. 146 f.

360 BeckOGK/*Gebauer*, Rom I-VO Art. 11 Rn. 112; *von Bar/Mankowski*, Internationales Privatrecht, § 7 Rn. 240; Staudinger/*Winkler von Mohrenfels*, EGBGB Art. 11 Rn. 200; **aA** wohl *van Venrooy*, Internationalprivatrechtliche Substitution, S. 411 ff sowie 554 ff, der allgemein die Gleichwertigkeit als Kriterium kritisiert.

361 z.B. BGH, Beschl. v. 16.02.1981, Az. II ZB 8/80, NJW 1981, 1160 bzgl. der Beurkundung durch einen ausländischen Notar; siehe dazu unter Benennung der Substitution auch Saenger/Inhester/*Pfisterer*, § 15 Rn. 70 mwN.

362 Vgl. aber Ansätze bei *Hug*, Die Substitution im internationalen Privatrecht, S. 123 ff; *Schulz*, Die Subsumtion ausländischer Rechtstatsachen, S. 87 ff.

und dabei im Wesentlichen ein Verfahren zu beachten ist, das den tragenden Grundsätzen des inländischen Beweissicherungsrechts, mithin dem selbständigen Beweisverfahren iSv §§ 485 ff ZPO, entspricht[363].

Wenn ein ausländisches Beweissicherungsverfahren also mit dem deutschen selbständigen Beweisverfahren funktional vergleichbar ist, kann es grundsätzlich bei jedem generell substitutionsfähigen Tatbestandsmerkmal inländischer Normen substituiert werden. Dabei sind aber für jede einzelne Norm die Besonderheiten ihres Regelungsgegenstandes zu berücksichtigen, sodass über die funktionale Vergleichbarkeit hinaus gegebenenfalls zusätzliche Voraussetzungen zur Erreichung des Normzwecks zu erfüllen sind[364]. Die Bestimmung der einzelnen Kriterien der funktionalen Vergleichbarkeit eines Beweissicherungsverfahrens mit dem selbständigen Beweisverfahren iSd §§ 485 ff ZPO für die Substitution im Einzelfall soll erst nach der Untersuchung der generellen Substitutionsfähigkeit bei den jeweiligen Auswirkungen im inländischen Prozess erfolgen[365].

363 BGH, Beschl. v. 17.12.2013, Az. II ZB 6/13, NJW 2014, 2026 (2027) zum Beurkundungsrecht.

364 *Hug*, Die Substitution im internationalen Privatrecht, S. 38 f; *Linke*, FS Nagel, S. 209 (211); *Schulz*, Die Subsumtion ausländischer Rechtstatsachen, S. 59 ff, 79 ff.

365 Zu den Kriterien der funktionalen Vergleichbarkeit siehe unten § 6, S. 143 ff.

E. Rechtsfolge

I. Einzelfallbezogene Gleichstellung

Grundsätzlich führt die Bejahung der generellen Substitutionsfähigkeit und der funktionalen Vergleichbarkeit dazu, dass die ausländische Rechtserscheinung wie eine inländische behandelt wird, das fragliche Tatbestandsmerkmal also erfüllt ist und die entsprechenden Rechtsfolgen auslöst. Da es aber Fälle gibt, in denen trotz fehlender (vollständiger) Gleichwertigkeit zumindest teilweise substituiert werden soll, wird die Substitution von einigen Autoren in drei Formen – die reguläre/kongruente, die überbrückende und die umdeutende/zergliedernde Substitution - unterteilt[366]. Während bei vollständiger Kongruenz eine reguläre Substitution erfolgt, kann bei leichten Abweichungen eine überbrückende Substitution oder bei stärkeren Abweichungen eine zumindest teilweise Verwertung im Wege der umdeutenden Substitution erfolgen[367]. Da die Grenzen insoweit fließend verlaufen, erscheint eine saubere Trennung dieser Formen nicht nötig zu sein[368]. Festzuhalten ist jedenfalls, dass gewisse Rechtswirkungen bei der ausländischen Rechtserscheinung fehlen können und dennoch die für die inländische Norm im Einzelfall entscheidenden erfüllt sind, sodass (überbrückend oder umdeutend) substituiert werden kann[369]. Im weitest gehenden Fall mag zum Beispiel eine unwirksame ausländische Willenserklärung bei der umdeutenden Substitution im inländischen Recht dann als wirksame Willenserklärung zu behandeln sein[370].

Bezüglich der Verwertbarkeit ausländischer Beweissicherungen wird zu klären sein, ob auch dann, wenn keine (vollständige) funktionale Vergleichbarkeit des ausländischen Beweissicherungsverfahrens vorliegt, eine gewisse Berücksichtigung der Beweiserhebungen möglich bleibt[371].

Demgegenüber sind im entgegengesetzten Fall, dass die funktionale Gleichwertigkeit geben ist, auch gewissen Einschränkungen möglich. Nicht nur bei den Kriterien für die funktionale Verwertbarkeit ist auf die konkret in Frage stehende inländische Norm und ihren Regelungsgegenstand einzugehen, sondern auch bei der Rechtsfolge der Substitution können sich der Regelungszusammenhang

366 *Kropholler*, Internationales Privatrecht, S. 233; *Schröder*, Die Anpassung von Kollisions- und Sachnormen, S. 107 ff.

367 *Kropholler*, Internationales Privatrecht, S. 233.

368 So auch MüKoBGB/*von Hein*, Einl. IPR Rn. 235.

369 *Mansel*, FS W. Lorenz, S. 689 (700 f); *Wengler*, RabelsZ 8 (1934), 148 (169 ff).

370 *Kropholler*, Internationales Privatrecht, S. 233.

371 Siehe dazu unten § 6E, S. 186.

und die Besonderheiten des betroffenen inländischen Rechtsbereichs derart auswirken, dass für die Gleichbehandlung des ausländischen Verfahrens mit einem inländischen im Einzelfall besondere zusätzliche Bedingungen zu beachten sind[372]. Nicht immer erlaubt der ausländische Rechtsvorgang eine vollständige Klärung der Rechtslage im Inland[373]. Dies trifft insbesondere bei der Substitution prozessrechtlicher Vorgänge und richterlicher Tätigkeit zu, da insofern auch öffentliche und staatspolitische Belange miteinfließen[374].

Die Substitution führt somit zu einer grundsätzlichen Gleichstellung des ausländischen Vorgangs mit einem entsprechenden inländischen für das konkret in Frage stehende Tatbestandsmerkmal, die aber je nach Einzelfall und Regelungskontext etwas strenger oder etwas flexibler gehandhabt werden kann. Nach der hier geschilderten Systematik ist meines Erachtens dennoch davon auszugehen, dass die inländische Norm nicht entsprechend[375], sondern direkt[376] angewendet wird, da die Substitution ja gerade dazu führt, dass der Tatbestand einer Norm erfüllt ist.

II. Fehlende Substitutionsfähigkeit

Wenn nach alledem die – wenn auch nur teilweise – Substitution ausscheidet, kann die im Ausland erfolgte oder nach ausländischem Recht zu beurteilende Tatsache nicht das Tatbestandsmerkmal der inländischen Norm erfüllen. Dies bedeutet aber nicht zwangsläufig, dass der Vorgang damit überhaupt nicht zur Kenntnis genommen wird. Gegebenenfalls kann er nach einer anderen Norm berücksichtigt werden. Außerdem ist es möglich, dass die bloße Tatsache, dass ein Vorgang im Ausland stattgefunden hat, außerhalb eines Tatbestands mit konkret daran anknüpfenden Rechtsfolgen Beachtung findet[377]. Im Falle der hier untersuchten Beweissicherungsverfahren wird zu klären sein, ob ein Beweissicherungsverfahren, obwohl die Voraussetzungen der Substitution nicht vorliegen, eventuell anderweitig durch das Gericht im Rahmen der freien

372 Vgl. *Linke*, FS Nagel, S. 209 (211 ff); *Mansel*, FS W. Lorenz, S. 689 (699 ff); *Spickhoff*, IPRax 2001, 37 (40).

373 *Schulz*, Die Subsumtion ausländischer Rechtstatsachen, S. 130 ff.

374 *Hug*, Die Substitution im internationalen Privatrecht, S. 145 ff.

375 So z.B. *Looschelders*, Die Anpassung im Internationalen Privatrecht, S. 179.

376 So z.B. *Hug*, Die Substitution im internationalen Privatrecht, S. 170; *Kropholler*, Internationales Privatrecht, S. 231 ff; MüKoBGB/*von Hein*, Einl. IPR Rn. 241.

377 Vgl. dazu den ähnlichen Fall des „ausländischen Rechts als Tatsache“ BeckOK/*Lorenz*, EGBGB Einl. Rn. 92.

Beweiswürdigung gem. § 286 ZPO berücksichtigt werden kann[378]. Diese Möglichkeiten mögen teilweise in den Bereich der Anpassung fallen[379], teilweise aber auch lediglich durch die reguläre Anwendung anderer inländischer Vorschriften erreicht werden.

Wenn die Voraussetzungen der Substitution nicht vorliegen, wird man hingegen nicht die inländische Norm stattdessen im Wege der Analogie anwenden können, da es insoweit an der teleologischen Vergleichbarkeit fehlt[380].

---

378 Siehe dazu unten § 6E, S. 186.

379 Vgl. dazu *Looschelders*, Die Anpassung im Internationalen Privatrecht, S. 231 ff.

380 *Kropholler*, Internationales Privatrecht, S. 234; einschräkend MüKoBGB/*von Hein*, Einl. IPR Rn. 241.

F. Ergebnis zu § 4

Für die Auswirkungen des ausländischen Beweissicherungsverfahrens im Inland ist zu klären, ob selbiges im Tatbestand inländischer Normen das Tatbestandsmerkmal selbständiges Beweisverfahren ersetzen kann. Die Klärung dieser Frage erfolgt anhand des Instituts der Substitution, welches sowohl auf Sachnormen als auch auf verfahrensrechtliche Normen anwendbar ist. Dabei ist zunächst zu klären, ob das entsprechende Tatbestandsmerkmal generell substitutionsfähig ist, also grundsätzlich durch ausländische Vorgänge ersetzt werden kann. Bei verfahrensgebundenen Vorgängen wie einem Beweissicherungsverfahren kommt es in einem zweiten Schritt darauf an, dass das ausländische Beweissicherungsverfahren mit dem inländischen selbständigen Beweisverfahren funktional vergleichbar ist. Bei Erfüllung dieser Voraussetzungen kann die Norm auf den ausländischen Vorgang angewendet werden, sodass dieser grundsätzlich dieselben Rechtsfolgen wie der entsprechende inländische bewirkt.

§ 5 Die Auswirkungen im Einzelnen: generelle Substitutionsfähigkeit

A. Hemmung der Verjährung

Im Inland wird die Verjährung gem. § 204 Abs. 1 Nr. 7 BGB mit der Zustellung des Antrags auf Durchführung eines selbständigen Beweisverfahrens gehemmt. Bevor man sich hier die Frage der Substitution eines ausländischen Beweissicherungsverfahrens stellt, bietet es sich im Internationalen Privatrecht an, kurz auf die Frage nach dem auf die Verjährung anwendbaren Recht einzugehen.

I. Anwendbares Recht

Die Verjährung eines Anspruchs unterfällt in Deutschland dem materiellen Recht (vgl. §§ 194 ff BGB). Sie kann in anderen Rechtsordnungen allerdings auch als Klageverjährung oder Ausschlussfrist für die Geltendmachung eines Anspruchs ausgestaltet sein und somit dem Prozessrecht unterliegen[381].

Im Hinblick auf das maßgebliche europäische Kollisionsrecht erfolgt für vertragliche Schuldverhältnisse unabhängig von der Einordnung nach der *lex causae* gem. Art. 12 Abs. 1 lit. d Rom I-VO[382] eine sachrechtliche Qualifikation der Verjährung[383]. Insoweit richtet sich die Verjährung von Gewährleistungs- und vertraglichen Schadensersatzansprüchen, die bei einem Beweissicherungsverfahren in der Regel inmitten sein werden, nach dem Geschäftsstatut. Ebenso verhält es sich mit deliktischen oder vertragsähnlichen Ansprüchen, deren Verjährung sich grundsätzlich gem. Art. 15 lit. h Rom II-VO[384] (und auch nach Art. 40 EGBGB[385]) ebenfalls nach dem auf den Anspruch anwendbaren Sachrecht, hier also dem Deliktsstatut, richtet[386].

---

381 *Rauscher*, Internationales Privatrecht, Rn. 1166.

382 Verordnung (EG) Nr. 593/2008 des Europäischen Parlaments und des Rates vom 17. Juni 2008 über das auf vertragliche Schuldverhältnisse anzuwendende Recht, ABl. Nr. L 177 S. 6.

383 BeckOK/*Spickhoff*, Rom I-VO Art. 12 Rn. 11.

384 Verordnung (EG) Nr. 864/2007 des Europäischen Parlaments und des Rates vom 11. Juli 2007 über das auf außervertragliche Schuldverhältnisse anzuwendende Recht, ABl. Nr. L 199 S. 40.

385 MüKoBGB/*Junker*, EGBGB Art. 40 Rn. 100.

386 BeckOK/*Spickhoff*, Rom II-VO Art. 15 Rn. 11.

Im Rahmen von Beweissicherungsverfahren kommt es oft vor, dass sowohl vertragliche als auch deliktische oder vertragsähnliche Ansprüche im Raum stehen (etwa aus unerlaubter Handlung oder *culpa in contrahendo*, die im europäischen Kollisionsrecht unter die außervertraglichen Schuldverhältnisse iSd Rom II-VO fällt, vgl. Art. 2 Abs. 1 Rom II-VO). Dabei ist zu beachten, dass diese deliktischen oder vertragsähnlichen Ansprüche wie gesagt im Rahmen von Beweissicherungsverfahren häufig in Anspruchskonkurrenz mit vertraglichen Gewährleistungs- und Schadensersatzansprüchen stehen und deshalb nach Art. 4 Abs. 3 Rom II-VO aufgrund der vertraglichen Beziehung als einer „offensichtlich engeren Verbindung" in der Regel auch dem Vertragsstatut unterworfen werden (vgl. Art. 4 Abs. 3 S. 2 Rom II-VO)[387].

Die Frage der Verjährung ist also jedenfalls sachrechtlich zu qualifizieren und richtet sich somit nach dem auf die Forderung anzuwendenden Recht.

Während sich die Frage der Substitution bei ausländischen Beweissicherungsverfahren im deutschen Prozess immer bezüglich der Verwertbarkeit stellen wird, stellt sie sich also bezüglich der Hemmung der Verjährung nur dann, wenn das deutsche Recht als *lex causae* anwendbar ist.

II. Substitution eines ausländischen Beweisverfahrens

Wenn nun deutsches Sachrecht anzuwenden ist, stellt sich die Frage, ob auch ein ausländisches Beweissicherungsverfahren es vermag, die Hemmung der Verjährung gem. § 204 Abs. 1 Nr. 7 BGB herbeizuführen. Ein ausländisches Beweissicherungsverfahren müsste somit zunächst generell substituierbar sein[388].

Der Wortlaut des § 204 Abs. 1 Nr. 7 BGB spricht vom „selbständigen Beweisverfahren" und greift somit den Terminus aus der amtlichen Titelüberschrift der §§ 485 ff ZPO auf. Daraus aber zu schließen, dass es sich zwingend um ein selbständiges Beweisverfahren gemäß der ZPO handeln müsse, wäre jedoch voreilig[389]. Vielmehr legt die historische Auslegung eher das Gegenteil nahe, da es in der entsprechenden Vorschrift des § 477 Abs. 2 S. 1 BGB a.F. bis zum Rechtspflege-Vereinfachungsgesetz[390] vom 17.12.1990 noch ausdrücklich das „selbständige Beweisverfahren nach der Zivilprozeßordnung" war, welches die

387 MüKoBGB/*Junker*, Rom II-VO Art. 4 Rn. 46 ff; BeckOK/*Spickhoff*, Rom II-VO Art. 4 Rn. 13; vgl. zur dazu parallelen Problematik bei der internationalen Zuständigkeit *ders.*, IPRax 2017, 72 ff.

388 Vgl. § 4C, S. 88.

389 Vgl. LG Hamburg, Urt. v. 15.09.1998, Az. 410 O 44/95, IPRax 2001, 45 (46).

390 BGBl. 1990 I S. 2847.

Verjährung unterbricht, während danach nur noch schlicht vom „selbständigen Beweisverfahren“ die Rede ist. Doch in beiden Fällen versteht es sich letztlich von selbst, dass – wenn nicht ausdrücklich anders bestimmt – in inländischen Normen in erster Linie auch inländische Verfahren gemeint sind[391]. Allerdings kann nicht angenommen werden, dass der Gesetzgeber diese Frage präjudizieren wollte und dass ausländische Verfahren prinzipiell ausgeschlossen sein sollen, ohne dass es hierfür einen Sachgrund gibt[392]. An einem solchen fehlt es hier vielmehr gerade, sodass die deutschen Verjährungsvorschriften im Allgemeinen und § 204 Abs. 1 Nr. 7 BGB im Speziellen der Substitution ausländischer Verfahren grundsätzlich offen gegenüberstehen[393].

Sehr umstritten ist jedoch bezüglich des ähnlichen Falls der Verjährungshemmung von Klagen im Ausland (nach § 204 Abs. 1 Nr. 1 BGB)[394], ob für deren Substitution in den deutschen Verjährungsvorschriften die *bloße* funktionale Vergleichbarkeit genügt oder ob es in diesem Fall nicht weiterer besonderer Voraussetzungen bedarf[395]. Die diskutierten besonderen Voraussetzungen – nämlich eine positive Anerkennungsprognose bezüglich des Urteils (III.) und speziell die internationale Zuständigkeit des ausländischen Gerichts (IV.) – müssen gleichermaßen auch für die Verjährungshemmung durch ausländische Beweissicherungsverfahren in Erwägung gezogen werden.

III. Positive Anerkennungsprognose erforderlich?

Seit einem Reichsgerichtsurteil aus dem Jahre 1925 wird von der Rechtsprechung bei Klagen im Ausland für eine Hemmung der Verjährung gefordert, dass das ausländische Urteil im Inland vollumfänglich anerkennungsfähig wäre[396].

Im Anwendungsbereich der EuGVVO kommt es insoweit auf die Artt. 36 ff EuGVVO an, bei denen man auf Art. 45 EuGVVO abstellen könnte. Nach Ansicht des Reichsgerichts müssten die Anerkennungsvoraussetzungen des § 328 ZPO vorliegen, was heute nur noch außerhalb der EuGVVO gilt. Demnach müsste das ausländische Gericht international zuständig gewesen sein (Abs. 1 Nr. 1), die

---

391 Vgl. oben § 4C, S. 88.

392 *Spickhoff*, IPRax 2001, 37 (38), schon zur alten Fassung des § 477 Abs. 2 S. 1 BGB.

393 *Gössl*, MDR 2017, 251 (253); *Mankowski*, EWiR 1999, 345 (346); *Spickhoff*, IPRax 2001, 37 (38 f).

394 Dort nach allgM grundsätzliche Substitutionsfähigkeit gegeben, vgl. statt aller MüKoBGB/*Grothe*, § 204 Rn. 9; **aA** *Schütze*, WM 1967, 246 (247 ff); *ders.*, DB 1977, 2129 (2130).

395 *Linke*, FS Nagel, S. 209 (211).

396 RG, Urt. v. 18.09.1925, Az. 505/24 II, JW 1926, 374 f.

Gegenseitigkeit gewahrt sein (Abs. 1 Nr. 2), keine entgegenstehende Rechtskraft oder Rechtshängigkeit gegeben sein (Abs. 1 Nr. 3), kein *ordre public* Verstoß vorliegen (Abs. 1 Nr. 4) und die Gegenseitigkeit mit dem betreffenden Staat verbürgt sein (Abs. 1 Nr. 5).

Gegen diese Auffassung hatte das OLG Hamburg[397] sich noch aufzulehnen versucht, was zu einer Bekräftigung derselben durch das Reichsgericht[398] führte und seitdem als ständige Rechtsprechung[399] bezeichnet werden kann. Als Begründung führt das Reichsgericht im Anschluss an die – soweit ersichtlich – erste Entscheidung des OLG Celle[400] zu diesem Thema an, dass, wenn schon das Urteil keine materielle Wirkung im Inland entfalten kann, dies die Klageerhebung erst recht nicht könne, da sie als bloße Vorbereitungshandlung in ihrer Wirkung nicht weiter gehen dürfe. Auch die lange Zeit herrschende Literatur ist häufig mit diesem Argument der Ansicht des Reichsgerichts gefolgt[401].

Allerdings gibt es auch vielfach Kritik an der restriktiven Ansicht der Rechtsprechung. So hat beispielsweise *Neumeyer* schon unmittelbar im Anschluss an die erste Reichsgerichtsentscheidung von 1925 für die diametral entgegengesetzte Position plädiert, die Auslandsklage bezüglich der Verjährung vollständig mit der inländischen gleichzusetzen und sich dabei darauf berufen, dass in beiden Fällen eine gleichwertige Manifestation des Gläubigerwillens vorläge[402]. Daneben werden alle Variationen zwischen der vom Reichsgericht geforderten vollen Anerkennungsfähigkeit des Urteils und *Neumeyers* Gleichsetzung mit einer Klage im Inland vertreten. So wird von einigen Autoren nur gefordert, dass das ausländische Gericht international zuständig sei und die Zustellung an den Beklagten erfolgt sei[403]. Andere legen Wert darauf, dass neben ordnungsgemäßer Zustellung kein Verstoß gegen den (verfahrensrechtlichen) *ordre public* vorliegt[404]. Und wieder andere verzichten auf Zustellungserfordernisse, da diese

397 OLG Hamburg, Urt. v. 18.10.1929, Az. VII 332/29, IPRspr 1930 Nr. 155.

398 RG, Urt. v. 08.07.1930, Az. II 542/29, RGZ 129, 385 ff.

399 Nunmehr dem RG folgend OLG Hamburg, Urt. v. 27.03.1934, Az. IV 42/34, HRR 1934, 1187; sowie LG Deggendorf, Urt. v. 24.11.1981, Az. O 411/81, IPRax 1983, 125 f; LG Duisburg, Urt. v. 02.07.1985, Az. 15 O 173/83, IPRspr, 1985 Nr. 43.

400 OLG Celle, Urt. v. 11.12.1907., OLGRspr 17, 158 f.

401 Etwa *Nußbaum*, Deutsches Internationales Privatrecht, S. 429; *Riezler*, Internationales Zivilprozessrecht, S. 461 f; weitere Nachweise bei *Linke*, FS Nagel, S. 209 (213) Fn. 25.

402 *Neumeyer*, JW 1926, 374.

403 Achilles-Greiff/*Beitzke*, Vor Art. 7 EGBGB Anm. I 5.

404 *Schröder*, Die Anpassung von Kollisions- und Sachnormen, S. 105 f.

nicht im Einflussbereich des Klägers liegen, und verlangen dafür aber wieder die internationale Zuständigkeit[405]. Darüber hinaus werden diese Erfordernisse verschiedentlich kombiniert, was im Ergebnis zu einem etwas unübersichtlichen Meinungsspektrum in der Literatur führt[406]. Jedenfalls kann das Erfordernis der Anerkennungsfähigkeit heute nicht mehr als herrschende Meinung bezeichnet werden, da sich die abweichenden und kritischen Stimmen in jüngerer Zeit fortwährend gemehrt haben[407].

Es bestehen also in der Tat erhebliche Zweifel an diesem Erfordernis einer vollständigen Anerkennungsfähigkeit. Zunächst ist ihm entgegenzuhalten, dass die künftige Anerkennung eines Urteils zum Zeitpunkt der Klageerhebung nur bedingt festzustellen ist und somit zu einer gewissen Rechtsunsicherheit führt, da insbesondere ein möglicher Verstoß gegen den deutschen *ordre public* gem. § 328 Abs. 1 Nr. 4 ZPO zum Beispiel erst nach der Urteilsverkündung beurteilt werden kann[408]. Für Beweissicherungsverfahren stellt sich die Frage einer Anerkennung nach § 328 ZPO bzw. Art. 36 EuGVVO ohnehin nicht, da sie nicht zu einer anerkennungsfähigen Entscheidung in diesem Sinne führen[409]. Außerdem ist es aber schon in der Sache verfehlt, in erster Linie auf die materielle Wirkung des Urteils abzustellen und sie mit der Hemmungswirkung der Klageerhebung zu verknüpfen, indem man letztere als Vorstufe ansieht[410]. Vielmehr ist die Hemmungshandlung selbst zu beurteilen[411]. Es kommt hier entscheidend darauf an, dass der Gläubiger dem Schuldner durch die verfahrensgebundene Geltendmachung eines Anspruchs im Klageweg in qualifizierter Form zur Kenntnis bringt, dass er an der Verfolgung seines (vermeintlichen) Anspruchs festhält[412]. Doch auch insofern ist die Hemmung der Verjährung nicht als prozessuale Wirkung der Klageerhebung zu verstehen (wie dies zum Beispiel bezüglich der Einrede der Rechtshängigkeit der Fall wäre[413]), sondern als eine materiellrechtliche[414].

---

405 *Geimer*, IPRax 1984, 83 f.

406 Vgl. den ausführlichen Überblick bei *Linke*, FS Nagel, S. 209 (213 ff) und aktueller bei BeckOK/*Spickhoff*, Rom I-VO Art. 12 Rn. 12.

407 Vgl. Nachweise in Fn. 418.

408 *Frank*, IPRax 1983, 108 (110); *Kodek*, FS Schütze 2015, S. 259 (267).

409 Dazu ausführlich unten § 5C.II, S. 119.

410 *Linke*, FS Nagel, S. 209 (223); *Schlosser*, FS Bosch, S. 859 (865).

411 BGH, Urt. v. 17.04.2002, Az. XII ZR 182/00, NJW-RR 2002, 937 f; *Schack*, Internationales Zivilverfahrensrecht, Rn. 872.

412 *Looschelders*, IPRax 1998, 296 (302).

413 *Katinsky*, RabelsZ 9 (1935), 855 (860 f).

414 *Kallmann*, Rev. crit. DIP 1948, 1 (19); *Katinsky*, RabelsZ 9 (1935), 855 (856).

Vielfach wurde diese Frage mit dem Schuldrechtsmodernisierungsgesetz[415] als vom Gesetzgeber geklärt angesehen, da der neue § 204 Abs. 2 S. 1 BGB die Hemmungswirkung der Klageerhebung bis sechs Monate nach einer rechtskräftigen Entscheidung (also auch bei Prozessurteilen) oder der sonstigen Erledigung andauern lässt und somit augenscheinlich überhaupt nicht an ein später ergehendes Sachurteil knüpft[416]. Dennoch hat sich die Frage damit nicht geklärt, da auch nach der Gesetzesänderung mit derselben Argumentation vertreten wird, dass die Anerkennungsfähigkeit erforderlich sei[417].

Die Mehrheiten haben sich aber nun derart verschoben, dass die Lager zumindest ausgeglichen erscheinen und der Trend in die Richtung geht, die Anerkennungsfähigkeit nicht mehr für die Hemmung der Verjährung zu fordern[418].

Auch meines Erachtens ist hier eine teleologische Würdigung des Instituts der Verjährung zielführender, zumal das Erfordernis der Anerkennungsfähigkeit als Relikt einer antiquierten grundsätzlichen Skepsis gegenüber einer Klage im Ausland erscheint oder – wie *Linke* es nennt – einer „Vermutung, die

---

415 Gesetz zu Modernisierung des Schuldrechts vom 26. November 2001, BGBl. 2001 I S. 3138.

416 *Budzikiewicz*, ZEuP 2010, 418 (432 f); *Schack*, Internationales Zivilverfahrensrecht, Rn. 872.

417 Palandt/*Ellenberger*, § 204 Rn. 3; *Kegel/Schurig*, Internationales Privatrecht, S. 636; Palandt/*Thorn*, Rom I Art. 12 Rn. 8.

418 Wieczorek/Schütze/*Ahrens*, Vor § 485 Rn. 29; *Frank*, IPRax 1983, 108 (110); *Geimer*, IPRax 1984, 83 f; *Hau*, Positive Kompetenzkonflikte, S. 163 ff; BeckOK/*Henrich*, § 204 Rn. 20; Soergel(12. Aufl.)/*Hoffmann*, Art. 32 Rn. 46; *Kallmann*, Rev. crit. DIP 1948, 1 (22); *Katinsky*, RabelsZ 9 (1935), 855 (856 ff); *Kudlich*, Die privatrechtlichen Nebenwirkungen einer im Ausland erhobenen Klage, S. 13 ff; *Linke*, FS Nagel, S. 209 (222 ff); *Looschelders*, IPRax 1998, 296 (302); *McGuire*, Verfahrenskoordination und Verjährungsunterbrechung im Europäischen Prozessrecht, S. 225 ff; BeckOGK/*Meller-Hannich*, BGB § 204 Rn. 90; *Neumeyer*, JW 1926, 374; Soergel/*Niedenführ*, § 209 Rn. 9; *Schack*, RIW/AWD 1981, 301 ff. ff; *ders.*, Internationales Zivilverfahrensrecht, Rn. 872 f; *Schlosser*, FS Bosch, S. 859 (870); *Schröder*, Die Anpassung von Kollisions- und Sachnormen, S. 106; BeckOK/*Spickhoff*, Rom I-VO Art. 12 Rn. 12; *Wolf*, IPRax 2007, 180 (181 f); **aA** RG, Urt. v. 08.07.1930, Az. II 542/29, RGZ 129, 385 ff; OLG Hamburg, Urt. v. 27.03.1934, Az. IV 42/34, HRR 1934, 1187; Palandt/*Ellenberger*, § 204 Rn. 3; *Frankenstein*, Internationales Privatrecht, S. 371 f; *Hefelmann*, Gerichtliche Geltendmachung, S. 55; *Merschformann*, Verjährungsunterbrechung, (109 f); *Nußbaum*, Deutsches Internationales Privatrecht, S. 429; *Raape/Sturm*, Internationales Privatrecht, S. 358; *Riezler*, Internationales Zivilprozessrecht, S. 461 f; *Schulz*, Die Subsumtion ausländischer Rechtstatsachen, S. 161 f; *Taupitz*, ZZP 102 (1989), 288 (307 ff); *ders.*, IPRax 1996, 140 ff.(145).

Geltendmachung eines Anspruchs im Ausland stelle im Regelfall einen Akt der Willkür dar"[419]. Zurecht verweist *Schlosser* außerdem darauf, dass der Zweck des Gegenseitigkeitserfordernisses, den anderen Staat gleichsam zur Anerkennung zu motivieren, nicht auf die materiellen Wirkungen der Klageerhebung passt[420]. Die Verjährung soll als besondere Ausprägung des Grundsatzes von Treu und Glauben zu Rechtsfrieden führen und vor Beweisnot bzw. -verlust durch Zeitablauf schützen[421]. Dies wird insbesondere auch durch den Schutz vor der Inanspruchnahme aus unbekannten oder unerwarteten Forderungen gewährleistet[422]. Gerade dieser Aspekt trägt hier jedoch sowohl bezüglich einer Klageerhebung als auch bezüglich der Einleitung eines Beweissicherungsverfahrens nicht oder jedenfalls nur bedingt. Unter der Voraussetzung, dass der künftige Klagegegner nämlich über die Einleitung eines Beweissicherungsverfahrens im Ausland informiert wird, erlangt dieser ja gerade Kenntnis und hat fortan mit einer Inanspruchnahme in der Hauptsache zu rechnen. Dabei kommt es freilich nicht nur – wie wohl von *Neumeyer* als genügend erachtet[423] – darauf an, dass auch durch eine ausländische Klageergebung eine gewisse Intensität des Gläubigerwillens deutlich wird, was auch im Falle einer außergerichtlichen Mahnung der Fall wäre, sondern dass es sich eben um eine gleichwertige und gleichermaßen verfahrensgebundene Hemmungshandlung (nämlich eine auf richterliche Feststellung gerichtete Klage) handelt[424].

Auch das vereinzelt befürchtete Risiko des Missbrauchs erscheint hier eher vernachlässigenswert. In einem solchen Missbrauchsfall – der unter Beachtung der Zuständigkeiten für das Beweissicherungsverfahren[425] schon schwer konstruierbar ist – genügt es meines Erachtens, die Berufung auf die Hemmung der Verjährung nach § 242 BGB abzulehnen[426].

Es wird also schon bei der Klageerhebung zu Recht zunehmend am Erfordernis der Anerkennungsfähigkeit gezweifelt. Nachdem mit der letzten Änderung

---

419 *Linke*, FS Nagel, S. 209 (223).

420 *Schlosser*, FS Bosch, S. 859 (865); ebenso AnwK-BGB/*Leible*, Art. 32 EGBEB Rn. 36.

421 BeckOK/*Henrich*, § 194 Rn. 1; MüKoBGB/*Grothe*, Vor § 194 Rn. 6 f.

422 MüKoBGB/*Grothe*, Vor § 194 Rn. 6.

423 *Neumeyer*, JW 1926, 374.

424 RG, Urt. v. 08.07.1930, Az. II 542/29, RGZ 129, 385 (389); *Kudlich*, Die privatrechtlichen Nebenwirkungen einer im Ausland erhobenen Klage, S. 14 f; *Schlosser*, FS Bosch, S. 859 (865).

425 Siehe oben, § 3, S. 57 ff.

426 *Budzikiewicz*, ZEuP 2010, 418 (433); *Kallmann*, Rev. crit. DIP 1948, 1 (34 ff); vgl. dazu unten § 6C.III, S. 168.

der EuGVVO in ihrem Anwendungsbereich das früher gem. Art. 32 ff EuGVVO a.F.[427] noch erforderliche Anerkennungsverfahren aufgegeben wurde, sodass Urteile nunmehr gem. Artt. 36 ff EuGVVO grundsätzlich direkt anzuerkennen und zu vollstrecken sind[428], ist dieses Erfordernis jedenfalls im Rahmen der EuGVVO nach ganz herrschender Meinung nicht mehr haltbar[429]. Auch auf die Voraussetzungen des Art. 45 Abs. 1 EuGVVO kann es insoweit nicht ankommen[430], da die Frage der Verjährung nicht von einem (späteren) prozessualen Antrag einer Partei iSd Art. 45 Abs. 4 EuGVVO abhängig gemacht werden kann.

In jedem Fall ergibt sich danach aber umso mehr für Beweissicherungsverfahren kein überzeugender Grund, die Anerkennungsfähigkeit der Ergebnisse des Beweissicherungsverfahrens für dessen Hemmung der Verjährung zu fordern. Die Verwertbarkeit der Ergebnisse des Beweissicherungsverfahrens sollte somit insbesondere im Hinblick auf den Sinn und Zweck der Verjährung nicht für die Hemmungswirkung entscheidend sein[431]. Erforderlich ist lediglich eine Zustellung, die im Wesentlichen den Anforderungen des § 328 Nr. 2 ZPO genügt und somit sicherstellt, dass der Schuldner Kenntnis vom Beweissicherungsverfahren hat[432]. Außerdem muss die Klageerhebung bzw. die Einleitung des Beweissicherungsverfahrens nach der ausländischen *lex fori* wirksam erfolgt sein (vgl. § 11 Abs. 1 EGBGB[433])[434].

Einzuschränken ist dieses Ergebnisses nur insoweit, dass zwar keine volle oder teilweise Anerkennungsfähigkeit erforderlich ist, aber doch die generelle Möglichkeit, dass die Ergebnisse in irgendeiner Form in der Hauptsache Verwendung finden können. Denn wenn die Ergebnisse eines ausländischen Beweissicherungsverfahrens im Inland auf gar keine Art verwertbar wären, müsste man die Frage der grundsätzlichen Substitutionsfähigkeit wieder aufwerfen und

---

427 Für genauen Titel und Nachweis vgl. Fn. 185.

428 Musielak/Voit/*Stadler*, Art. 36 EuGVVO nF Rn. 2.

429 Siehe nur OLG Düsseldorf, Urt. v. 09.12.1977, Az. 16 U 48/77, NJW 1978, 1752; MüKoBGB/*Grothe*, § 204 Rn. 9.

430 Vgl. BeckOGK/*Meller-Hannich*, BGB § 204 Rn. 90.

431 LG Hamburg, Urt. v. 15.09.1998, Az. 410 O 44/95, IPRax 2001, 45 (47); Wieczorek/Schütze/*Ahrens*, Vor § 485 Rn. 29; MüKoBGB/*Grothe*, § 204 Rn. 48; *Spickhoff*, IPRax 2001, 37 (40); wohl auch Palandt/*Ellenberger*, § 204 Rn. 22.

432 *Looschelders*, IPRax 1998, 296 (302); *Schlosser*, FS Bosch, S. 859 (868); vgl. dazu unten § 6B.II, S. 152.

433 *Schütze*, WM 1967, 246 f.

434 *Budzikiewicz*, ZEuP 2010, 418 (432).

eine Hemmung der Verjährung wohl auch ablehnen[435]. Wenn dies auch im Einzelnen umstritten ist, besteht nach überwiegender Auffassung allerdings Einigkeit darüber, dass die Ergebnisse auf irgendeine Art verwertbar sind, sodass hier für Beweissicherungsverfahren generell keine Bedenken bestehen[436]. Dahingehend ist wohl auch ein Beschluss des OLG München von 2014 zu verstehen, wenngleich nicht ganz eindeutig wird, ob das OLG nicht doch die Verwertbarkeit voraussetzt und im konkreten Fall für das französische Beweissicherungsverfahren bejaht hat[437].

Eine positive Anerkennungsprognose bezüglich der Ergebnisse des Beweissicherungsverfahrens – insbesondere im Einzelfall – ist somit nicht erforderlich[438].

Eine positive Anerkennungsprognose bezüglich einer sich möglicherweise an das Beweissicherungsverfahren im Ausland anschließender Klage ist damit erst recht nicht erforderlich[439].

IV. Internationale Zuständigkeit erforderlich?

Unter den Ansichten, die das Erfordernis der Anerkennungsfähigkeit ablehnen, lohnt es sich gesondert auf diejenige einzugehen, die es für die Hemmungswirkung trotzdem für nötig hält, dass das ausländische Gericht, vor dem das Beweissicherungsverfahren angestrengt wird, für dieses international zuständig ist[440]. Auch diese Ansicht geht auf die Diskussion bezüglich der Hemmungswirkung bei Klagen im Ausland zurück. Im Kern steht auch hinter dieser Ansicht, dass die Hemmung der Verjährung als prozessrechtliche Vorwirkung des rechtskräftigen Sachurteils verstanden wird. Da es bei einer Klageerhebung vor einem unzuständigen Gericht jedoch zu keinem Sachurteil kommen wird, sei hier die Hemmungswirkung als dessen Vorwirkung nicht gerechtfertigt[441]. In einer internationalen Konstellation steckt darin wieder der Gedanke der

435 *Spickhoff*, IPRax 2001, 37 (40 f); dahingehend auch *Kodek*, FS Schütze 2015, S. 259 (263 f).

436 Siehe ausführlich zur Verwertbarkeit unten, § 5C, S. 115 ff.

437 OLG München, Beschl. v. 19.02.2014, Az. 15 W 912/13, IPRax 2015, 93 (95).

438 Vgl. Nachweis in Fn. 431.

439 MüKoBGB/*Grothe*, § 204 Rn. 48; *Spickhoff*, IPRax 2001, 37 (40); Soergel(12. Aufl.)/ *Hoffmann*, Art. 32 Rn. 44.

440 LG Hamburg, Urt. v. 15.09.1998, Az. 410 O 44/95, IPRax 2001, 45 (47); *Geimer*, IPRax 1984, 83 zu Klagen; unklar Palandt/*Ellenberger*, § 204 Rn. 22.

441 *Geimer*, IPRax 1984, 83 f.

Anerkennungsfähigkeit als Voraussetzung für die Hemmung der Verjährung (vgl. § 328 Abs. 1 Nr. 1 ZPO)[442].

Dieser Gedanke der Vorwirkung ist jedoch verfehlt. Dies kam in § 212 Abs. 1 S. 1 BGB in der Fassung vor der Schuldrechtsreform für eine rein nationale Konstellation schon dadurch zur Geltung, dass dem vor einem örtlich oder sachlich unzuständigen Gericht klagenden Gläubiger die Unterbrechungswirkung trotz der Unzuständigkeit zugutekam, wenn er innerhalb von sechs Monaten die Klage vor dem zuständigen Gericht nachholte[443]. Seit dem Schuldrechtsmodernisierungsgesetz ergibt sich dies noch eindeutiger aus § 204 Abs. 2 S. 1 BGB, demzufolge die Hemmungswirkung „sechs Monate nach der rechtskräftigen Entscheidung oder anderweitigen Beendigung“, also auch nach einem wegen Unzuständigkeit abweisenden Prozessurteil, endet und nicht mehr rückwirkend entfällt (vgl. § 212 Abs. 1 BGB a.F.)[444]. Damals wie heute besteht kein Grund, den Fall der internationalen (Un)Zuständigkeit anders zu behandeln[445]. Ganz im Gegenteil gilt es das ansonsten paradoxe Ergebnis zu vermeiden, dass die Hemmung der Verjährung dem Kläger gerade dann nicht zugutekommt, wenn sie für ihn entscheidende Bedeutung hat. Wenn nämlich seine Klage im Ausland wegen (internationaler) Unzuständigkeit durch Prozessurteil abgewiesen wurde, wird der Kläger vor den international zuständigen deutschen Gerichten seinen Anspruch geltend machen wollen, läuft allerdings genau dann Gefahr, dass dieser mangels Hemmung der Verjährung aufgrund der Unzuständigkeit nun nicht mehr durchsetzbar ist[446]. Nahezu absurd mutet es an, dass die Hemmung der Verjährung zwar unproblematisch gegeben ist, wenn das ausländische Gericht international zuständig ist und das Urteil auch anerkennungsfähig ist, der Kläger aber dann auch keinerlei Nutzen dadurch hat[447]. Nur bei internationaler Unzuständigkeit kommt es auf die Hemmung der Verjährung an, da dann das ausländische Gericht sich unzuständig erklären wird oder andernfalls die Anerkennung in Deutschland verweigert werden wird[448].

---

442 Siehe dazu oben § 5A.III, S. 99 ff.

443 *Kudlich*, Die privatrechtlichen Nebenwirkungen einer im Ausland erhobenen Klage, S. 13 ff; *Looschelders*, IPRax 1998, 296 (301).

444 BT-Drs. 14/6040, S. 117 f.

445 *Frank*, IPRax 1983, 108 (110 f); *Schack*, Internationales Zivilverfahrensrecht, Rn. 872.

446 *Wolf*, IPRax 2007, 180 (181); ebenso bzgl. der Anrufung einer ausländischen Schlichtungsstelle *Gössl*, MDR 2017, 251 (252).

447 *Wolf*, IPRax 2007, 180 (182).

448 *Ders.*, IPRax 2007, 180 (182).

Zur Hemmung der Verjährung durch ausländische Beweissicherungsverfahren gibt es eine atypische Entscheidung des Reichsgerichts von 1929, in der es das Reichsgericht für die Unterbrechungswirkung genügen ließ, dass es sich bei dem Beweissicherungsverfahren um ein dem inländischen „in seinen wesentlichen Zügen entsprechendes Verfahren“ handelt[449]. Es handelte sich allerdings um ein im Saargebiet – das damals nicht unter deutscher Justizhoheit stand – durchgeführtes selbständiges Beweisverfahren gem. §§ 485 ff ZPO. Abgesehen von diesem Sonderfall hält das LG Hamburg in der – soweit ersichtlich – ersten relevanten Entscheidung aus dem Jahr 1998 eine Unterbrechungswirkung prinzipiell nur dann für möglich, wenn das ausländische Gericht für die Durchführung des Beweissicherungsverfahrens nach deutschem Prozessrecht international zuständig ist[450]. Auffällig ist allerdings, dass dieser vom LG als „entscheidend“ bezeichnete Aspekt im Urteil nicht begründet wird. Stattdessen ist er lediglich mit einer Quellenangabe zu einem Zeitschriftenbeitrag *Geimers* versehen, der sich allerdings mit Auslandsklagen befasst und bei diesen die internationale Zuständigkeit des ausländischen Gerichts nach deutschem Prozessrecht für eine Unterbrechung der Verjährung als erforderlich ansieht[451]. Zur Begründung für dieses Erfordernis verweist er auf die gesetzgeberische Wertung aus § 328 Abs. 1 Nr. 1 ZPO, die über das Verfahrensrecht hinaus in das materielle Recht zu verlängern sei. Indes ist – wie schon bezüglich des Anerkennungsfähigkeitskriteriums – gerade diese Übertragung in das materielle Recht fraglich, zumal *Geimer* selbst bezüglich § 328 Abs. 1 Nr. 5 ZPO zutreffend feststellt, dass der Gesetzgeber durch diese Vorschrift (§ 328 ZPO) „die Frage der Anerkennung *materiellrechtlicher Tatbestandswirkungen* ausländischer Verfahren und Gerichtsakte nicht präjudizieren“ wollte[452].

In der Tat ist auch hier auf den Sinn und Zweck der Verjährung selbst abzustellen, den (vermeintlichen) Schuldner vor einer Inanspruchnahme aus unbekannten oder unerwarteten Forderungen bzw. zu einem Zeitpunkt, zu dem er nicht mehr mit einer Inanspruchnahme rechnen muss, zu schützen[453]. Dass der Gläubiger an der Verfolgung seines Anspruchs festhält, bringt er dem (vermeintlichen) Schuldner jedoch auch durch ein Beweissicherungsverfahren vor einem unzuständigen Gericht zur Kenntnis, sodass dieser insoweit nicht schutzwürdig

---

449 RG, Urt. v. 22.01.1929, Az. II 424/28, LZ 1929, 1206 (1207).

450 LG Hamburg, Urt. v. 15.09.1998, Az. 410 O 44/95, IPRax 2001, 45 ff.

451 *Geimer*, IPRax 1984, 83.

452 *Ders.*, IPRax 1984, 83 f; ähnlich auch *Linke*, FS Nagel, S. 209 (221 ff).

453 MüKoBGB/*Grothe*, Vor § 194 Rn. 6 f; *Lau*, Die Reichweite der Verjährungshemmung bei Klagerhebung, S. 26 f.

ist[454]. Es wäre vielmehr unbillig den Gläubiger hier alleine mit dem Risiko der Unzuständigkeit zu belasten[455]. Letztlich ist es auch im Sinne der Prozessökonomie, den Gläubiger nicht zu parallelen verjährungshemmenden Verfahren zu nötigen[456].

Nachdem im Anwendungsbereich der EuGVVO die Zuständigkeit des ausländischen Gerichts von anderen Gerichten nicht mehr überprüft werden darf (Art. 45 Abs. 3 EuGVVO), muss jedenfalls insoweit auch ein ausländisches Beweissicherungsverfahren unabhängig von der (internationalen) Zuständigkeit des ausländischen Gerichts die Verjährung hemmen[457]. In der Tat hat ein aktueller Beschluss des OLG München von 2014, welcher in den Anwendungsbereich der EuGVVO fiel, zu Recht festgestellt, dass es für die Hemmung der Verjährung gem. § 204 Abs. 1 Nr. 7 BGB gerade nicht darauf ankommt, ob das französische Gericht, das die Beweissicherung angeordnet hatte, international zuständig war[458].

Aber auch außerhalb des Geltungsbereichs der EuGVVO sollte aus den genannten Gründen im Hinblick auf den Sinn und Zweck der Verjährung die internationale Zuständigkeit nicht für eine Hemmung der Verjährung verlangt werden[459].

V. Ergebnis zu A.

§ 204 Abs. 1 Nr. 7 BGB ist generell substitutionsfähig, sodass ein funktional vergleichbares ausländisches Beweissicherungsverfahren die Verjährung hemmt[460].

---

454 *Looschelders*, IPRax 1998, 296 (302).

455 *Wolf*, IPRax 2007, 180 (181 f).

456 *Schack*, Internationales Zivilverfahrensrecht, Rn. 872.

457 OLG Düsseldorf, Urt. v. 09.12.1977, Az. 16 U 48/77, NJW 1978, 1752; *Dörschner*, Beweissicherung im Ausland, S. 202; Palandt/*Ellenberger*, § 204 Rn. 3; *Mankowski*, EWiR 1999, 345 (346).

458 OLG München, Beschl. v. 19.02.2014, Az. 15 W 912/13, IPRax 2015, 93 (95).

459 Stein/Jonas/*Berger*, § 486 Rn. 50; MüKoBGB/*Grothe*, § 204 Rn. 48; *Linke*, FS Nagel, S. 209 (225 f); *Spickhoff*, IPRax 2001, 37 (39 f); wohl auch *Dörschner*, Beweissicherung im Ausland, S. 207.

460 OLG Brandenburg, Urt. v. 05.02.2013, Az. 6 U 5/12, IHR 2013, 245 Ls. 1; OLG München, Beschl. v. 19.02.2014, Az. 15 W 912/13, IPRax 2015, 93 (95); Wieczorek/Schütze/*Ahrens*, Vor § 485 Rn. 29; Stein/Jonas/*Berger*, § 486 Rn. 50; *Dörschner*, Beweissicherung im Ausland, S. 207; MüKoBGB/*Grothe*, § 204 Rn. 48; *Mankowski*, EWiR 1999, 345 f; BeckOGK/*Meller-Hannich*, BGB § 204 Rn. 282; *Nagel/Gottwald*, Internationales Zivilprozessrecht, § 17 Rn. 88; *Nordmeier*, MedR 2012, 125 (128); *Rollin*, Ausländische Beweisverfahren, S. 108 ff; *Rosenberg/Schwab/Gottwald*, Zivilprozessrecht, § 117

Insoweit ist insbesondere vorauszusetzen, dass die Anordnung des Beweissicherungsverfahrens dem Gegner ordnungsgemäß zugestellt wurde[461]. Auf die internationale Zuständigkeit des ausländischen Gerichts oder eine positive Anerkennungsprognose kommt es hingegen nicht an. Die Dauer der Verjährungshemmung richtet sich nach § 204 Abs. 2 BGB.

Da der Gesetzgeber mit dem § 204 Abs. 1 Nr. 7 ZPO eine Entscheidung zugunsten der Hemmungswirkung eines Beweissicherungsverfahrens getroffen hat und mit Bejahung der generellen Substitutionsfähigkeit auch ausländische Beweissicherungsverfahren in den Anwendungsbereich dieser Norm fallen, kommt es darüber hinaus hier nicht darauf an, dass ein ausländisches Beweissicherungsverfahren in seinem nationalen Recht dieselbe Wirkung hat[462].

Rn. 4; *Spickhoff*, IPRax 2001, 37 ff; *Stadler*, FS Geimer, S. 1281 (1304); Prütting/Gehrlein/*Ulrich*, § 487 Rn. 22; unklar, aber wohl auch Palandt/*Ellenberger*, § 204 Rn. 22.

461 Vgl. dazu unten § 6B.II, S. 152.

462 Dazu ausführlich unten § 6B.IV, S. 159.

B. Entgegenstehende Rechtshängigkeit

I. Gegenüber einem weiteren Beweissicherungsverfahren

Ein ausländisches Beweissicherungsverfahren könnte sich vor einem deutschen Gericht auch derart auswirken, dass es der Anordnung eines (weiteren) selbständigen Beweisverfahrens gem. §§ 485 ff ZPO entgegensteht. In der EuGVVO ist in Art. 29 Abs. 1 EuGVVO geregelt, dass ein später angerufenes Gericht, wenn die Klage wegen desselben Anspruchs zwischen denselben Parteien schon bei einem anderen Gericht anhängig gemacht wurde, zu dessen Gunsten das Verfahren auszusetzen hat, bis die Zuständigkeit dieses Gerichts feststeht. Sinn und Zweck dieser Vorschrift ist es insbesondere, Kompetenzkonflikte zu vermeiden (vgl. Erwägungsgrund 15 der EuGVVO). Die Anwendbarkeit des Art. 29 EuGVVO auf Beweissicherungsverfahren ist allerdings aus mehreren Gründen fraglich. Einerseits bezieht sich sein Wortlaut nur auf Klagen. Wie bereits für die Brüssel I-VO ist dies hier im Hinblick auf die uneinheitliche Begrifflichkeit in der deutschsprachigen Fassung selbst (vgl. „Verfahren" in den Art. 30 ff EuGVVO) sowie auch in den anderen Amtssprachen aber weit auszulegen, sodass auch Beweissicherungsverfahren unter den Wortlaut subsumiert werden könnten[463]. Andererseits ist darüber hinaus dennoch strittig, ob Art. 29 EuGVVO auch auf einstweilige Maßnahmen iSd Art. 35 EuGVVO anwendbar ist.

Zunächst kann hier aber festgestellt werden, dass nur dann, wenn überhaupt eine Maßnahme bezüglich desselben Beweisthemas beantragt wird, die von Art. 29 Abs. 1 EuGVVO vorausgesetzte Identität des Gegenstands vorliegt[464]. Wenn also zum Beispiel einerseits ein mangelhaftes Bauwerk im Ausland und andererseits die Verletzung von Personen im Inland begutachtet werden sollen, betreffen die Maßnahmen gerade unterschiedliche Beweisgegenstände. Die Voraussetzungen des Art. 29 Abs. 1 EuGVVO wären insoweit also gar nicht erfüllt, sodass es auf dessen Anwendbarkeit auch nicht ankäme.

Anders sieht es allerdings aus, wenn bezüglich desselben Beweisgegenstands bzw. derselben Beweisfrage schon ein Beweissicherungsverfahren anhängig ist. Hier kommt es auf die Anwendbarkeit des Art. 29 EuGVVO an. Bezüglich einstweiliger Maßnahmen iSd Art. 35 EuGVVO vertritt die ganz herrschende Meinung zutreffend, dass Art. 35 EuGVVO hier speziell sei und Art. 29 EuGVVO

---

463 Vgl. statt aller Rauscher/*Leible*, Brüssel Ia-VO Art. 29 Rn. 6 mwN.

464 Schlosser/Hess/*Schlosser*, EuGVVO Art. 29 Rn. 15.

insoweit nicht anwendbar sei[465]. Nun werden Beweissicherungsverfahren nach der Rechtsprechung nicht als einstweilige Maßnahmen iSv Art. 35 EuGVVO angesehen[466], sodass danach Art. 29 EuGVVO grundsätzlich Anwendung finden könnte. So hat es dementsprechend kürzlich auch das OLG München gesehen[467]. Nach hier vertretener Auffassung sind Beweissicherungsmaßnahmen aber richtigerweise als einstweilige Maßnahmen iSv Art. 35 EuGVVO anzusehen[468]. Art. 29 EuGVVO wäre demnach nicht anwendbar.

Dieses Ergebnis ist bezüglich Beweissicherungsverfahren auch sachgerecht. Für eine Rechtshängigkeitssperre spräche zwar, dass auch bei Beweiserhebungen die Gefahr besteht, dass es zu unvereinbaren Ergebnissen kommt (vgl. § 328 Abs. 1 Nr. 3 ZPO)[469]. Außerdem ließe sich so eine unerwünschte Multiplikation der Gerichtsstände begrenzen[470]. Dagegen spricht aber, dass diese Multiplikation der Gerichtsstände hier einem praktischen Bedürfnis nach schneller und einfacher Beweissicherung geschuldet ist und planmäßig durch Art. 35 EuGVVO ermöglicht wird[471]. Auch die Gefahr unvereinbarer Ergebnisse wird erheblich dadurch relativiert, dass die Ergebnisse einer Beweissicherung (wie diejenigen jeder Beweiserhebung im Allgemeinen) ohnehin noch durch das Gericht einer Beweiswürdigung gem. § 286 ZPO unterzogen werden[472]. In einem Beweissicherungsverfahren wurden noch keinerlei Entscheidungen in der Sache getroffen und dass Beweismittel inhaltlich miteinander unvereinbar sind, ist keineswegs unüblich. Aus diesen Gründen bedarf es für Beweissicherungsverfahren grundsätzlich keiner Rechtshängigkeitssperre. Ebenso wird es bezüglich des

---

465 EuGH, Urt. v. 17.11.1998, Rs. C-391/95 - van Uden ./. Deco-Line, EuZW1999, 413 (415); OLG Hamm, Urt. v. 14.05.1992, Az. 2 U 227/90, unalexDE-47, 1 ff. (6); Geimer/Schütze/*Geimer*, EuGVVO Art. 27 Rn. 46; *Kropholler/von Hein*, Europäisches Zivilprozessrecht, EuGVVO Art. 31 Rn. 19; Rauscher/*Leible*, Brüssel Ia-VO Art. 29 Rn. 6; *Peiffer/Peiffer*, in: Geimer/Schütze (Hrsg.), Internationaler Rechtsverkehr, EuGVVO Art. 35 Rn. 44 ff; Schlosser/Hess/*Schlosser*, EuGVVO Art. 29 Rn. 5.

466 Vgl. oben § 3A.II.3.b, S. 63 ff.

467 OLG München, Beschl. v. 19.02.2014, Az. 15 W 912/13, IPRax 2015, 93 (94).

468 Dazu ausführlich oben § 3A.II.3.b, S. 63 ff.

469 Vgl. EuGH, Urt. v. 06.06.2002, Rs. C-80/00 Italian Leather ./. WECO Polstermöbel, GRUR Int 2002, 838 (841); *Niggemann*, IPRax 2015, 75 (79).

470 Vgl. EuGH, Urt. v. 28.04.2005, Rs. C-104/03 - St. Paul Dairy Industries ./. Unibel Exser, IPRax 2007, 208 (209) Rn. 20.

471 *Mankowski*, JZ 2005, 1144 (1148); *Peiffer/Peiffer*, in: Geimer/Schütze (Hrsg.), Internationaler Rechtsverkehr, EuGVVO Art. 35 Rn. 46.

472 Dazu ausführlich unten § 6D, S. 183.

selbständigen Beweisverfahrens gem. §§ 485 ff ZPO auch im autonomen deutschen Prozessrecht im Hinblick auf § 261 Abs. 3 Nr. 1 ZPO gesehen[473].

Ein anhängiges ausländisches Beweissicherungsverfahren steht somit nicht einem selbständigen Beweisverfahren iSd §§ 485 ff ZPO im Inland entgegen[474]. Etwas anderes könnte allerdings dann gelten, wenn bei Anhängigkeit der Hauptsache das Prozessgericht bereits eine identische Beweisaufnahme angeordnet hat[475].

II. Gegenüber einer Hauptsache

Denkbar ist auch, dass sich eine im Ausland anhängige Hauptsache auf ein selbständiges Beweisverfahren im Inland auswirkt oder gar dass ein im Ausland anhängiges Beweissicherungsverfahren Einfluss auf die Zulässigkeit der Hauptsache im Inland hat. Zwischen diesen beiden Fällen sollte hier sinnvollerweise unterschieden werden. Eindeutig ist der Fall, dass ein Beweissicherungsverfahren bereits im Ausland anhängig ist, eine Hauptsache allerdings noch nicht. Hier ist *Mankowski* zuzustimmen, der es für „nachgerade paradox" hielte, wenn das Beweissicherungsverfahren die Hauptsache im Inland sperrte[476]. Zwischen dem Beweissicherungsverfahren und der Hauptsache fehle es an der für Art. 29 EuGVVO erforderlichen Gegenstandsidentität. Dieser Ansicht folgt auch der Generalanwalt *Saugmandsgaard* in seinem Schlussantrag bezüglich eines aktuellen Vorabentscheidungsersuchens des LG Stralsund aus dem Jahre 2017[477]. Außerdem stellt er meines Erachtens zu Recht klar, dass die Einleitung des Beweissicherungsverfahrens nicht als Anrufung des Gerichts in der Hauptsache iSv Art. 32 Abs. 1 lit. a EuGVVO zu verstehen ist[478]. Das Beweissicherungsverfahren

473 BGH, Beschl. v. 18.02.2010, Az. Xa ARZ 14/10, NJW-RR 2010, 891 (892); MüKoZPO/*Becker-Eberhard*, § 261 Rn. 16.

474 *Linke/Hau*, Internationales Zivilverfahrensrecht, § 15 Rn. 11; *Peiffer/Peiffer*, in: Geimer/Schütze (Hrsg.), Internationaler Rechtsverkehr, EuGVVO Art. 35 Rn. 47.

475 Dazu sogleich § 5B.II, S. 112 f.

476 *Mankowski*, JZ 2005, 1144 (1148).

477 Schlussantrag des GA *Saugmandsgaard*, 26.1.2017 - C-29/16, BeckRS 2017, 100517, Rn. 50 ff.

478 Schlussantrag des GA *Saugmandsgaard*, 26.1.2017 - C-29/16, BeckRS 2017, 100517, Rn. 56.

sperrt somit nicht die Hauptsache[479]. In diesem Sinne hat der EuGH dann auch das besagte Vorabentscheidungsverfahren entschieden[480].

Wenn aber nun andersherum im Ausland schon die Hauptsache anhängig ist, wird eine genauere Betrachtung erforderlich. Zwar gilt auch in diesem Fall nicht Art. 29 EuGVVO, da jedenfalls *per se* auch hier keine Gegenstandsidentität vorliegt[481]. Allerdings kann es in dieser Situation sein, dass das Hauptsachegericht bereits Beweiserhebungsmaßnahmen angeordnet hat. Diese wiederum könnten tatsächlich einen identischen Gegenstand wie die Beweissicherungsmaßnahme betreffen. So hat etwa das OLG Köln in einem Fall, in dem schon ein Sachverständigengutachten durch das Prozessgericht in Belgien angeordnet wurde, den Antrag auf Begutachtung durch einen Sachverständigen im Rahmen eines selbständigen Beweisverfahrens in Deutschland im Hinblick auf § 485 Abs. 3 ZPO iVm Art. 29 EuGVVO für „unzulässig" erklärt[482]. Dem ist im Ergebnis auch zuzustimmen, wenngleich richtigerweise aber nicht auf Art. 29 EuGVVO, sondern ausschließlich auf § 485 Abs. 3 ZPO abzustellen gewesen wäre[483], dessen Zweck es ist, widersprüchliche Gutachten zu vermeiden[484]. Die durch das ausländische Gericht angeordnete Begutachtung könnte hier nämlich im Tatbestand des § 485 Abs. 3 ZPO zu substituieren sein. Da der Zweck des § 485 Abs. 3 ZPO, widersprüchliche Gutachten zu vermeiden, auch bezüglich eines ausländischen Beweissicherungsverfahrens passt und es (wenn auch *de lege feranda* durchaus überlegenswert) nicht die Aufgabe des deutschen selbständigen Beweisverfahrens ist, die Dauer ausländischer Hauptsacheverfahren

---

479 allgM OLG Brandenburg, Urt. v. 05.02.2013, Az. 6 U 5/12, IHR 2013, 245 Ls. 1; Zöller/*Geimer*, EuGVVO Art. 29 Rn. 14; *Kropholler/von Hein*, Europäisches Zivilprozessrecht, EuGVO Art. 27 Rn. 14; Rauscher/*Leible*, Brüssel Ia-VO Art. 29 Rn. 24; *Linke/Hau*, Internationales Zivilverfahrensrecht, § 15 Rn. 11; *Mankowski*, JZ 2005, 1144 (1148); *ders.*, LMK 2017, 390645; *Nagel/Gottwald*, Internationales Zivilprozessrecht, § 6 Rn. 210; *Nordmeier*, MedR 2012, 125 (127); Schlosser/Hess/*Schlosser*, EuGVVO Art. 29 Rn. 5; *ders.*, IPRax 2017, 551 f.

480 EuGH, Urt. v. 04.05.2017, Rs. C-29/16 - HanseYachts, IPRax 2017, 602 ff.

481 Geimer/Schütze/*Geimer*, EuGVVO Art. 27 Rn. 46 f; Zöller/*ders.*, EuGVVO Art. 29 Rn. 14; *Linke/Hau*, Internationales Zivilverfahrensrecht, § 15 Rn. 11; *Nagel/Gottwald*, Internationales Zivilprozessrecht, § 6 Rn. 210.

482 OLG Köln, Beschl. v. 12.04.2011, Az. 5 W 11/11, MedR 2012, 125 ff.

483 *Nordmeier*, MedR 2012, 125 (127 f).

484 MüKoZPO/*Schreiber*, § 485 Rn. 21 mwN.

zu beschleunigen[485], ist die generelle Substitutionsfähigkeit hier zu bejahen[486]. Zu Recht hat das OLG Köln den Antrag somit auch als „unzulässig“ bezeichnet und nicht das Verfahren gem. Art. 29 Abs. 1 EuGVVO ausgesetzt bzw. sich gem. Art. 29 Abs. 3 EuGVVO für unzuständig erklärt.

Festzuhalten bleibt somit, dass auch gegenüber der Hauptsache der Art. 29 EuGVVO nicht auf das Beweissicherungsverfahren anzuwenden ist[487]. Allerdings kann eine Beweissicherung, die durch das in der Hauptsache zuständige ausländische Prozessgericht angeordnet wurde, trotzdem gem. § 485 Abs. 3 ZPO der Anordnung eines weiteren Beweissicherungsverfahrens im Inland entgegenstehen.

III. Ergebnis zu B.

Ein ausländisches Beweissicherungsverfahren führt nicht zu einer Rechtshängigkeitssperre für ein selbständiges Beweisverfahren im Inland, da Art. 29 EuGVVO insoweit aufgrund der Spezialität des Art. 31 EuGVVO nicht anwendbar ist.

Darüber hinaus sperrt ein im Ausland anhängiges Beweissicherungsverfahren nicht die Hauptsache im Inland, da insoweit keine Gegenstandsidentität iSd Art. 29 EuGVVO vorliegt. Auch im entgegengesetzten Fall, dass die Hauptsache bereits im Ausland anhängig ist, fehlt es an der Gegenstandsidentität. Allerdings könnte in diesem Fall § 485 Abs. 3 ZPO einem erneuten Sachverständigengutachten entgegenstehen.

---

485 Vgl. OLG Köln, Beschl. v. 12.04.2011, Az. 5 W 11/11, MedR 2012, 125 (126).

486 OLG Köln, Beschl. v. 12.04.2011, Az. 5 W 11/11, MedR 2012, 125 (126); *Nordmeier*, MedR 2012, 125 (128).

487 Es fehlt insoweit an der Gegenstandsidentität, vgl. Nachweise in Fn. 479 und 481.

C. Verwertbarkeit und Beweiskraft

Die Verwertung eines im Inland durchgeführten selbständigen Beweisverfahrens wird in der ZPO ausdrücklich in § 493 ZPO geregelt.

I. Grundsätzliche Beachtlichkeit nach der *lex fori processualis*

Von zentraler Bedeutung für denjenigen, der im Ausland ein Beweissicherungsverfahren anstrengt, ist die Frage, ob die Ergebnisse dieses Verfahrens auch beim Hauptsacheprozess im Forumstaat Beachtung finden werden. Zwar mag (insbesondere unter missbräuchlichen Gesichtspunkten[488]) schon die Hemmung der Verjährung durch das ausländische Beweissicherungsverfahren von Interesse sein. Da jedoch in der Regel auch ein nicht unbedeutender Aufwand mit dem Verfahren verbunden ist und das Verfahren ja gerade oft deshalb im Ausland angestrengt wird, weil die zu erhebenden Beweise bis zur Hauptsache drohen, verloren zu gehen, hat der Kläger jedoch meisten ein großes Interesse daran, die ausländische Beweiserhebung in den Prozess einfließen zu lassen.

Das Beweisrecht ist grundsätzlich in den (zivil)verfahrensrechtlichen Vorschriften geregelt, mithin in Deutschland insbesondere in der Zivilprozessordnung[489]. Dies gilt grundsätzlich auch für Fragen der Beweiswürdigung und -verwertung, wenngleich hier insbesondere im Hinblick auf die Beweislastverteilung die Grenzen zum materiellen Recht fließend sind[490]. Die Beweisaufnahme einschließlich der Zulässigkeit und Verwertbarkeit von Beweiserhebungen unterfällt jedenfalls aber dem Prozessrecht[491]. Nach dem Grundsatz *forum regit processum* wendet ein Gericht grundsätzlich sein nationales Verfahrensrecht an, sodass die Frage der Verwertbarkeit ausländischer Beweissicherungsverfahren in Deutschland nach dem deutschen Verfahrensrecht als *lex fori processualis*, also insbesondere nach der ZPO, zu beurteilen ist[492].

Nun wäre es in der Tat unangemessen, die Tatsache, dass im Ausland ein Beweissicherungsverfahren durchgeführt wurde, gänzlich zu ignorieren. Genauso wenig ist es jedoch selbstverständlich, das ausländische Beweissicherungsverfahren einfach einem inländischen nach § 485 ZPO gleichzusetzen und dessen

---

488 Siehe dazu unten § 6C.III, S. 168.

489 *Ahrens*, Der Beweis im Zivilprozess, Kap. 1 Rn. 1 ff.

490 Vgl. dazu *Geimer*, Internationales Zivilprozessrecht, Rn. 2260 ff.

491 *Ahrens*, Der Beweis im Zivilprozess, Kap. 1 Rn. 1; *Nagel/Gottwald*, Internationales Zivilprozessrecht, § 10 Rn. 2 ff.

492 hM statt aller *Junker*, Internationales Zivilprozessrecht, § 24 Rn. 1 ff mwN; krit. *Coester-Waltjen*, Internationales Beweisrecht, S. 4 ff.

Ergebnis somit gem. § 493 Abs. 1 ZPO zu verwerten, insbesondere wenn dieses zum Beispiel nicht auf rechtsstaatliche Art und Weise zustande gekommen ist. Ausdrücklich ist die Verwendung ausländischer Beweissicherungsverfahren nicht geregelt. Denkbar wäre es neben einer Gleichstellung mit dem nationalen Verfahren auch, die Regeln über die Anerkennung ausländischer Urteile, also § 328 ZPO bzw. Art. 36 EuGVVO, heranzuziehen. Der vorsichtigste Weg einer „Verwertung" wäre wohl, die ausländische Beweisaufnahme lediglich frei im Rahmen der Beweiswürdigung gem. § 286 ZPO zu berücksichtigen. Dementsprechend kommt eine Verwertung als Urkundenbeweis gem. §§ 415 ff ZPO in Betracht. Als Sonderfall könnte man bei Sachverständigengutachten, um die es sich im ausländischen Beweissicherungsverfahren oft handeln wird, auch auf den 2004 in die ZPO eingefügten § 411a ZPO zurückgreifen.

Während also klärungsbedürftig ist, auf welche Art und Weise eine ausländische Beweissicherung im inländischen Hauptsacheprozess berücksichtigt werden kann, kommt es meines Erachtens nicht in Frage, ein solches ausländisches Beweissicherungsverfahren gänzlich außer Acht zu lassen. Dies verträgt sich schon nicht mit dem verfassungsrechtlich begründeten Recht auf Beweis der Parteien, welches es gebietet, grundsätzlich alle verfügbaren Beweismittel heranzuziehen und zu berücksichtigen[493]. Soweit ersichtlich, wird dies aktuell auch nur von wenigen Autoren[494] und von der Rechtsprechung in zwei älteren Beschlüssen, zum einen des OLG Köln[495] von 1983, auf den sich die meisten Autoren berufen, und zum anderen des OLG Hamburg[496] von 1999 vertreten. Das OLG Köln stellt dazu geradezu lapidar fest, dass es sich bei dem in Frage stehenden französischen Verfahren nicht um ein Beweissicherungsverfahren iSd §§ 485 ff ZPO handele und eine Verwertung deshalb nicht möglich sei[497].

Diese radikale Sichtweise mag zwar Rechtssicherheit bringen, ist im Übrigen aber höchst unbillig. Zutreffend ist zwar, dass die Verwertung eines ausländischen Beweissicherungsverfahrens den Unmittelbarkeitsgrundsatz aufweichen

493 BVerfG, Beschl. v. 20.12.2000, Az. 2 BvR 591/00, NJW 2001, 2245 (2246); *Eschenfelder*, Beweiserhebung im Ausland, S. 128 ff; *Habscheid*, ZZP 96 (1983), 306 ff; *Kofmel*, Das Recht auf Beweis im Zivilverfahren, S. 135 ff; MüKoZPO/*Prütting*, § 284 Rn. 18.

494 Baumbach/Lauterbach/*Hartmann*, § 493 Rn. 2; Kleine-Möller/Merl/Glöckner/*Praun*, § 19 Rn. 335; Thomas/Putzo/*Reichold*, § 493 Rn. 1; *Werner/Pastor*, Der Bauprozess, Rn. 117; *Zimmermann*, Zivilprozessordnung, § 493 Rn. 3.

495 OLG Köln, Beschl. v. 05.01.1983, Az. 17 W 482/82, NJW 1983, 2779 f.

496 OLG Hamburg, Beschl. v. 29.09.1999, Az. 8 W 235/99, IPRax 2000, 530 f.

497 Ausdrücklich bezieht sich das OLG Köln (vgl. Fn. 495) nur auf § 493 Abs. 1 ZPO, geht aber offenbar davon aus, dass die Beweissicherung auch sonst nicht verwertbar sei.

könnte, indem etwa die Vernehmung eines Zeugens durch das Protokoll einer früheren Vernehmung ersetzt wird. Dieses Problem ist jedoch dem selbständigen Beweisverfahren inhärent, gleichermaßen im nationalen wie im internationalen Kontext, und unterscheidet sich insoweit auch nicht vom unstreitig zulässigen Weg der Rechtshilfe gem. §§ 363 ff ZPO (bzw. nach der EuBVO)[498]. Außerdem zeigen die Regelungen über die Beweisaufnahme im Wege der Rechtshilfe, dass es grundsätzlich nicht der Verwertbarkeit schadet, wenn eine Beweisaufnahme nach ausländischem Verfahrensrecht oder in ausländischer Sprache erfolgt ist[499]. Insbesondere verhindert eine Ablehnung der Verwertung, jedenfalls bei drohendem Verlust im Ausland belegener Beweise, eine zeitnahe Beweissicherung, indem sie dem Kläger (und allen anderen Prozessbeteiligten) nur den Weg der Rechtshilfe belässt, und lässt somit die praktischen Bedürfnisse eines internationalen Rechtsverkehrs völlig außer Acht[500]. Letztlich ist es auch im Sinne der Prozessökonomie, wenn nicht in einem erneuten Beweisverfahren im Wege der Rechtshilfe die Beweisaufnahme wiederholt werden muss oder gar vom Prozessgericht selbst aufwendig die nun vielleicht verschlechterten oder verlorenen Beweise rekonstruiert werden müssen[501]. Vielmehr würde der Kläger hier dazu gedrängt, nach Möglichkeit auch den Hauptsacheprozess im Ausland anzustrengen, was zumindest rechtspolitisch ein unerwünschter Nebeneffekt sein dürfte[502]. Diese Aspekte wiegen umso mehr, wenn man – wie hier vertreten – dem ausländischen Beweissicherungsverfahren die Wirkung der Verjährungshemmung zuerkennt. Sollte nämlich von vorneherein feststehen, dass das Beweissicherungsverfahren in der Hauptsache keinerlei Beachtung finden würde, so ist auch die Hemmungswirkung nur noch schwerlich zu rechtfertigen[503]. Dem Antragsteller und späteren Kläger würde damit das Risiko der Verjährung aufgebürdet. Aber jedenfalls ist das gänzliche Außerachtlassen einer ausländischen Beweisaufnahme nicht mit der Pflicht des Gerichts, alle verfügbaren Beweise vollständig zu verwerten, vereinbar[504] und würde somit den effektiven

---

498 *Braun*, Lehrbuch des Zivilprozeßrechts, S. 142 f; *Musielak*, FS Geimer, S. 761 ff; siehe dazu auch oben § 3A.III, S. 69 ff.

499 *Eschenfelder*, Beweiserhebung im Ausland, S. 160 f.

500 *Nagel/Gottwald*, Internationales Zivilprozessrecht, § 17 Rn. 88.

501 *Rollin*, Ausländische Beweisverfahren, S. 124.

502 *Ders.*, Ausländische Beweisverfahren, S. 138 f.

503 Siehe dazu schon oben § 5A.III, S. 99.

504 *Rollin*, Ausländische Beweisverfahren, S. 128 f; zum verfassungsrechtlich garantierten „Recht auf den Beweis" vgl. MüKoZPO/*Prütting*, § 284 Rn. 18 mwN.

Rechtsschutz einschränken[505]. Außerdem ist ein Beweismittelverlust auch nicht im Sinne einer wahrheitsgemäßen Ermittlung des Tatbestandes als Grundlage des Urteils[506]. Nicht zuletzt spricht für die Verwertbarkeit auch ein Vergleich mit § 328 ZPO, der gewisse Ausschlussgründe für die Anerkennung vorsieht, also im Grundsatz davon ausgeht, dass ausländische Urteile – die in ihren Rechtsfolgen noch weiter als Beweissicherungen gehen[507] – anerkannt werden[508].

Mithin ist das Ergebnis einer ausländischen Beweissicherung mit der heute herrschenden Meinung in der Literatur und entsprechend einem aktuellen Beschluss des OLG München von 2014 in irgendeiner Art und Weise im Hauptsacheprozess vor deutschen Gerichten zu berücksichtigen[509].

Fraglich ist nun aber, wie diese Verwertung erfolgen soll. In dem Beschluss des OLG München ging es um eine französische *ordonnance de référé* gem. Artt. 145, 872 CPC. Das OLG hält hier eine Anwendung der Vorschrift über

---

505 *Nagel/Gottwald*, Internationales Zivilprozessrecht, § 17 Rn. 91; *Reiling*, Das US-amerikanische Discovery-Verfahren, S. 294 ff.

506 Vgl. *Dütz*, Rechtsstaatlicher Gerichtsschutz, S. 118 ff; *Lorenz*, ZZP 111 (1998), 35 (37); *Peters*, ZZP 76 (1963), 145 f; allerdings ist umstritten, inwieweit der Zivilprozess einen (eigenständigen) Wahrheitszweck kennt, was von der wohl hM abgelehnt wird, vgl. Stein/Jonas/*Brehm*, Einl. Rn. 25 ff mwN.

507 *Rollin*, Ausländische Beweisverfahren, S. 138.

508 Einschränkend *Geimer*, Anerkennung ausländischer Entscheidungen, S. 107.

509 OLG München, Beschl. v. 19.02.2014, Az. 15 W 912/13, IPRax 2015, 93 ff; *Ahrens*, Der Beweis im Zivilprozess, Kap. 53 Rn. 36; *ders.*, FS Schütze 1999, S. 1 (13); Wieczorek/Schütze/*ders.*, § 485 Rn. 61; Stein/Jonas/*Berger*, § 493 Rn. 8; *Dörschner*, Beweissicherung im Ausland, S. 187 ff; *Eschenfelder*, Beweiserhebung im Ausland, S. 238 ff; *Försterling*, IPRax 2000, 499 (500); *Geimer*, Internationales Zivilprozessrecht, Rn. 2541; Zöller/*ders.*, § 363 Rn. 155; *Gronstedt*, Grenzüberschreitender einstweiliger Rechtsschutz, S. 221 f; *Heinze*, IPRax 2008, 480 (485); Musielak/Voit/*M. Huber*, § 493 Rn. 2 (nur für EU-Staaten); Soergel(12. Aufl.)/*Kronke*, Anh IV Art. 38 Rn. 139; *Linke*, FS Nagel, S. 209 (219) insb. Fn. 65; *Linke/Hau*, Internationales Zivilverfahrensrecht, § 10 Rn. 47; *Mankowski*, JZ 2005, 1144 (1147); *Meilicke*, NJW 1984, 2017 (2018); *Merkt*, Les mesures provisoires en droit international privé, Rn. 456; *Nagel/Gottwald*, Internationales Zivilprozessrecht, § 17 Rn. 88; *Rollin*, Ausländische Beweisverfahren, S. 118 ff; *Rosenberg/Schwab/Gottwald*, Zivilprozessrecht, § 116 Rn. 50; *Schlosser*, IPRax 2017, 551 (552); MüKoZPO/*Schreiber*, § 493 Rn. 2; *Schütze*, Rechtsverfolgung im Ausland, Rn. 335; *Spickhoff*, IPRax 2001, 37 (38); *Stadler*, FS Geimer, S. 1281 (1303 f); *Stürner*, IPRax 1984, 299 (300); *Ulrich*, Selbständiges Beweisverfahren mit Sachverständigen, S. 132 Rn. 259; Prütting/Gehrlein/*ders.*, § 486 Rn. 11; Rauscher/*von Hein*, EG-BewVO Art. 1 Rn. 54; *Wannenmacher*, Einstweilige Maßnahmen, S. 103; *Weise*, Selbständiges Beweisverfahren im Baurecht, Rn. 604.

die Verwertung inländischer Beweissicherungsverfahren (§ 493 Abs. 1 ZPO) oder lediglich die Berücksichtigung im Rahmen der freien Beweiswürdigung gem. § 286 ZPO für möglich, lässt die Entscheidung aber offen[510]. Daneben sind aber auch andere Optionen denkbar wie etwa die Vorschrift über die Verwertung ausländischer Entscheidungen (§ 328 ZPO) sowie die Spezialregelung des § 411a ZPO oder eine Verwertung als Urkundenbeweis gem. §§ 415 ff ZPO. Unabhängig davon, auf welche dieser Varianten die Wahl fällt, wird es nach Bejahung der generellen Substitutionsfähigkeit auch hier für die Verwertung dann im Einzelfall unter anderem wieder auf die funktionale Vergleichbarkeit des konkreten ausländischen Beweissicherungsverfahrens ankommen[511].

II. Verwertung als anerkennungsfähige Entscheidung iSv § 328 ZPO bzw. Art. 36 EuGVVO

Die ZPO beinhaltet mit § 328 ZPO eine Norm, die ausdrücklich regelt, unter welchen Voraussetzungen Entscheidungen ausländischer Gerichte anerkannt werden und die somit auf den ersten Blick gut zu passen scheint. Ebenso findet sich in der EuGVVO – die wie bereits gesehen auf Beweissicherungsverfahren grundsätzlich anwendbar ist[512] – eine entsprechende Regelung in Art. 36 EuGVVO, wonach innerhalb ihres Anwendungsbereichs Entscheidungen, die in einem anderen Mitgliedstaat ergangen sind, sogar grundsätzlich ohne weitere Voraussetzungen in den anderen Mitgliedstaaten anerkannt werden. Während für § 328 ZPO umstritten ist, was unter Anerkennung zu verstehen ist[513], bedeutet Anerkennung bei Art. 36 EuGVVO, dass der Entscheidung alle Wirkungen zukommen, die ihr auch in ihrem Ursprungsland zukommen (sog. Theorie der Wirkungserstreckung)[514]. Bezogen auf Beweissicherungsverfahren könnte dies bedeuten, dass das Gericht in der Hauptsache das Ergebnis der ausländischen Beweissicherung berücksichtigen müsste oder gar daran gebunden sein könnte. Die davon zu unterscheidende Frage, ob ausländische Beweisbeschlüsse – also die Anordnung, dass eine Beweiserhebung überhaupt erst durchgeführt werden soll – nach Art. 39 EuGVVO im Inland vollstreckt werden kann, soll hier nicht behandelt werden[515].

---

510 OLG München, Beschl. v. 19.02.2014, Az. 15 W 912/13, IPRax 2015, 93 ff.

511 Siehe unten § 6, S. 143 ff.

512 Siehe oben § 3A.III.2, S. 70.

513 Vgl. BeckOK-ZPO/*Bach*, § 328 Rn. 52 ff mwN.

514 Musielak/Voit/*Stadler*, Art. 36 EuGVVO nF Rn. 2 mwN.

515 Siehe dazu z.B. Rauscher/*Leible*, Brüssel Ia-VO Art. 2 Rn. 16 mwN.

Nun bezieht sich § 328 ZPO aber seinem Wortlaut nach nur auf Urteile, womit nur endgültige Entscheidungen materieller Art gemeint sind[516]. Eine unmittelbare Anwendung auf das Beweisergebnis eines Beweissicherungsverfahrens scheidet somit aus[517].

Demgegenüber ist Art. 36 EuGVVO mit seinem Wortlaut „Entscheidungen" weiter. Eine Entscheidung im Sinne der EuGVVO ist nach der Legaldefinition des Art. 2 lit. a EuGVVO „jede von einem Gericht eines Mitgliedstaats erlassene Entscheidung ohne Rücksicht auf ihre Bezeichnung wie Urteil, Beschluss, Zahlungsbefehl oder Vollstreckungsbescheid [...]". Außerdem gelten für die Anerkennungsvorschriften der Artt. 36 ff EuGVVO „auch einstweilige Maßnahmen einschließlich Sicherungsmaßnahmen, die von einem in der Hauptsache zuständigen Gericht angeordnet wurden" als Entscheidung in diesem Sinne. Im Rahmen von Art. 35 EuGVVO wurden nach hier vertretener Auffassung auch die Anordnungen im Rahmen eines Beweissicherungsverfahrens zu diesen einstweiligen Maßnahmen einschließlich Sicherungsmaßnahmen gezählt[518]. Diese Argumentation bezüglich Art. 35 EuGVVO kann allerdings nicht ohne weiteres auf Entscheidungen iSd Artt. 36 ff EuGVVO übertragen werden, da hier nämlich fraglich ist, ob die Beweisaufnahme aus dem Beweissicherungsverfahren überhaupt einen anerkennungsfähigen Inhalt im Sinne dieser Normen hat. Als anerkennungsfähige Entscheidungen gem. Art. 36 EuGVVO sind richtigerweise nur streitbeendende Entscheidungen anzusehen[519]. Das Beweissicherungsverfahren ist insoweit jedoch nur ein Hilfsverfahren mit rein prozessualem Charakter, dessen Beweissicherungsmaßnahmen keinen selbständigen Regelungsgehalt haben[520]. Zu Recht heißt es im *Schlosser*-Bericht, Beweissicherungsmaßnahmen seien gerichtliche Zwischenentscheidungen über den Verfahrensfortgang, die aus dem jetzigen Kapitel III der EuGVVO auszunehmen seien[521]. Insofern dürfte es sich hier um eine teleologische Reduktion des Art. 2 lit. a EuGVVO in Bezug auf die Anerkennung nach Art. 36 EuGVVO handeln.

---

516 BeckOK-ZPO/*Bach*, § 328 Rn. 1.

517 *Ahrens*, FS Schütze 1999, S. 1 (12 f) mwN.

518 Siehe oben § 3A.II.3.b, S. 63.

519 Rauscher/*Leible*, Brüssel Ia-VO Art. 2 Rn. 9; *Schack*, Internationales Zivilverfahrensrecht, Rn. 900.

520 *Bloch*, RIW 1989, 566; Rauscher/*Leible*, Brüssel Ia-VO Art. 2; *Mankowski*, JZ 2005, 1144 (1146).

521 *Schlosser*, Bericht zum EuGVÜ, ABl. EG C 59/71 vom 5.3.1978, Nr. 187.

Sowohl § 328 ZPO als auch Art. 36 EuGVVO setzen somit den Streit (zumindest teilweise) beendende Entscheidungen voraus, während Beweissicherungsverfahren gerade nicht unmittelbar auf die Regelung des Rechtsverhältnisses zwischen den Parteien zielen, sondern nur als Zwischenentscheidungen den weiteren Fortgang des Verfahrens gestalten und vorbereiten[522]. Mangels anerkennungsfähiger Entscheidung im Sinne dieser Normen ist das Ergebnis eines Beweissicherungsverfahrens somit entsprechend der fast allgemeinen Ansicht weder nach § 328 Abs. 1 ZPO noch nach Art. 36 EuGVVO verwertbar[523].

Nachdem die direkte Anwendung am Wortlaut scheitert, könnte eine Analogie möglich sein. Doch sind sowohl die Regelungslücke[524] als auch die teleologische Vergleichbarkeit hier problematisch. Sicherlich geht es im Falle des Urteils wie im Falle des Beweissicherungsverfahrens darum, Maßnahmen eines ausländischen Gerichts im Inland gewisse Wirkungen zukommen zu lassen. Allerdings unterscheiden sich diese Wirkungen im Hinblick auf ihre teleologische Vergleichbarkeit erheblich. Das Urteil zielt auf eine definitive und absolute Entscheidung ab, die dann auch vollstreckt werden kann, während sich beim Beweissicherungsverfahren noch eine Würdigung aller Beweise im Rahmen eines Hauptsacheverfahrens anschließt. Darüber hinaus passt das Erfordernis des rechtlichen Gehörs gem. § 328 Abs. 1 Nr. 2 ZPO (bzw. Art. 45 Abs. 1 lit. b EuGVVO) wohl grundsätzlich gleichermaßen auf das Urteil wie auf das Beweissicherungsverfahren, wohingegen das Erfordernis der internationalen Zuständigkeit des ausländischen Gerichts – wie bereits im Rahmen der Verjährung gesehen[525] – möglicherweise weniger gut auf das Beweissicherungsverfahren übertragen werden kann. Im Ergebnis passt § 328 ZPO nicht auf das Beweissicherungsverfahren,

522 *Heinze*, IPRax 2008, 480 (485); *Schlosser*, Bericht zum EuGVÜ, ABl. EG C 59/71 vom 5.3.1978, Nr. 187.

523 OLG München, Beschl. v. 19.02.2014, Az. 15 W 912/13, IPRax 2015, 93 (94); *Ahrens*, Der Beweis im Zivilprozess, Kap. 56 Rn. 16; *ders.*, FS Schütze 1999, S. 1 (6); Wieczorek/Schütze/*ders.*, Vor § 485 Rn. 57 ff; Stein/Jonas/*Berger*, § 493 Rn. 8; *Dörschner*, Beweissicherung im Ausland, S. 194 f, ggf. aber analog, S. 201 ff; *Heinze*, IPRax 2008, 480 (485); Gebauer/Wiedmann/*S. Huber*, Kap. 31 EuBVO Art. 1 Rn. 31; *Mankowski*, JZ 2005, 1144 (1147); *Schack*, Internationales Zivilverfahrensrecht, Rn. 901; *Schütze*, Deutsches Internationales Zivilprozessrecht, Rn. 241; *ders.*, Rechtsverfolgung im Ausland, Rn. 335; *Stadler*, FS Geimer, S. 1281 (1303); *Stürner*, IPRax 1984, 299 (301); *Ulrich*, Selbständiges Beweisverfahren mit Sachverständigen, S. 132 Rn. 259; *Wannenmacher*, Einstweilige Maßnahmen, S. 101 f, ggf. aber analog, S. 103 f; **aA** *Meilicke*, NJW 1984, 2017 (2018).

524 Vgl. Lösung über § 493 Abs. 1 ZPO unten § 5C.VI, S. 133 ff.

525 Siehe oben § 5A.IV, S. 105.

zumal andere Möglichkeiten der Verwertung zu zufriedenstellenderen Ergebnissen führen[526], sodass es schon an der Regelungslücke fehlt. Auch eine analoge Anwendung des § 328 ZPO als Verwertungsgrundlage ist somit abzulehnen[527]. Nichtsdestotrotz sind gegebenenfalls einige Wertungen aus § 328 Abs. 1 Nr. 1 bis 5 ZPO und Art. 45 EuGVVO zu berücksichtigen oder analog anzuwenden[528].

III. Verwertung gem. §§ 364, 369 ZPO nach den Regeln über die Rechtshilfe

Diskutiert wird auch, die Regeln über das Rechtshilfeverfahren (insbesondere nach den §§ 363 ff ZPO) für die Verwertung ausländischer Beweissicherungsverfahren in analoger Anwendung heranzuziehen[529]. Dazu wurde bereits festgestellt, dass zunächst einmal die Möglichkeit, ein selbständiges Beweisverfahren im Ausland im Wege der Rechtshilfe bei einem deutschen Gericht zu beantragen und die Möglichkeit, unmittelbar bei einem ausländischen Gericht vor Ort ein Beweissicherungsverfahren nach ausländischem Recht zu beantragen, dem Antragsteller alternativ zur Wahl stehen[530]. Sollte der Weg der Rechtshilfe gewählt worden sein, finden die Vorschriften über die Rechtshilfe (insb. die EuBVO) ohnehin unmittelbare Anwendung. Allerdings regeln diese Vorschriften nicht die Verwertung im eigentlichen Sinne und insbesondere nicht die Frage, wie das Gericht die im Wege der Rechtshilfe erlangten Beweise im Rahmen seiner grundsätzlich freien Beweiswürdigung gem. § 286 Abs. 1 BGB zu behandeln hat[531].

§ 364 Abs. 4 S. 2 ZPO enthält zwar eine Aussage über die Verwertbarkeit, betrifft allerdings aufgrund seiner systematischen Stellung im § 364 ZPO nur den Fall, dass das Gericht sich dazu entschließt, anstatt selbst ein Rechtshilfeersuchen zu stellen, der Partei aufzugeben, selbständig ein Rechtshilfeverfahren iSd § 363 Abs. 1, 2 ZPO im Ausland zu beantragen und zu betreiben[532]. Zum einen

526 Siehe unten § 5C.VI, S. 133 ff.

527 Dahingehend aber *Wannenmacher*, Einstweilige Maßnahmen, S. 103 f; auch *Dörschner*, Beweissicherung im Ausland, S. 201 ff.

528 Stein/Jonas/*Berger*, § 493 Rn. 8; *Dörschner*, Beweissicherung im Ausland, S. 201 ff; *Gronstedt*, Grenzüberschreitender einstweiliger Rechtsschutz, S. 221 f; *Wannenmacher*, Einstweilige Maßnahmen, S. 103 f; vgl. unten § 6, S. 143 ff.

529 Allerdings – soweit ersichtlich – nur *Dörschner*, Beweissicherung im Ausland, S. 193 f im Ergebnis ablehnend.

530 Dazu oben § 3A.II.2, S. 58.

531 § 369 ZPO regelt nur die „formelle Verwertbarkeit", vgl. MüKoZPO/*Heinrich*, § 369 Rn. 3 ff; Musielak/Voit/Stadler, § 369 Rn. 1.

532 Vgl. Baumbach/Lauterbach/*Hartmann*, § 364 Rn. 1 ff.

handelt es sich dabei also um eine Alternative zum Rechtshilfeverfahren, die zudem noch als subsidiär zur amtswegigen Rechtshilfe nach § 363 Abs. 1 ZPO anzusehen ist[533]. Zum anderen wurde in der hier untersuchten Konstellation das Beweissicherungsverfahren in der Regel gänzlich im Ausland durchgeführt, mithin das Beweisthema und die Beweisfrage vom ausländischen Gericht bestimmt, sodass auch eine analoge Anwendung mangels Vergleichbarkeit nicht geboten ist[534]. Der Regelungsgehalt des § 364 Abs. 4 S. 2 ZPO, dass die Verwertbarkeit der nach § 364 Abs. 1 ZPO gewonnenen Beweisaufnahme bei Nichtbenachrichtigung des Gegners im Ermessen des Gerichts liegt, bleibt in der Sache aber auch konturlos und würde insoweit hier auch nicht weiterhelfen[535].

Ähnlich liegt es bezüglich des § 369 ZPO. Dieser bezieht sich in der Tat ausdrücklich auf die Verwertbarkeit einer ausländischen Beweisaufnahme. Überwiegend wird davon ausgegangen, dass damit die ausländische Beweisaufnahme im Rahmen der Rechtshilfe gemeint ist[536]. Da § 369 ZPO allerdings nicht unmittelbar auf die §§ 363, 364 ZPO folgt und der Wortlaut insoweit keine Einschränkung erkennen lässt, könnte man entsprechend der systematischen Stellung im Titel 5 („Allgemeine Vorschriften über die Beweisaufnahme") wohl auch davon ausgehen, dass die Regelung sich allgemein auf alle ausländischen Beweisaufnahmen bezieht, unabhängig davon, ob sie im Rahmen eines Rechtshilfeverfahrens erfolgt sind oder nicht[537]. Jedenfalls kann dem § 369 ZPO aber der allgemeine Rechtsgedanke entnommen werden, dass die Rechtswidrigkeit einer Beweisaufnahme im Ausland für die Verwertung vor einem deutschen Gericht unschädlich ist, sofern die Beweisaufnahme nach deutschem Recht rechtmäßig ist[538]. Damit schließt § 369 ZPO aber eben nur die Einwendung aus, die Beweisaufnahme sei im Ausland rechtswidrig gewesen, regelt die Verwertbarkeit im Übrigen aber gerade nicht[539].

Sowohl § 364 Abs. 4 S. 2 ZPO als auch § 369 ZPO regeln also zwar isolierte Aspekte der Verwertung ausländischer Beweisaufnahmen, nicht allerdings die Verwertbarkeit ausländischer Beweisaufnahmen im Allgemeinen und erst recht

533 BeckOK-ZPO/*Bach*, § 364 Rn. 1 f mwN; einschränkend Stein/Jonas/*Berger*, § 364 Rn. 5.

534 Vgl. *Dörschner*, Beweissicherung im Ausland, S. 193.

535 *Dies.*, Beweissicherung im Ausland, S. 193.

536 So etwa Musielak/Voit/*Stadler*, § 369 Rn. 1; wohl auch MüKoZPO/*Heinrich*, § 369 Rn. 1; Saenger/*Siebert*, § 369 Rn. 1 ff; **aA** wohl Zöller/*Greger*, § 369 Rn. 1.

537 Vgl. *Dörschner*, Beweissicherung im Ausland, S. 194.

538 Dazu näher unten § 6C.I.1, S. 162.

539 MüKoZPO/*Heinrich*, § 369 Rn. 2 mwN.

nicht die ausländischer Beweissicherungsverfahren im Speziellen. So sagt etwa keine der Normen etwas darüber aus, ob zum Beispiel das Protokoll einer Zeugenvernehmung im Ausland im deutschen Prozess als Zeugenbeweis oder als Urkundenbeweis zu behandeln ist und welcher Beweiswert ihr zukommt[540]. Aus diesem Grund ist auch eine Analogie wenig zielführend und deshalb abzulehnen[541]. Vielmehr richtet sich die Frage der Verwertbarkeit eines Beweismittels und insbesondere die sich anschließende Beweiswürdigung eben allgemein nach der *lex fori processualis*[542].

Die Regeln über die Rechtshilfe können somit nicht für die Verwertbarkeit eines ausländischen Beweissicherungsverfahrens herangezogen werden.

IV. Verwertung gem. § 493 Abs. 1 ZPO bzw. § 411a ZPO wie ein inländisches selbständiges Beweisverfahren

1. § 493 Abs. 1 ZPO

Die Beweiserhebung im Rahmen eines inländischen selbständigen Beweisverfahrens nach den §§ 485 ff ZPO steht gem. § 493 Abs. 1 ZPO einer Beweisaufnahme vor dem Prozessgericht gleich. Das heißt, dass die Beweisaufnahme aus dem Beweissicherungsverfahren vom Hauptsachegericht so zu behandeln ist, als hätte es diese selbst im Rahmen der Hauptverhandlung durchgeführt. Sie ist also von Amts wegen zu berücksichtigen und es genügt insoweit der Vortrag des Beweisergebnisses gem. § 285 Abs. 2 ZPO und die Protokollierung der Verwertung gem. § 160 Abs. 3 ZPO, ohne dass ein erneuter Beweisantrag und Beweisbeschluss erforderlich wären[543].

Die jeweiligen Beweismittel behalten bei der Verwertung nach § 493 Abs. 1 ZPO ihre Beweismittelart, sodass die jeweils entsprechenden Vorschriften anwendbar sind[544]. Insbesondere richtet sich deshalb die Wiederholung (oder ggf. Ergänzung) der Erhebung eines Beweismittels nach den für das jeweilige Beweismittel geregelten Voraussetzungen (vgl. §§ 398, 412 ZPO). Außerdem

540 *Dörschner*, Beweissicherung im Ausland, S. 194, mit dem Sachverständigengutachten als zusätzlichem Beispiel zu diesem Problem.

541 *Dies.*, Beweissicherung im Ausland, S. 194.

542 Siehe oben § 5C.I, S. 115.

543 *Eschenfelder*, Beweiserhebung im Ausland, S. 236; Thomas/Putzo/*Reichold*, § 493 Rn. 1.

544 Siehe oben § 2A.IV, S. 35.

ist zumindest grundsätzlich auch der Beweiswert der Beweismittel nach diesen Vorschriften und entsprechend der Beweismittelart zu gewichten[545].

Für das häufig relevante Sachverständigengutachten aus einem ausländischen Beweissicherungsverfahren bedeutet dies also, dass selbiges bei der Verwertung nach § 493 Abs. 1 ZPO als Sachverständigenbeweis iSd §§ 402 ff ZPO zu behandeln ist. Im Hinblick auf die durch § 493 ZPO auch bewirkte Verfahrensbeschleunigung hat dies den Vorteil, dass eine erneute Begutachtung nur unter den Voraussetzungen des § 412 ZPO möglich ist und mithin im Ermessen des Gerichts liegt[546]. Das bedeutet, dass das Gericht sein Ermessen zwar pflichtgemäß auszuüben hat, eine erneute Begutachtung aber, auch wenn das Beweismittel noch in gleicher Qualität vorhanden ist, (grundsätzlich) nicht durch eine Partei erzwungen werden kann[547]. Gleichzeitig ist die Möglichkeit einer erneuten Begutachtung aber eben für den Fall eröffnet, dass das Gericht das bisherige Gutachten für ungenügend erachtet, § 412 Abs. 1 ZPO. Problematisch wird es aber insbesondere dann sein, wenn nachträglich Unklarheiten bezüglich des Sachverständigengutachtens aus dem ausländischen Beweissicherungsverfahren bestehen. Das Gericht kann gem. § 411 Abs. 3 S. 1 ZPO von dem Sachverständigen die mündliche Erläuterung seines Gutachtens verlangen und auch die Parteien haben gem. §§ 402, 397 ZPO das Recht, den Sachverständigen zu befragen. Da aber Beweiserhebungsmaßnahmen im Ausland nach allgemeiner Meinung grundsätzlich einen Eingriff in die Souveränität eines Staates darstellen, kann ein deutsches Gericht nicht verpflichtend einen ausländischen Sachverständigen vorladen[548]. Zwar kann ein deutsches Gericht grundsätzlich mit dessen Einverständnis auch einen Sachverständigen beauftragen, der seinen Wohnsitz im Ausland hat und dabei die Beauftragung auch davon abhängig machen, dass sich der Sachverständige für Nachfragen zum Erscheinen zur Hauptverhandlung bereit erklärt[549]. Im Falle eines Beweissicherungsverfahrens wurde der ausländische Sachverständige in der Regel aber bereits durch das ausländische Gericht bestellt und kann nun nachträglich eben nicht durch das deutsche Gericht zum Erscheinen in der Hauptverhandlung gezwungen werden[550]. Zumindest in einem

---

545 Vgl. Stein/Jonas/*Berger*, § 355 Rn. 25 ff.

546 Musielak/Voit/*M. Huber*, § 485 Rn. 2; MüKoZPO/*Schreiber*, § 485 Rn. 1.

547 BGH, Urt. v. 16.03.1999, Az. VI ZR 34–98, NJW 1999, 1778 (1779); BeckOK-ZPO/*Scheuch*, § 412 Rn. 1 ff.

548 *Ahrens*, Der Beweis im Zivilprozess, Kap. 53 Rn. 16 ff, 21 mwN.

549 *Hau*, DS 2004, 127 (128); *Linke/Hau*, Internationales Zivilverfahrensrecht, § 10 Rn. 23 f.

550 *Hau*, DS 2004, 127 (128).

solchen Fall muss das Gericht die Möglichkeit haben, eine erneute Begutachtung nach § 412 Abs. 1 ZPO durch einen inländischen Sachverständigen oder im Wege der Rechtshilfe gem. § 363 ZPO anzuordnen[551]. Anders verhält es sich mit dem Fragerecht der Parteien gem. §§ 397, 402 ZPO. Dieses ist zwar ein unverzichtbarer Aspekt des rechtlichen Gehörs, jedoch ist hier zu differenzieren. Keinesfalls ist es mit dem Grundsatz vom rechtlichen Gehör vereinbar, wenn die Parteien (und insbesondere der Gegner) schon im Ausland keine Möglichkeit hatten, dem Sachverständigen Fragen zu stellen und nun auch im Inland das Fragerecht gegenüber dem Sachverständigen nicht durchsetzbar ist, mithin also gar keine Fragemöglichkeit bestand[552]. Wenn man allerdings als Voraussetzung für die Verwertbarkeit der Beweisaufnahme fordert, dass bereits während des Beweissicherungsverfahrens im Ausland das Fragerecht der Parteien gewährleistet gewesen sein muss[553], dann kann man hier durchaus annehmen, dass damit dem Fragerecht genüge getan ist und kein erneutes Fragerecht im deutschen Hauptsacheprozess geboten sein muss. Dies würde sich auch dadurch rechtfertigen, dass sich das Gericht ja trotzdem mit den Einwendungen der Parteien gegen das Sachverständigengutachten auseinandersetzen muss, sodass die pflichtgemäße Ermessensausübung des Gerichts die Grenze des Ausschlusses eines erneuten Fragerechts in der Hauptsache bilden würde[554]. Sofern also tatsächlich im Hauptsacheverfahren bezüglich des Sachverständigengutachtens Zweifel bestehen, hat das Gericht ohnehin Nachfragen an den Sachverständigen zu ermöglichen oder eben gegebenenfalls eine erneute Begutachtung (notfalls im Wege der Rechtshilfe) anzuordnen[555]. Eine Partei hätte so jedenfalls aber nicht die Möglichkeit, durch bloßes Bestehen auf ihr Fragerecht, das Sachverständigengutachten unverwertbar zu machen, wobei das Gericht in so einem Fall gegebenenfalls auch den Antrag auf Befragung des Sachverständigen als rechtsmissbräuchlich oder unerheblich zurückweisen könnte[556].

---

551 OLG München, Beschl. v. 19.02.2014, Az. 15 W 912/13, IPRax 2015, 93 (96), demnach diese Möglichkeit jedenfalls bestünde; zur Tätigkeit eines inländischen Sachverständigen im Ausland vgl. *Hau*, DS 2004, 91 f.

552 BGH, Urt. v. 06.07.1960, Az. IV ZR 322/59, NJW 1960, 1950 f; BeckOK-ZPO/*Scheuch*, § 397 Rn. 1 ff mwN.

553 Zu dieser Voraussetzung ausführlich unten § 6B.II, S. 152 und § 6C.V,IV, S. 172 ff.

554 BeckOK-ZPO/*Scheuch*, § 412 Rn. 1 ff.

555 *Hau*, ERA Forum 2005, 224 ff. (230 f); MüKoZPO/*Zimmermann*, § 412 Rn. 3 mwN.

556 Vgl. BVerfG, Beschl. v. 03.02.1998, Az. 1 BvR 909–94, NJW 1998, 2273 f; BGH, Urt. v. 18.06.1986, Az. IVa ZR 225/84, NJW-RR 1986, 1470 f; *Schellhammer*, Zivilprozess, Rn. 661.

In gleicher Weise ist die Zeugenvernehmung aus dem Beweissicherungsverfahren als Zeugenbeweis iSd §§ 373 ff ZPO zu behandeln. Auch hier steht den Parteien gem. § 397 ZPO ein Fragerecht zu. Deshalb stellt sich hier das identische Problem, dass der Zeuge, der im Ausland lebt, nicht verpflichtend vor ein deutsches Gericht vorgeladen werden kann[557]. Darüber hinaus verschärft sich dieser Aspekt hier dadurch, dass gegenüber Zeugenaussagen eine größere Skepsis angebracht ist als gegenüber einem beruflich (oder gar hoheitlich) tätigen und am Prozessausgang nicht interessierten Sachverständigen[558]. Die Glaubwürdigkeit eines Zeugen lässt sich ausschließlich anhand eines Protokolls allerdings nur schwer beurteilen. Insbesondere darf das Gericht nicht die Glaubwürdigkeit eines Zeugen bezweifeln, wenn sich diese Zweifel nicht auch aus dem Vernehmungsprotokoll ergeben[559]. Wenn nun also eine Partei die Glaubwürdigkeit des Zeugens anzweifelt, wäre es aber gegebenenfalls angebracht, den Zeugen erneut zu befragen, der wiederum zur Mitwirkung allerdings nicht verpflichtet werden kann. Nichtsdestotrotz heißt das aber nicht, dass das Gericht nicht versuchen kann, den Zeugen (unverbindlich) zu laden und zum Beispiel der Partei zuvor aufzugeben, sein Erscheinen abzuklären[560]. Die Entscheidung über einen solchen Versuch liegt allerdings im Ermessen des Gerichts und kann nicht durch einen Parteiantrag erzwungen werden[561]. Auch bezüglich des Zeugenbeweises erscheint es aber – wie soeben für den Sachverständigenbeweis erörtert – gerechtfertigt, darauf abzustellen, dass die Parteien während der Beweisaufnahme im Ausland die Möglichkeit hatten, ihre Fragen an den Zeugen zu stellen. Die Parteien könnten also nur versuchen, das Gericht davon zu überzeugen, gem. § 398 ZPO eine erneute Zeugenvernehmung anzuordnen, was allerdings wohl nur gelingen dürfte, wenn sich bereits aus dem Vernehmungsprotokoll Zweifel an der Glaubwürdigkeit des Zeugens ergeben oder sich im Prozess neue Erkenntnisse ergeben. Jedenfalls läge die Entscheidung im pflichtgemäßen Ermessen des Gerichts, das sich statt für eine Wiederholung der Vernehmung im Rahmen seiner freien Beweiswürdigung gem. § 286 ZPO auch dazu entscheiden kann, die Beweiskraft der Zeugenaussage entsprechend den sich aus dem

557 Vgl. *Ahrens*, Der Beweis im Zivilprozess, Kap. 53 Rn. 16 ff, 21 mwN.

558 *Schellhammer*, Zivilprozess, Rn. 663.

559 BGH, Urt. v. 30.11.1999, Az. VI ZR 207/98, NJW 2000, 1420 ff; *Geipel*, Handbuch der Beweiswürdigung, § 30 Rn. 224.

560 *Linke/Hau*, Internationales Zivilverfahrensrecht, § 10 Rn. 19; *Mankowski*, RIW 2014, 397 f; **aA** wohl BGH, Urt. v. 24.04.1980, Az. IX ZR 30/79, IPRax 1981, 57 (58), der die Ladung jedenfalls für unzweckmäßig hält.

561 BGH, Urt. v. 24.04.1980, Az. IX ZR 30/79, IPRax 1981, 57 (58).

Protokoll ergebenden Zweifeln an der Glaubwürdigkeit des Zeugens oder an der Glaubhaftigkeit seiner Aussage niedrig zu bewerten[562].

Eine Verwertbarkeit gem. § 493 Abs. 1 ZPO ist somit sicherlich der am weitesten gehende Schritt. Als solcher hat er zwar Vorteile im Hinblick auf den Wert der Beweismittel aus dem ausländischen Beweissicherungsverfahren und letztlich auch im Hinblick auf die Prozessökonomie. Demgegenüber ist er aber auch insbesondere im Hinblick auf den Unmittelbarkeitsgrundsatz und die Parteirechte nicht unproblematisch.

2. *§ 411a ZPO als Alternative oder als Ergänzung?*

Eine noch relativ neue Regelung enthält der § 411a ZPO[563] zur Verwertung schriftlicher Sachverständigengutachten aus einem anderen Verfahren, demzufolge letztere eine erneute schriftliche Begutachtung gem. § 411 Abs. 1 ZPO ersetzen können. Bei dem anderen Verfahren kann es sich auch um ein selbständiges Beweisverfahren gem. §§ 485 ff ZPO zwischen anderen Parteien als im jetzigen Hauptsacheprozess handeln (bei Parteiidentität gilt § 493 Abs. 1 ZPO)[564]. Allerdings meint § 411a ZPO grundsätzlich andere Verfahren im Inland. Doch ist es durchaus denkbar, hier ein ausländisches Verfahren im Allgemeinen und ein ausländisches Beweissicherungsverfahren im Besonderen zu substituieren. Diese Möglichkeit hat, jedenfalls bezogen auf Beweissicherungsverfahren, in der Literatur bisher kaum Beachtung gefunden[565] und ist – soweit ersichtlich – in der Rechtsprechung bisher noch nicht aufgetaucht.

Denkbar wäre es nun, § 411a ZPO als allgemeine Spezialvorschrift für die Verwertung von Sachverständigengutachten aus ausländischen Beweissicherungsverfahren heranzuziehen und ausländische Verfahren also generell, auch bei Parteiidentität, als „andere Verfahren" zu begreifen. Da § 411a ZPO allerdings bewirkt, dass das Sachverständigengutachten aus dem anderen Verfahren im Hauptsacheprozess wie ein in diesem selbst angeordnetes Sachverständigengutachten verwertet werden kann – mithin in der Rechtsfolge § 493 Abs. 1 ZPO entspricht – empfiehlt es sich, wie auch in inländischen Konstellationen nach der

562 Dazu ausführlich unten § 6C.VI, S. 175 und § 6D, S. 183.

563 Eingefügt durch das 1. Justizmodernisierungsgesetz vom 24.08.2004, BGBl. 2004 I S. 2198.

564 Musielak/Voit/*M. Huber*, § 411a Rn. 6.

565 Zust. *Rollin*, Ausländische Beweisverfahren, S. 120; wohl auch MüKoZPO/*Zimmermann*, § 411a Rn. 2 f; **abl.** Stein/Jonas/*Berger*, § 411a Rn. 9; im Ergebnis auch Zöller/*Greger*, § 411a Rn. 2; BeckOK-ZPO/*Scheuch*, § 411a Rn. 6, die allerdings § 411a ZPO generell nicht auf ausländische Verfahren anwenden wollen.

Parteiidentität oder -verschiedenheit zu unterscheiden und eine mögliche Anwendbarkeit auf ausländische Sachverständigengutachten von vorneherein auf Gutachten aus Verfahren zwischen anderen Parteien als im jetzigen Hauptsacheprozess zu begrenzen. Insofern würde § 411a ZPO lediglich § 493 Abs. 1 ZPO um den Fall ergänzen, dass auch bei fehlender Parteiidentität zwischen dem Beweissicherungsverfahren und dem Hauptsacheprozess die Beweisaufnahme verwendet werden könnte.

Für und gegen diese Möglichkeit sprechen im Ergebnis dieselben Gründe und Überlegungen wie bezüglich § 493 Abs. 1 ZPO. Ein wichtiger Unterschied besteht jedoch im Hinblick auf das Fragerecht der Parteien. Im Gegensatz zu § 493 ZPO hatte zumindest eine Partei im Falle des § 411a ZPO noch keine Möglichkeit, den Sachverständigen zu befragen. Hier wird man der im Ausgangsverfahren nicht beteiligten Partei die Fragemöglichkeit an den Sachverständigen ermöglichen müssen (vgl. §§ 397, 402 ZPO)[566]. Aufgrund der bereits beschriebenen Schwierigkeiten, einen ausländischen Sachverständigen im Nachhinein im Inland für weitere Erläuterungen verfügbar zu machen, wird die grundsätzliche Möglichkeit einer Verwertung gem. § 411a ZPO erheblich entwertet.

Der § 411a ZPO wird wohl nur in inländischen Konstellationen oder gegebenenfalls zur Verwertung etwa eines ausländischen staatsanwaltlichen Gutachtens aus einem Strafprozess einer Partei zur Anwendung kommen können. Diese Einschränkung des Anwendungsbereichs hilft zugleich eine weitere problematische Implikation des § 411a ZPO zu begrenzen. In der Tat sind nämlich schon bei der rein inländischen Anwendung die Auswirkungen des § 411a ZPO auf die Haftung des Sachverständigen gem. § 839a BGB, die sich durch die mehrfache Verwendung multipliziert, höchst bedenklich[567]. Durch eine sogar grenzüberschreitende Anwendung droht das Haftungsrisiko des Sachverständigen gänzlich außer Verhältnis zu geraten.

Wenngleich also auch § 411a ZPO generell substitutionsfähig ist, wird die Verwertung dennoch häufig mangels Fragemöglichkeit der im Ausgangsverfahren nicht beteiligten Partei an den Sachverständigen ausscheiden[568]. Unter Umständen kann ein Sachverständigengutachten aus einem ausländischen Beweissicherungsverfahren aber trotz der Verletzung des Fragerechts als Urkundenbeweis

566 *Ahrens*, Der Beweis im Zivilprozess, Kap. 18 Rn. 17; vgl. auch BeckOK-ZPO/*Scheuch*, § 411a Rn. 15; MüKoZPO/*Zimmermann*, § 411a Rn. 11.

567 Vgl. *Spickhoff*, FS Heldrich, S. 419 (425 f); Soergel/*ders.*, § 839a Rn. 10 f; siehe aber auch Staudinger/*Winkler von Mohrenfels*, EGBGB Art. 11 Rn. 289, demzufolge Haftungsfragen für die Substitution irrelevant sind.

568 Vgl. zum Fragerecht unten § 6C.VI, S. 175.

verwertbar sein[569]. Jedenfalls sind die Parteien vor Erlass eines entsprechenden Beweisbeschlusses anzuhören[570].

§ 411a ZPO bietet somit sinnvollerweise nur eine Ergänzung zur Verwertung nach § 493 Abs. 1 ZPO für den Fall der Parteiverschiedenheit.

V. Verwertung als Urkundenbeweis gem. §§ 415 ff ZPO

Denkbar ist es auch, die Einbringung des Ergebnisses eines ausländischen Beweissicherungsverfahrens in den Hauptsacheprozess vor einem deutschen Gericht ausschließlich als Urkundenbeweis iSd §§ 415 ff ZPO zuzulassen[571]. Es läge also auch dann ein Urkundenbeweis vor, wenn es sich bei der „Urkunde" um das Protokoll einer Zeugenvernehmung oder ein Sachverständigengutachten handelt.

Eine solche gerichtliche Urkunde aus einem anderen Verfahren kann das Gericht, wenn eine Partei dies beantragt, grundsätzlich auch gegen den Willen der anderen Partei verwenden, allerdings nicht mehr, wenn die andere Partei gegen diesen mittelbaren Beweis mit einem Antrag auf unmittelbaren Gegenbeweis durch Augenschein oder Zeugenvernehmung antritt[572]. In der Tat ist nämlich zu beachten, dass die Beweiskraft einer Urkunde nicht die Beweiskraft des Beweismittels erreicht, dessen Ergebnis in der Urkunde wiedergegeben wird[573]. Unproblematisch ist insoweit noch die Regelung des § 438 ZPO über die Echtheit ausländischer öffentlicher Urkunden[574], die das Gericht gem. § 438 Abs. 1 ZPO

569 Stein/Jonas/*Berger*, § 411a Rn. 9; MüKoZPO/*Schreiber*, § 493 Rn. 2; siehe dazu ausführlich unten § 6E, S. 186.

570 BGH, Beschl. v. 05.10.2016, Az. XII ZB 152/16, FamRZ 2017, 48 f; BeckOK-ZPO/*Scheuch*, § 411a Rn. 10.

571 *Ahrens*, Der Beweis im Zivilprozess, Kap. 56 Rn. 16; *ders.*, FS Schütze 1999, S. 1 (13); Stein/Jonas/*Berger*, § 411a Rn. 9; Zöller/*Geimer*, § 363 Rn. 155; *Nagel/Gottwald*, Internationales Zivilprozessrecht, § 17 Rn. 88; *Rollin*, Ausländische Beweisverfahren, S. 127; *Rosenberg/Schwab/Gottwald*, Zivilprozessrecht, § 116 Rn. 50; *Ulrich*, Selbständiges Beweisverfahren mit Sachverständigen, S. 132 Rn. 259; *Wannenmacher*, Einstweilige Maßnahmen, S. 102.

572 BGH, Urt. v. 09.06.1992, Az. VI ZR 215/91, NJW-RR 1992, 1214 ff; BGH, Urt. v. 13.06.1995, Az. VI ZR 233/94, NJW 1995, 2856 (2857); *Schellhammer*, Zivilprozess, Rn. 597.

573 BGH, Urt. v. 26.02.1991, Az. VI ZR 215/91, NZV 1992, 403 f; BGH, Urt. v. 30.11.1999, Az. VI ZR 207/98, NJW 2000, 1420 (1421 f).

574 Eine Urkunde, die von einer ausländischen Behörde, etwa einem ausländischen Gericht, errichtet wurden, ist eine ausländische öffentliche Urkunde iSd §§ 415 ff ZPO, vgl. BeckOK-ZPO/*Krafka*, § 438 Rn. 1.

nach freiem Ermessen zu bewerten hat, sofern nicht eine Legalisation gem. § 438 Abs. 2 ZPO erfolgt ist[575]. Während die Echtheit von Urkunden bzw. gerichtlichen Protokollen, die von Gerichten aus Mitgliedstaaten der europäischen Union stammen, wohl faktisch wie bei inländischen öffentlichen Urkunden gem. § 437 ZPO in der Regel zu vermuten sein dürfte[576], mag es jedenfalls in Einzelfällen zum Streit über die Echtheit eines vermeintlich gerichtlichen Protokolls aus dem Ausland kommen. Praktisch relevant wird allerdings nicht die Frage nach der Echtheit sein, sondern nach der Wahrheit des Inhalts, worüber die §§ 437, 438 ZPO freilich keine Aussage treffen[577]. Die §§ 415, 418 ZPO hingegen beziehen sich auf die Beweiskraft des Inhalts öffentlicher Urkunden. Das Protokoll einer Aussage fällt wohl unter § 418 ZPO[578], worauf es hier aber gar nicht ankommt. Entscheidend ist vielmehr, dass auch öffentliche Urkunden nur vollen Beweis für ihren behördlichen Gehalt erbringen, hier also den Inhalt, die Zeit und den Ort der Aussage des Zeugens (sog. formelle oder äußere Beweiskraft, im Gegensatz zur inhaltlichen Richtigkeit der Aussage, der sog. materiellen Beweiskraft[579]). Aus der Urkunde ergibt sich also zwar, *dass* und auch *was* ein Zeuge ausgesagt hat, nicht jedoch seine Glaubwürdigkeit im Hinblick auf die Richtigkeit und Vollständigkeit seiner Aussage[580]. Ebenso hat beispielsweise die eigene Wahrnehmung des Gerichts im Rahmen eines Augenscheins in der Regel einen höheren Beweiswert im Vergleich zu einer bloßen Urkunde über eine fremde Augenscheinnahme[581]. Dem kann aber entgegengehalten werden, dass auch bei einer Verwertung des ausländischen Beweissicherungsverfahrens gem. § 493 Abs. 1 ZPO nur ein sich faktisch von einer Urkunde nicht unterscheidendes Protokoll über die Augenscheinnahme durch das ausländische Gericht verwendet wird[582]. Jedoch ist diese Argumentation ohnehin wenig zielführend, da die Einnahme des Augenscheins auch gem. § 372 Abs. 2 ZPO generell im Ermessen des Gerichts auf einen beauftragten oder ersuchten Richter übertragen werden kann, sodass es insoweit nicht ungewöhnlich ist, wenn der Augenschein mittelbar aufgrund des Protokolls iSv § 160 Abs. 3 Nr. 5 ZPO oder eben

---

575 Vgl. Musielak/Voit/*M. Huber*, § 438 Rn. 1.

576 aA wohl Zöller/*Geimer*, § 438 Rn. 1; *Heinze*, EuR 2008, 654 (686 f); BeckOK-ZPO/*Krafka*, § 438 Rn. 3.

577 BeckOK-ZPO/*Krafka*, § 437 Rn. 5; MüKoZPO/*Schreiber*, § 437 Rn. 4.

578 MüKoZPO/*Schreiber*, § 418 Rn. 6.

579 *Ahrens*, Der Beweis im Zivilprozess, Kap. 26 Rn. 6 ff, 14.

580 *Rollin*, Ausländische Beweisverfahren, S. 121.

581 *Schellhammer*, Zivilprozess, Rn. 578.

582 Vgl. Stein/Jonas/*Berger*, § 355 Rn. 25: „Ausnahme vom Unmittelbarkeitsgrundsatz".

einer entsprechenden ausländischen Urkunde erfolgt. Darüber hinaus ist es dem Gericht im Rahmen der freien Beweiswürdigung hingegen auch möglich, die Beweiskraft einer Urkunde deshalb höher zu bewerten, weil das Beweismittel für einen erneuten Augenschein nicht mehr zur Verfügung steht und somit keine Alternative zur Verwertung der Urkunde besteht[583]. Im Hinblick auf den Beweiswert ergibt sich jedenfalls also kein eindeutiges Bild bezüglich der Vorzüge oder Nachteile einer Verwertung als Urkundenbeweis.

Ähnlich wie bereits für die Verwertung nach § 493 ZPO diskutiert, stellt sich bei der Verwertung einer Zeugenaussage oder eines Sachverständigengutachtens als Urkundenbeweis generell ein Problem im Hinblick auf das Fragerecht der Parteien. Die Verwertung einer Urkunde über die Aussage eines Zeugen oder über die Begutachtung durch einen Sachverständigen darf nicht dazu führen, dass so das Recht der Parteien, den Zeugen oder den Sachverständigen gem. § 397 ZPO bzw. §§ 397, 402 ZPO zu befragen, umgangen wird[584]. Selbst bei der Verwertung eines Sachverständigengutachtens nach § 411a ZPO haben die Parteien grundsätzlich das Recht, den Sachverständigen gem. §§ 397, 402 ZPO zu befragen[585]. Es stellt sich somit wieder das Problem, dass Zeugen und Sachverständige aus dem Ausland von einem deutschen Gericht nicht verbindlich vorgeladen werden können[586]. Allerdings kann das Gericht auch einen solchen Antrag der Partei auf Befragung des Zeugens oder Sachverständigen unter Umständen als rechtsmissbräuchlich ablehnen[587]. Im Übrigen könnte es, wie im Falle des § 493 Abs. 1 ZPO, auch hier genügen, dass das Fragerecht der Partei bereits im Beweissicherungsverfahren vor dem ausländischen Gericht gewahrt wurde[588]. Dabei ist aber eben zu beachten, dass der Urkundenbeweis über eine Zeugenvernehmung oder Begutachtung generell im Hinblick auf den Unmittelbarkeitsgrundsatz iSv § 355 ZPO im deutschen Prozessrecht weniger Vertrauen genießt als der unmittelbare Zeugen- und der Sachverständigenbeweis[589]. Problematisch bleibt also insbesondere der Beweiswert der Urkunde. Selbst wenn

---

583 *Rollin*, Ausländische Beweisverfahren, S. 121.

584 *Schellhammer*, Zivilprozess, Rn. 597, 660 mwN.

585 MüKoZPO/*Zimmermann*, § 411a Rn. 11.

586 *Ahrens*, Der Beweis im Zivilprozess, Kap. 53 Rn. 16 ff, 21 mwN.

587 Vgl. BVerfG, Beschl. v. 03.02.1998, Az. 1 BvR 909–94, NJW 1998, 2273 (2274); BGH, Urt. v. 18.06.1986, Az. IVa ZR 225/84, NJW-RR 1986, 1470 f; *Schellhammer*, Zivilprozess, Rn. 661.

588 Siehe oben § 5C.IV.1, S. 124.

589 BGH, Urt. v. 13.06.1995, Az. VI ZR 233/94, NJW 1995, 2856 f; Stein/Jonas/*Berger*, § 355 Rn. 29.

man aufgrund der Fragemöglichkeit während der Beweisaufnahme im ausländischen Beweissicherungsverfahren keine Verletzung des Fragerechts der Parteien annähme, wird es – wie bei deutschen inländischen Urkunden auch[590] – wenn das Beweismittel noch (in gleicher Qualität) vorhanden ist, in der Regel zur Wahrung des Grundsatzes der Unmittelbarkeit geboten sein, die Beweisaufnahme bei einem entsprechenden Parteiantrag zu wiederholen[591]. Schwierigkeiten bei der erneuten Beweisaufnahme im Wege der Rechtshilfe werden es nur ganz ausnahmsweise bei sicherer Nutzlosigkeit rechtfertigen, von ihr abzusehen[592]. In Anbetracht der Tatsache, dass sich das Prozessgericht im Wege der Rechtshilfe hier aber im Regelfall – mit Ausnahme der unmittelbaren Beweisaufnahme nach Art. 17 EuBVO – eines anderen, nämlich des ausländischen Gerichts bedienen und somit auch wieder eine Urkunde vorliegen wird, bietet dieser Weg im Hinblick auf den Unmittelbarkeitsgrundsatz jedenfalls im Ergebnis aber keinerlei Gewinn[593].

VI. Lösung durch die Gleichstellung mit dem inländischen Beweissicherungsverfahren und ihre Grenzen

1. Gleichstellung, aber nicht uneingeschränkt

Keine der zur Verfügung stehenden Möglichkeiten führt zu einer gänzlich zufriedenstellenden Lösung. Dies folgt in erster Linie aus der in der Natur der Situation liegenden praktischen Begebenheit, dass bei einer Beweisaufnahme im internationalen Kontext Gerichte und Verfahrensrechte unterschiedlicher Jurisdiktionen anzuwenden sind und auch auf gewisse Beweismittel nicht ohne weiteres über die Landesgrenzen hinaus erneut zugegriffen werden kann. Darüber hinaus schwingt eine latente Skepsis gegenüber im Ausland durchgeführter Maßnahmen mit, die sich – berechtigter- oder unberechtigter Weise – jedenfalls gegen eine vollkommene Gleichstellung mit inländischen Maßnahmen sperrt. In der Tat kann wohl als gegeben angesehen werden, dass nicht überall dieselben, hohen Verfahrensstandards und rechtsstaatlichen Garantien wie im deutschen Verfahrensrecht gelten.

---

590 *Ahrens*, Der Beweis im Zivilprozess, Kap. 56 Rn. 5; MüKoZPO/*Heinrich*, § 355 Rn. 10.

591 *Eschenfelder*, Beweiserhebung im Ausland, S. 156.

592 Vgl. BGH, Urt. v. 29.01.1992, Az. VIII ZR 202/90, NJW 1992, 1768 f; OLG München, Urt. v. 14.02.2014, Az. 10 U 3074/13, NJOZ 2014, 1669 ff; Zöller/*Geimer*, § 363 Rn. 4 ff; *Geipel*, Handbuch der Beweiswürdigung, § 30 Rn. 224; *Nagel*, IPRax 1992, 301 (302).

593 *Rollin*, Ausländische Beweisverfahren, S. 125.

Dennoch kann – wie bereits dargelegt[594] – in einer globalisierten Welt und einem internationalen Rechtsverkehr das Bedürfnis nach der Berücksichtigung ausländischer gerichtlicher Maßnahmen nicht ignoriert werden. Für pauschale Zweifel an der Rechtstaatlichkeit ausländischer Prozessrechte besteht kein Anlass, sodass die Rechtsverfolgung im Ausland auch nicht als defizitär oder subsidiär anzusehen ist[595]. Nachdem bereits festgestellt wurde, dass die Ergebnisse eines ausländischen Beweissicherungsverfahrens also grundsätzlich zu berücksichtigen sind und die Gleichstellung mit dem deutschen Verfahren zu weit gehen könnte, während die bloße Einführung als Urkundenbeweis oder gar Parteivorbringen in vielen Fällen hinter den Bedürfnissen zurückbleiben wird, ist die Lösung in einer grundsätzlich weitgehenden Anerkennung der Verwertbarkeit zu suchen. Im Einzelfall sollte allerdings eine flexible Handhabung möglich sein.

Zum einen kann dies durch eine nur analoge oder entsprechende Anwendung der §§ 493 Abs. 1, 441a ZPO erreicht werden[596]. Diese Möglichkeit erlaubt über die Stellschraube der teleologischen Vergleichbarkeit eine nur selektive Gleichstellung eines ausländischen Beweissicherungsverfahrens mit einem inländischen. Damit wird aber verkannt, dass sich das Problem nicht im dogmatisch freien Raum stellt, sondern es sich, wie eingangs erörtert, um einen Fall internationalprivatrechtlicher Substitution handelt[597]. Es kommt mithin hier auf die generelle Substitutionsfähigkeit eines ausländischen Beweissicherungsverfahren bezüglich der §§ 493 Abs. 1, 411a ZPO an, bei deren Bejahung diese Vorschriften unmittelbare Anwendung finden. Die Verwertung nach § 493 ZPO ist auch sachgerecht, da sie sich, wie soeben gesehen, nur unwesentlich von den allgemeinen Beweisvorschriften unterscheidet[598]. Raum für Analogien bleibt vielmehr dann in der Folge, um dem Bedürfnis nach einer im Einzelfall gegebenenfalls nur eingeschränkten Gleichstellung des ausländischen Verfahrens gerecht werden zu können[599].

---

594 Vgl. oben § 5C.I, S. 115.

595 *Kodek*, FS Schütze 2015, S. 259 (264).

596 Stein/Jonas/*Berger*, § 493 Rn. 8; *Dörschner*, Beweissicherung im Ausland, S. 199; *Mankowski*, JZ 2005, 1144 (1147); *Stadler*, FS Geimer, S. 1281 (1303 f); *Wannenmacher*, Einstweilige Maßnahmen, S. 103 f.

597 Siehe oben § 4B, S. 82 ff.

598 Ein wichtiger Unterschied besteht allerdings in den Voraussetzungen für eine Wiederholung der Beweisaufnahme, wenn das Beweismittel noch vorhanden ist, vgl. dazu *Rollin*, Ausländische Beweisverfahren, S. 121; siehe auch sogleich § 5C.VI.3, S. 136.

599 Dazu unten § 6A, S. 143 ff.

Nachdem die grundsätzliche Beachtlichkeit der ausländischen Beweissicherung bereits bejaht wurde, ist konsequenterweise – zumal hierbei ohnehin Großzügigkeit geboten ist[600]– auch die generelle Substitutionsfähigkeit der §§ 493 Abs. 1, 411a ZPO anzunehmen.

2. *Der Filter der funktionalen Vergleichbarkeit*

Mit Bejahung der generellen Substitutionsfähigkeit ist die Anwendbarkeit der Vorschriften der §§ 493 Abs. 1, 411a ZPO allerdings noch nicht gegeben. Vielmehr erfolgt eine Substitution nur, wenn auch das konkrete ausländische Beweissicherungsverfahren, dessen Ergebnisse nun im deutschen Hauptsachprozess verwendet werden sollen, mit dem inländischen selbständigen Beweisverfahren gem. §§ 485 ff ZPO funktional vergleichbar ist[601]. Dieser Schritt erlaubt es, die Verwertung von Beweisaufnahmen aus ausländischen Verfahren, die schon von vorneherein nicht dem selbständigen Beweisverfahren entsprechen und deshalb mit dem deutschen Verfahrensrecht inkompatibel sind, auszuschließen. Diese Prüfung wird auch nicht dadurch entbehrlich, dass die Beweiserhebung ohnehin noch der freien Beweiswürdigung gem. § 286 Abs. 1 ZPO durch das Gericht unterliegt, sondern sind hier vielmehr aus Gründen der Rechtssicherheit und Vorhersehbarkeit konkrete Kriterien zu bestimmen[602]. Zur freien Beweiswürdigung kommt es überhaupt erst, nachdem die Verwertbarkeit der Beweiserhebung bejaht wurde[603].

Zunächst ist im zweiten Schritt der Substitution die funktionale Vergleichbarkeit des ausländischen Beweissicherungsverfahrens festzustellen. Allerdings soll hier nicht die generelle Substitutionsfähigkeit wieder umgekehrt werden, sondern eben nur die Substitution einzelner ausländischer Verfahren ausgeschlossen werden, die kategorisch dem Sinn und Zweck oder der Rechtsstaatlichkeit des deutschen Verfahrens widersprechen. Insofern handelt es sich hier um eng begrenzte Ausnahmefälle, die vereinzelt zu diskutieren aber nur selten zu bejahen sind.

600 Vgl. oben § 4C, S. 88.

601 Zu den Voraussetzungen unten § 6B, S. 151 ff.

602 *Eschenfelder*, Beweiserhebung im Ausland, S. 159 f; zu diesen Kriterien unten § 6, S. 143 ff.

603 *Ders.*, Beweiserhebung im Ausland, S. 160.

3. *Verwertungsverbote und die freie Beweiswürdigung als Korrektiv*

Deutlich eher als zur Ablehnung der Substitution des ausländischen Verfahrens kann es aber zu einem Verwertungshindernis im Einzelfall kommen. Während also die Beweisaufnahme aus dem Beweissicherungsverfahren eines bestimmten Landes grundsätzlich nach § 493 Abs. 1 ZPO wie die Beweisaufnahme aus einem inländischen selbständigen Beweisverfahren zu behandeln sind (sofern die Voraussetzungen der Substitution vorliegen), kann aufgrund einzelner Aspekte dieses konkreten Verfahrens zwischen bestimmten Parteien nach besonderen Verwertungshindernissen für ausländische Beweissicherungen und nach den allgemeinen Beweisverboten des deutschen Zivilprozessrechts die Verwertung dieser konkreten Beweiserhebungen ausgeschlossen sein. An dieser Stelle kann berücksichtigt werden, dass ein bestimmtes ausländisches Verfahren zwar vielleicht grundsätzlich mit dem inländischen vergleichbar ist, aber im Einzelfall deutlich weiter gehen kann und nach inländischer Auffassung zur Verletzung von Verfahrensrechten oder Grundrechten führen kann.

Nachdem die Verwertbarkeit bejaht wurde und die Ergebnisse des ausländischen Beweissicherungsverfahrens somit gem. § 493 Abs. 1 ZPO verwertet werden können, unterliegt die Beweiserhebung aus dem ausländischen Beweissicherungsverfahren wie auch sonst alle anderen Beweismittel der freien Beweiswürdigung des Gerichts gem. § 286 ZPO, sodass das Gericht zum einen nicht an einen bestimmten Beweiswert eines Beweismittels gebunden ist[604]. Zum anderen erlaubt die freie Beweiswürdigung dem Gericht gerade auch etwaige Besonderheiten aufgrund des Umstands, dass das Beweismittel aus einem ausländischen Beweissicherungsverfahren stammt, zu berücksichtigen[605].

Grundsätzlich ist dabei Beweiserhebungen, die in einem rechtsstaatlichen Grundsätzen genügenden gerichtlichen Verfahren – wenn auch einem ausländischen – durchgeführt wurden, aber ein hoher Stellenwert einzuräumen[606]. Jedenfalls innerhalb der Europäischen Union wird man im Sinne einer europäischen justiziellen Zusammenarbeit keine grundsätzliche Skepsis gegenüber der Tätigkeit der Gerichte in den anderen Jurisdiktionen haben, sondern diese vielmehr grundsätzlich als gleichwertig ansehen können oder gar müssen[607].

---

604 Vgl. *Rollin*, Ausländische Beweisverfahren, S. 120 ff.

605 Dazu unten § 6D, S. 183.

606 *Rollin*, Ausländische Beweisverfahren, S. 132 f.

607 Dahingehend auch OLG München, Beschl. v. 19.02.2014, Az. 15 W 912/13, IPRax 2015, 93 (96); *Geipel*, Handbuch der Beweiswürdigung, § 30 Rn. 225; vgl. Art. 81 AEUV.

VII. Ergebnis zu C.

Mithin sind für die Verwertung eines ausländischen Beweissicherungsverfahren § 493 Abs. 1 ZPO bei Parteiidentität bzw. § 411a ZPO bei Parteienverschiedenheit direkt anwendbar. Diese grundsätzliche Gleichstellung des ausländischen mit dem inländischen Beweissicherungsverfahren erfährt im Einzelfall allerdings durch das Kriterium der funktionalen Vergleichbarkeit sowie mögliche Verwertungsverbote nicht unerhebliche Einschränkungen. Auch im Rahmen der freien Beweiswürdigung durch das Prozessgericht gem. § 286 ZPO können noch Besonderheiten berücksichtigt werden.

D. Kosten

I. Kosten der Hauptsache

Nachdem in der Regel über die Kosten eines Beweissicherungsverfahrens nicht bereits im selbigen entschieden wird[608], stellt sich nach einer Verwertung im deutschen Prozess auch die Frage danach, ob die Partei, die im Ausland die Kosten getragen hat (also regelmäßig der Antragsteller), diese nun im Hauptsacheprozess vom Gegner erstattet bekommt.

Wenn man eine Verwertbarkeit des ausländischen Beweissicherungsverfahrens gem. § 493 Abs. 1 ZPO wie ein deutsches selbständiges Beweisverfahren annimmt, erscheint es naheliegend, auch die Kosten wie beim deutschen selbständigen Beweisverfahren als Kosten des Hauptsacheprozesses iSd §§ 91 ff ZPO zu begreifen[609]. Anderer Ansicht muss man konsequenterweise dann sein, wenn man wie die bereits zitierten Entscheidungen des OLG Köln und des OLG Hamburg schon die Verwertbarkeit gänzlich ablehnt[610]. Weitere Rechtsprechung direkt hierzu ist nicht ersichtlich; insbesondere hatte das OLG München sich in dem ebenfalls bereits erwähnten, recht aktuellen Beschluss von 2014 nicht mit den Kosten des ausländischen Beweissicherungsverfahrens auseinanderzusetzen[611]. Interessant hingegen ist ein Urteil des LG Hamburg, das die Frage nach den Kosten zwar auch offen gelassen hat, die Kosten aber dennoch vorsorglich bei der Bemessung der Höhe der Sicherheitsleistung iSd § 709 ZPO berücksichtigt und dadurch eine Erstattungsfähigkeit zumindest angedeutet hat[612]. Auch in der Literatur wird auf die Frage der Erstattungsfähigkeit der Kosten eines ausländischen Beweissicherungsverfahrens nur am Rande eingegangen[613], größtenteils ohne argumentativ in die Tiefe zu gehen[614].

---

608 Vgl. oben § 2, S. 27 ff, jeweils unter III.

609 So *Dörschner*, Beweissicherung im Ausland, S. 208; *Eschenfelder*, Beweiserhebung im Ausland, S. 242 f; *Stürner*, IPRax 1984, 299 (301).

610 OLG Köln, Beschl. v. 05.01.1983, Az. 17 W 482/82, NJW 1983, 2779 f; OLG Hamburg, Beschl. v. 29.09.1999, Az. 8 W 235/99, IPRax 2000, 530 f.

611 OLG München, Beschl. v. 19.02.2014, Az. 15 W 912/13, IPRax 2015, 93 ff.

612 LG Hamburg, Urt. v. 15.09.1998, Az. 410 O 44/95, IPRax 2001, 45 (47).

613 Siehe aber *Eschenfelder*, Beweiserhebung im Ausland, S. 242 f; *Rollin*, Ausländische Beweisverfahren, S. 101 ff.

614 Für die Erstattungsfähigkeit *Ahrens*, FS Schütze 1999, S. 1 (13); *Eschenfelder*, Beweiserhebung im Ausland, S. 242 f; *Försterling*, IPRax 2000, 499 (500); *Meilicke*, NJW 1984, 2017 (2018); *Rollin*, Ausländische Beweisverfahren, S. 101 ff; *Schütze*, Deutsches Internationales Zivilprozessrecht, Rn. 241; *ders.*, Rechtsverfolgung im Ausland, Rn. 336; *Stürner*, IPRax 1984, 299 (301); **dagegen** Stein/Jonas/*Berger*, § 493 Rn. 9;

Gegen eine Zurechnung zu den Kosten des Hauptsacheverfahrens könnte sprechen, dass die Gerichtskosten nicht an ein deutsches Gericht erbracht wurden und es sich hier allgemein nicht um Kosten nach dem deutschen Gerichtskostengesetz bzw. Rechtsanwaltsvergütungsgesetz handelt[615]. Dieses Argument erscheint aber tatsächlich insoweit inkonsequent, als dass – nach hier vertretener und im Ergebnis überwiegender Auffassung – schon die Ergebnisse des nicht durch ein deutsches Gericht angeordneten Beweissicherungsverfahrens vor deutschen Gerichten verwertbar sind und somit vielmehr *a minori ad maius* auch bei der Kostenentscheidung nicht entgegenstehen kann, dass die Kosten aufgrund eines ausländischen Kostengesetzes angefallen sind[616].

Als gewichtigeres Argument könnte gegen eine Subsumtion unter die Kosten des Rechtsstreits iSv § 91 ZPO ins Feld geführt werden, dass der Antragsteller insoweit nicht schutzwürdig ist, da ihm, wie auch in anderen Fällen (z.B. bei vorgerichtlichen Anwaltskosten), materiellrechtliche Kostenerstattungsansprüche zur Verfügung stehen[617]. Zwar ist zutreffend, dass nach dem materiellen Recht regelmäßig Kostenerstattungsansprüche bestehen können, doch sollte dies nicht dazu führen, von der Systematik des Kostenrechts abzuweichen[618]. Außerdem würde man die betroffene Partei so schlechter stellen, nur weil ihr Rechtsstreit – womöglich sogar unfreiwillig – einen Bezug ins Ausland hat[619]. Vielmehr sind die Kosten des ausländischen Beweissicherungsverfahrens grundsätzlich wie die Kosten eines inländischen selbständigen Beweisverfahrens als Kosten des Rechtsstreits gem. §§ 91 ff ZPO anzusehen[620], wobei sich dann auch der Umfang der Kostentragungspflicht nach diesen Regeln richtet[621]. Die generelle Substitutionsfähigkeit ist somit gegeben. Auf mögliche materiellrechtliche Anspruchsgrundlagen muss daher nur für die Kosten zurückgegriffen werden, die den Umfang der im Rahmen der §§ 91 ff ZPO zu tragenden

---

Nagel/Gottwald, Internationales Zivilprozessrecht, § 17 Rn. 90; *Ulrich*, Selbständiges Beweisverfahren mit Sachverständigen, S. 132 Rn. 259.

615 So OLG Köln, Beschl. v. 05.01.1983, Az. 17 W 482/82, NJW 1983, 2779; ähnlich OLG Hamburg, Beschl. v. 29.09.1999, Az. 8 W 235/99, IPRax 2000, 530 f; wohl auch *Nagel/Gottwald*, Internationales Zivilprozessrecht, § 17 Rn. 90.

616 Dahingehend auch *Ahrens*, Der Beweis im Zivilprozess, Kap. 56 Rn. 17; *Eschenfelder*, Beweiserhebung im Ausland, S. 243; *Stürner*, IPRax 1984, 299 (301).

617 Vgl. *Eschenfelder*, Beweiserhebung im Ausland, S. 242.

618 *Ders.*, Beweiserhebung im Ausland, S. 242 f.

619 *Rollin*, Ausländische Beweisverfahren, S. 102 f.

620 Vgl. oben § 2A.III, S. 33.

621 BGH, Beschl. v. 08.03.2005, Az. VIII ZB 55/04, NJW 2005, 1373 (1374).

Kosten überschreiten[622]. Auf materiellrechtliche Kostenerstattungsansprüche kommt es darüber hinaus freilich auch dann an, wenn es gar nicht mehr zu einem Hauptsacheprozess kommt.

II. Umfang der Kostenerstattung

Ein Beweissicherungsverfahren im Ausland kann durchaus zu Kosten führen, die die Kosten eines vergleichbaren selbständigen Beweisverfahrens in Deutschland deutlich übersteigen[623]. In welcher Höhe diese Kosten von der unterlegenen Partei zu tragen sind, richtet sich zunächst also – wie beim selbständigen Beweisverfahren iSd §§ 485 ff ZPO – nach den §§ 91 ff ZPO. Für den Umfang der Kostenerstattung wird es im Rahmen des § 91 ZPO insbesondere darauf ankommen, ob die Kosten „zur zweckentsprechenden Rechtsverfolgung oder Rechtsverteidigung notwendig" waren. Dies ist der Fall, wenn das Beweissicherungsverfahren zum Zeitpunkt der Einleitung des Verfahrens im Hinblick auf eine sparsame Prozessführung objektiv als erforderlich und sachdienlich angesehen werden durfte[624]. Auf die Frage, ob tatsächlich eine Verwertung der Ergebnisse im Hauptsacheprozess erfolgt bzw. ob die Beweiserhebung tatsächlich für die Entscheidung erheblich ist, kommt es dann grundsätzlich nicht mehr an[625]. Nichtsdestotrotz wird man dafür, dass das Beweissicherungsverfahren als sachdienlich und erforderlich angesehen werden kann, voraussetzen können, dass seine Unverwertbarkeit nicht von vorneherein feststehen darf[626]. Dies wäre insbesondere dann der Fall, wenn die funktionale Vergleichbarkeit des Verfahrens in dem betroffenen Staat als zweite Voraussetzung der Substitution nicht gegeben ist[627]. Hingegen sollte für die Erstattungsfähigkeit nicht danach unterschieden werden, ob es sich bei dem Beweisverfahren um ein sicherndes, also ein die Besorgnis des Verlustes des Beweismittels voraussetzendes, oder um ein streitschlichtendes Verfahren handelt[628]. Wie beim inländischen selbständigen Beweisverfahren, sollte darüber hinaus aber im Falle völlig nutzloser Beweisverfahren die

622 Zum Umfang der Kostentragung sogleich § 5D.II, S. 140.

623 Vgl. *Rollin*, Ausländische Beweisverfahren, S. 101.

624 MüKoZPO/*Schulz*, § 91 Rn. 48 ff; *Schütze*, Deutsches Internationales Zivilprozessrecht, Rn. 241; *Stürner*, IPRax 1984, 299 (301); einschränkend Musielak/Voit/*Flockenhaus*, § 91 Rn. 8.

625 BeckOK-ZPO/*Jaspersen*, § 91 Rn. 123.

626 *Rollin*, Ausländische Beweisverfahren, S. 106; dahingehend auch *Försterling*, IPRax 2000, 499 (500).

627 *Rollin*, Ausländische Beweisverfahren, S. 106.

628 *Ders.*, Ausländische Beweisverfahren, S. 106.

Möglichkeit bestehen, die Kosten gem. § 96 ZPO in der Hauptsache vollständig dem obsiegenden Antragsteller aufzuerlegen[629].

Eine weitere Einschränkung könnte sich daraus ergeben, dass der BGH bezüglich einer gebotenen und zweckmäßigen Hinzuziehung eines ausländischen Verkehrsanwalts für ein Verfahren vor einem deutschen Landgericht entschieden hat, dass die Anwaltskosten des ausländischen Anwalts, obwohl sie an sich „notwendig" iSd § 91 ZPO waren, nur bis zu der nach dem deutschen Rechtsanwaltsvergütungsgesetz berechneten Höhe zu ersetzen seien[630]. Der BGH stützt dies insbesondere darauf, dass ausländische Rechtsordnungen (etwa die *in casu* streitgegenständliche englische) nicht unbedingt einen prozessualen Kostenerstattungsanspruch wie nach den §§ 91 ff ZPO kennen und die Höhe der Kosten deshalb auch nicht darauf ausgerichtet sei. Eine Beurteilung der Höhe der Anwaltsgebühren nach ausländischem Recht sei insoweit unbillig. Dem ist entgegenzuhalten, dass es umgekehrt auch als unbillig angesehen werden kann, wenn die obsiegende Partei auf einem Teil ihrer notwendigen Kosten sitzen bleibt, obwohl sie keinen Einfluss auf die Höhe der Gebühren nach dem ausländischen Kostenrecht oder auf den Marktpreis im Ausland hat[631]. Trotzdem ist dem BGH aber zu folgen. Zum einem droht die Kostenerstattung ansonsten in der Tat auszuufern. Zum anderen sind Lösungen, die eine Bewertung nach dem ausländischen Kostenrecht beinhalten, nicht praktikabel, da der deutsche Rechtspfleger im Kostenfestsetzungsverfahren insoweit Probleme haben wird, den Umfang der Kosten zu beziffern (vgl. § 21 RPflG)[632].

III. Ergebnis zu D.

Die Kosten des ausländischen Beweissicherungsverfahrens gehören zu den Kosten des Rechtsstreits iSd §§ 91 ff ZPO und sind mithin erstattungsfähig, wenn sie notwendig waren. Dies ergibt sich insbesondere daraus, dass auch die grundsätzliche Verwertbarkeit der Ergebnisse im deutschen Prozess bejaht wird.

Der Umfang der Kostenerstattungspflicht richtet sich ebenso nach den §§ 91 ZPO und ist aber auf die Höhe der Kosten nach dem deutschen Kostenrecht begrenzt. Diese Begrenzung dient insbesondere der Praktikabilität im Kostenfestsetzungsverfahren.

---

629 Vgl. Stein/Jonas/Berger, Vor § 485 Rn. 32 mwN.

630 BGH, Beschl. v. 08.03.2005, Az. VIII ZB 55/04, NJW 2005, 1373 ff.

631 *Rollin*, Ausländische Beweisverfahren, S. 103.

632 *Ders.*, Ausländische Beweisverfahren, S. 103.

Neben dem prozessualen Kostenerstattungsanspruch kann ohne weiteres – insbesondere für darüber hinaus gehendende Ansprüche – auf materiellrechtliche Anspruchsgrundlagen zurückgegriffen werden.

E. Ergebnis zu § 5

Das ausländische Beweissicherungsverfahren hat somit Auswirkungen auf einen Prozess im Inland. Zunächst ist festzuhalten, dass die Einleitung eines ausländischen Beweissicherungsverfahrens den Sinn und Zweck des § 204 Abs. 1 Nr. 7 ZPO ebenso erfüllt wie die eines inländischen selbständigen Beweisverfahrens und somit die Verjährung der materiellen Ansprüche hemmt. Dabei kommt es weder auf die internationale Zuständigkeit des ausländischen Gerichts noch auf eine positive Anerkennungsprognose bezüglich der Beweiserhebung an. Demgegenüber bewirkt ein ausländisches Beweissicherungsverfahren weder gegenüber einem inländischen selbständigen Beweisverfahren noch gegenüber einer Hauptsache im Inland entgegenstehende Rechtshängigkeit. Keinesfalls kann über die Ergebnisse eines ausländischen Beweissicherungsverfahrens gänzlich hinweggegangen werden, sodass diese irgendwie im inländischen Hauptsacheprozess zu berücksichtigen sind. Es empfiehlt sich eine grundsätzliche Gleichstellung mit einem inländischen selbständigen Beweisverfahren anzunehmen und mithin die generelle Substitutionsfähigkeit des § 493 Abs. 1 ZPO zu bejahen. Die Kosten des ausländischen Beweissicherungsverfahrens sind Kosten des Rechtsstreits iSv § 91 ZPO und bis zu der Höhe nach dem deutschen Kostenrecht erstattungsfähig, wenn sie notwendig waren.

§ 6 Funktionale Vergleichbarkeit und Verwertungshindernisse im Einzelfall

A. Die abstrakte und die konkrete Beurteilung

I. Rechtsquellen und Systematik

Nachdem grundsätzlich ein ausländisches Beweissicherungsverfahren also die Verjährung hemmt und im inländischen Hauptsacheprozess verwertet werden kann – die generelle Substitutionsfähigkeit also gegeben ist –, ist nun zu klären, unter welchen Voraussetzungen ein bestimmtes ausländisches Beweissicherungsverfahren abstrakt mit dem deutschen selbständigen Beweisverfahren funktional vergleichbar ist und aus welchen Gründen eine Verwertung im konkreten Einzelfall dennoch scheitern kann.

Die Beurteilung der Verwertbarkeit eines ausländischen Beweissicherungsverfahrens erfolgt als verfahrensrechtliche Frage, wie bereits dargelegt, grundsätzlich nach der *lex fori processualis*[633], wobei hier drei Aspekte maßgeblich sind. Zum einen wurde bereits gesehen, dass die funktionale Vergleichbarkeit als Teil des internationalprivatrechtlichen Instituts der Substitution erforderlich ist. Darüber hinaus spielen die allgemeinen Beweisverwertungsverbote des deutschen Prozessrechts als Ausprägung der verfassungsmäßigen Verfahrens- und Grundrechte auch bei ausländischen Beweiserhebungen eine Rolle. Schließlich bietet es sich in internationalen Rechtsbeziehungen an, wertungsmäßig den *ordre public* als Grenze dessen, was im Inland akzeptiert werden kann, heranzuziehen[634].

Der *ordre public* wird in den materiellrechtlichen oder kollisionsrechtlichen (vgl. Art. 6 EGBGB bzw. Art. 21 Rom I-VO oder Art. 26 Rom II-VO) und den verfahrensrechtlichen *ordre public* (vgl. § 328 Abs. 1 Nr. 4 ZPO und Art. 45 Abs. 1 lit. a EuGVVO) untergliedert[635]. Da es sich bei den vorliegenden Problemen um Fragen der Substitution handelt, wird hier gerade nicht ausländisches (weder

633 Siehe oben § 5C.I, S. 115.

634 OLG Hamm, Beschl. v. 28.12.1993, Az. 20 W 19/93, NJW-RR 1995, 189 (190); *Linke/Hau*, Internationales Zivilverfahrensrecht, § 13 Rn. 30; MüKoBGB/*Hein*, EGBGB Art. 6 Rn. 1; *Wannenmacher*, Einstweilige Maßnahmen, S. 104; krit. Insoweit *Kodek*, FS Schütze 2015, S. 259 (266), da es sich um die Anwendung inländischen Rechts handele.

635 Vgl. etwa *Junker*, Internationales Zivilprozessrecht, § 1 Rn. 21; *Linke/Hau*, Internationales Zivilverfahrensrecht, § 13 Rn. 31.

materielles noch prozessuales), sondern inländisches Recht angewendet[636], sodass der materiellrechtliche *ordre public* nicht passt und Art. 6 EGBGB nicht anwendbar ist[637]. Doch auch § 328 Abs. 1 Nr. 4 ZPO und Art. 45 Abs. 1 lit. a EuGVVO passen nicht unmittelbar, da die Beweisaufnahme im Rahmen eines Beweissicherungsverfahrens keine anerkennungsfähige Entscheidung in diesem Sinne ist[638]. Nichtsdestotrotz sollen hier einem ausländischen Verfahren materiellrechtliche (Hemmung der Verjährung) oder prozessuale (Verwertbarkeit der Beweiserhebung) Wirkungen im Inland zukommen. Dies entspricht der Interessenlage des verfahrensrechtlichen *ordre public*, der insbesondere verfahrensrechtliche aber eben auch materiellrechtliche Aspekte berücksichtigt und sich mithin auch im Beweisrecht auswirkt[639]. In dieser Ausprägung könnte man insoweit auch von einem beweisrechtlichen *ordre public* sprechen[640].

Fraglich ist, in welchem Verhältnis die europäischen Regelungen, insbesondere der EuGVVO, zu den deutschen Regelungen, insbesondere der ZPO, stehen. Grundsätzlich ist die EuGVVO als europarechtliche Verordnung gem. Art. 288 Abs. 2 S. 2 AEUV vorrangig vor den nationalen Regeln, sodass sich die Anerkennung von Urteilen aus anderen Mitgliedstaaten der Europäischen Union ausschließlich nach den Art. 36 ff EuGVVO richtet und § 328 ZPO insoweit nicht anwendbar ist[641]. Obwohl der Wortlaut des Art. 36 EUGVVO mit „Entscheidungen" weiter als der des § 328 ZPO geht, in dem es „Urteile" heißt, sind beide Normen auf die Verwertbarkeit der Beweisaufnahme eines ausländischen Beweissicherungsverfahrens nicht anwendbar, da diese gerade keine anerkennungsfähige Entscheidung in diesem Sinne ist[642]. Da hier aber die Versagungsgründe des § 328 Abs. 1 ZPO dem Rechtsgedanken nach im Rahmen des *ordre public* angewendet werden sollen, ist dennoch auf das Verhältnis zur EuGVVO einzugehen. Der besagte Vorrang der EuGVVO vor § 328 ZPO bei der Urteilsan-

---

636 Siehe oben § 4B, S. 82.

637 *Rollin*, Ausländische Beweisverfahren, S. 139 ff.

638 Siehe oben § 5C.II, S. 119.

639 *Eschenfelder*, Beweiserhebung im Ausland, S. 163 ff; *Rauscher*, Internationales Privatrecht, Rn. 603; *Reiling*, Das US-amerikanische Discovery-Verfahren, S. 280 ff; *Rollin*, Ausländische Beweisverfahren, S. 141, aber einschränkend S. 142; *Wannenmacher*, Einstweilige Maßnahmen, S. 103 f; **aA** Musielak/Voit/*Stadler*, § 369 Rn. 3, die insoweit auf die Beweiswürdigung verweist; krit. auch *Stürner*, IPRax 1984, 299 (301).

640 *Rollin*, Ausländische Beweisverfahren, S. 142 ff; den Begriff aufgreifend *Reiling*, Das US-amerikanische Discovery-Verfahren, S. 282 ff.

641 EuGH, Urt. v. 15.07.1964, Rs. C - 4/64 - Costa ./. Enel, NJW 1964, 2371 f; Rauscher/*Mankowski*, Brüssel Ia-VO Einl. Rn. 27.

642 Siehe oben § 5C.II, S. 119.

erkennung wirkt sich bezüglich des *ordre public* allerdings lediglich insofern aus, dass der maßgebliche Versagungsgrund nicht § 328 Abs. 1 Nr. 4 ZPO, sondern Art. 45 Abs. 1 lit. a EuGVVO ist und dass die Prüfung aufgrund des abweichenden Wortlauts nur auf Antrag der Partei erfolgt. Maßgeblich ist dabei aber – wie auch bei Anwendung des § 328 ZPO – der deutsche *ordre public*, der allerdings neben den deutschen Wertvorstellungen auch durch das zwingende Recht und die Rechtsgrundsätze des Europa- und Völkerrechts determiniert wird[643]. Durch die EuGVVO wird der deutsche *ordre public* im Anwendungsbereich der EuGVVO insoweit aber einerseits bezüglich der Grenzen dessen, was ein Mitgliedstaat als *ordre public* geltend machen kann, und andererseits bezüglich der Berücksichtigung des unionsrechtlichen *ordre public* (und von unionsrechtlichen Grundrechten) der Kontrolle durch den EuGH unterworfen[644]. Es kann mithin im Folgenden auf den deutschen (verfahrensrechtlichen) *ordre public* abgestellt werden, wobei allerdings die unionsrechtlichen Bezüge und Grenzen gegebenenfalls zu berücksichtigen sind. Auch unter dieser Maßgabe ist die *ordre public*-Prüfung im Rechtsverkehr innerhalb der Europäischen Union allerdings nicht gänzlich entbehrlich[645].

Grundsätzlich sind die drei maßgeblichen Aspekte – also die funktionale Vergleichbarkeit als Teil des internationalprivatrechtlichen Instituts der Substitution, die aus dem (hier insbesondere verfahrensrechtlichen) *ordre public* folgenden besonderen Verwertungshindernisse bei Auslandsfällen und die allgemeinen Beweisverwertungsverbote des deutschen Prozessrechts als Ausprägung der verfassungsmäßigen Verfahrens- und Grundrechte – zwar voneinander zu unterscheiden, jedoch sind hier in der Sache die jeweiligen Wertungen wechselseitig auf allen Ebenen zu berücksichtigen, sodass eine gewisse Vermischung nicht zu vermeiden, sondern vielmehr erforderlich ist[646].

Sinnvoll ist jedenfalls aber die Trennung zwischen der funktionalen Vergleichbarkeit als Voraussetzung für die Substitution des Beweissicherungsverfahrens

---

643 Rauscher/*Leible*, Brüssel Ia-VO Art. 45 Rn. 7.

644 Schlosser/Hess/*Hess*, EuGVVO Art. 45 Rn. 5 ff mwN; zur Rspr des EuGH vgl. *Jüngst*, Der europäische verfahrensrechtliche ordre public, S. 76 ff.

645 MüKoZPO/*Gottwald*, § 328 Rn. 117 aE; vgl. auch *Martiny*, FS Sonnenberger, S. 523 ff.

646 *Eschenfelder*, Beweiserhebung im Ausland, S. 196 ff bzgl. des *ordre public* und der Beweisverwertungsverbote; *Reiling*, Das US-amerikanische Discovery-Verfahren, S. 280 ff.

eines bestimmten Landes (A.II. und B.) und anderen Verwertungshindernissen (A.III. und C.)[647].

II. Abstrakte funktionale Vergleichbarkeit

In einem ersten Schritt findet die abstrakte Prüfung der funktionalen Vergleichbarkeit statt. Diese bezieht sich ganz allgemein auf das Beweissicherungsverfahren eines bestimmten Landes, wobei abstrakt eben meint, dass wiederum auch bei Beweissicherungsverfahren dieses einen bestimmten Landes trotz gegebener funktionaler Vergleichbarkeit in konkreten Einzelfällen dennoch Verwertungshindernisse bestehen können. Im Anschluss an die abstrakte Prüfung der funktionalen Vergleichbarkeit schließt sich nämlich in einem zweiten Schritt eine konkrete Einzelfallprüfung an. Hier kommt es nicht mehr auf die inhaltliche Ausgestaltung des Verfahrens, sondern auf dessen Durchführung und das Ergebnis im Einzelfall an[648]. Es kann also Fälle geben, in denen die aus einem funktional vergleichbaren Beweissicherungsverfahren stammende Beweisaufnahme in einem von vielen Fällen ausnahmsweise aufgrund spezieller Aspekte dieses bestimmten Verfahrens nicht verwertbar ist, mithin im konkreten Einzelfall ein Verwertungshindernis besteht.

Nun ist aber bei der Beurteilung der funktionalen Vergleichbarkeit nicht lediglich eine funktionale Untersuchung im Hinblick auf den Sinn und Zweck sowie die Ausgestaltung des Verfahrens anzustellen, sondern ist auch hier schon zu fragen, ob das ausländische Verfahren mit den grundlegenden Verfahrensrechten und dem deutschen verfahrensrechtlichen *ordre public* vereinbar ist. Nur kommt es im Rahmen der abstrakten Prüfung allein darauf an, ob das ausländische Verfahren an sich und prinzipiell (eben abstrakt) diesen Wertungen und Rechten widerspricht. Diese Beurteilung ist zunächst also unabhängig davon, dass es in diesem Verfahren im konkreten Fall zu inkompatiblen Ergebnissen kommen kann, die aber nicht planmäßig bzw. zwingend in der Ausgestaltung des Verfahrens angelegt sind. Deutlich wird dieser Aspekt bei der Betrachtung des Beispiels, dass die Beweiserhebung in einem bestimmten Einzelfall nicht nur gegen deutsche Grundprinzipien verstößt, sondern auch schon gegen das nationale Verfahrensrecht des Landes, in dem sie durchgeführt wurde[649]. Hier ist das Beweissicherungsverfahren dieses Landes zwar abstrakt funktional vergleichbar,

---

647 Ähnliche Aufteilung ohne Nennung der Substitution bei *Eschenfelder*, Beweiserhebung im Ausland, S. 170 ff, 195 ff.

648 *Rollin*, Ausländische Beweisverfahren, S. 141.

649 *Eschenfelder*, Beweiserhebung im Ausland, S. 198.

doch ist die Verwertung in diesem konkreten Einzelfall ausnahmsweise dennoch nicht möglich. Diese Konstellation entspricht insoweit einem deutschen selbständigen Beweisverfahren, bei dem die Beweisaufnahme rechtswidrig war. Das deutsche selbständige Beweisverfahren kann abstrakt natürlich problemlos gem. § 493 Abs. 1 ZPO verwertet werden (dies entspricht der funktionalen Vergleichbarkeit), doch in diesem konkreten Einzelfall wird die Verwertung aufgrund der rechtswidrigen Durchführung im konkreten Einzelfall versagt werden (dies entspricht den Verwertungshindernissen im konkreten Einzelfall). Für die funktionale Vergleichbarkeit wird das ausländische Beweissicherungsverfahren also nur abstrakt, aber unter Berücksichtigung des verfahrensrechtlichen *ordre public* und grundlegender Verfahrensrechte betrachtet.

Die Frage der funktionalen Vergleichbarkeit als Teil der Substitution betrifft den Anwendungsbereich der Norm. Sie ist damit eine Frage des deutschen Sach- bzw. Prozessrechts und als Rechtsfrage mithin von Amts wegen zu beantworten[650]. Nach dem Grundsatz *iura novit curia* obliegt es nämlich dem Gericht, das inländische Gesetzesrecht einschließlich des unmittelbar geltenden Europa- und Völkerrechts uneingeschränkt zu kennen[651]. Dies gilt auch, wenn man die Substitution – wie hier vertreten – nicht als bloße Auslegung des inländischen Rechts, sondern als ein eigenständiges Institut des Internationalen Privatrechts begreift[652]. Denn auch das inländische Internationale Privatrecht sowie das Internationale Verfahrensrecht fallen unter den Grundsatz *iura novit curia* und gehören somit zu dem Recht, welches das Gericht zu kennen hat[653]. Aus diesem Grund ist hier auch die von den Gerichten häufig praktizierte Einholung eines Sachverständigengutachtens zu diesen Fragen nach § 293 ZPO nicht gerechtfertigt[654]. Lediglich insoweit, wie für die Beurteilung der funktionalen Vergleichbarkeit gegebenenfalls die Ermittlung des ausländischen Rechts notwendig wird, ist § 293 ZPO anzuwenden und eine diesbezügliche Beweiserhebung zulässig[655]. Als Rechtsfrage ist die Substitution und damit auch die funktionale Vergleichbarkeit des ausländischen Beweissicherungsverfahrens somit von Amts wegen zu prüfen. Dies entspricht auch der herrschenden Meinung bezüglich des *ordre public*, derzufolge ein entsprechender

650 Vgl. Zöller/*Geimer*, § 293 Rn. 9 ff.

651 MüKoZPO/*Prütting*, § 293 Rn. 2 ff; Saenger/*Saenger*, § 293 Rn. 1.

652 Siehe oben § 4B.I, S. 82.

653 BGH, Urt. v. 15.07.2008, Az. VI ZR 105/07, NJW 2009, 916 (917); BeckOK-ZPO/*Bacher*, § 293 Rn. 2; MüKoZPO/*Prütting*, § 293 Rn. 7 ff.

654 *Spickhoff*, JZ 1999, 301 (303 f).

655 Vgl. MüKoZPO/*Rauscher*, Einl. Rn. 345.

Verstoß ebenso vom Gericht von Amts wegen zu prüfen ist[656]. Maßgeblich ist letztlich auf der abstrakten Ebene der funktionalen Vergleichbarkeit nur, dass es sich bei der Substitution um eine Rechtsfrage handelt, die mithin von Amts wegen durch das Gericht geprüft wird, sobald sich eine Partei auf ein ausländisches Beweissicherungsverfahren beruft. Allerdings sollte das Gericht dann zu einem Hinweis gem. § 139 ZPO verpflichtet sein, wenn es die funktionale Vergleichbarkeit für nicht gegeben hält, damit die Parteien dazu Ausführungen machen können bzw. sich auf die fehlende Verwertbarkeit des Beweissicherungsverfahrens nach § 493 Abs. 1 ZPO einstellen können[657]. Dieses Ergebnis kann jedoch nicht ohne weiteres auf die prozessualen Verwertungshindernisse im Einzelfall übertragen werden[658].

III. Konkrete Verwertungshindernisse im Einzelfall

Anschließend kann es im konkreten Einzelfall Verwertungshindernisse geben[659]. Hier wird es noch schwieriger, den verfahrensrechtlichen *ordre public* als Institut des Internationalen Zivilprozessrechts und die allgemeinen Beweisverwertungsverbote als Ausfluss verfassungsmäßiger Verfahrens- und Grundrechte auseinanderzuhalten. Dies erkennt *Eschenfelder* und scheint schließlich alle Verwertungshindernisse im Rahmen des verfahrensrechtlichen *ordre public* behandeln zu wollen[660]. Bezogen auf Beweissicherungsverfahren plädiert er aber dann für eine Anwendung des § 493 Abs. 2 ZPO direkt und des § 328 Abs. 1 Nr. 1, 2, 4, 5 ZPO analog[661]. In der Tat werden auch im Übrigen in der Literatur Verwertungshindernisse im Einzelfall insbesondere durch die Annahme von Analogien erreicht. So möchte auch *Berger*[662] bezüglich der Verwertbarkeit des Beweissicherungsverfahrens § 493 Abs. 2 ZPO und gegebenenfalls ebenso wie *Wannenmacher*[663] die Ausschlussgründe des § 328 Abs. 1 ZPO analog heranziehen. *Stürner* ergänzt letzteres noch um Analogien der §§ 357 Abs. 2 S. 2 und 364

---

656 MüKoZPO/*Gottwald*, § 328 Rn. 10 mwN.

657 Vgl. MüKoZPO/*Rauscher*, Einl. Rn. 344.

658 Siehe dazu unten § 6C.I.2, S. 163.

659 Der Begriff soll veranschaulichen, dass es hier konkret um Hindernisse bezüglich der Verwertung von Ergebnissen ausländischer Beweissicherungsverfahren geht. Ebenso könnte man von Beweis(verwertungs)verboten sprechen. Vgl. zur Begrifflichkeit auch *Eschenfelder*, Beweiserhebung im Ausland, S. 162 Fn. 45.

660 *Ders.*, Beweiserhebung im Ausland, S. 150 ff.

661 *Ders.*, Beweiserhebung im Ausland, S. 240 f.

662 Stein/Jonas/*Berger*, § 493 Rn. 8.

663 *Wannenmacher*, Einstweilige Maßnahmen, S. 103 f.

Abs. 4 ZPO[664]. Jedenfalls gibt es hier augenscheinlich einen sich mit den allgemeinen Verwertungsverboten nach inländischem Recht überschneidenden Bereich. Da der *ordre public* allgemein und der verfahrensrechtliche *ordre public* im Besonderen aber grundsätzlich davon ausgehen, dass Besonderheiten bis hin zu starken Abweichungen des ausländischen vom nationalen Recht grundsätzlich hinzunehmen sind und nur die äußerste Grenze zu dem bilden, was mit der nationalen Werteordnung nicht mehr vereinbar ist, ist zu Recht davon auszugehen, dass nicht jedes Beweisverwertungsverbot des nationalen Rechts gleichzeitig einen Verstoß gegen den verfahrensrechtlichen *ordre public* darstellt[665].

Unproblematisch ist es insoweit, wenn bei der Durchführung des Beweissicherungsverfahrens schon gegen Vorschriften der *lex fori* verstoßen wurde und dieser Verstoß auch in einem deutschen Prozess zu einem Beweisverwertungsverbot führen würde[666]. Darüber hinaus kommt es speziell im Falle von Beweissicherungsverfahren meines Erachtens aber allgemein bei der Frage nach Verwertungshindernissen nicht auf eine deutliche Unterscheidung zwischen Erwägungen, die durch den verfahrensrechtlichen *ordre public* geleitet sind, und solchen, die auf verfassungsrechtlichen Verfahrens- oder Grundrechten basieren, an. Im internationalen wie im nationalen Fall geht es in der Sache um die Frage der Verwertbarkeit einer Beweisaufnahme, die durch ein anderes Gericht als das Prozessgericht durchgeführt wurde. Zu Recht verweist *Eschenfelder* darauf, dass zwischen der Beweiserlangung und der Beweisverwertung sowie -würdigung zu trennen ist[667]. Dass die Beweiserhebung ohnehin als Ganzes der freien Beweiswürdigung des Prozessgerichts gem. § 286 ZPO unterliegt, rechtfertigt es hier, nationale Beweisverwertungsverbote gleichermaßen anzuwenden und sich dabei dann gegebenenfalls durch den verfahrensrechtlichen *ordre public* leiten zu lassen, um dem Auslandsbezug gesondert Rechnung zu tragen[668]. Dies ist hier auch insofern berechtigt, als dass es im Gegensatz zur Urteilsanerkennung gem. § 328 ZPO zum Beispiel nicht darum geht, einen im Ausland abgeschlossenen Rechtsstreit zu beurteilen und insofern die eigenen Rechtsvorstellungen nachträglich aufzuzwingen, sondern vielmehr die Beweiswürdigung und Entscheidung in der Sache durch ein deutsches Gericht noch ansteht und letzteres dabei

---

664 *Stürner*, IPRax 1984, 299 (301).

665 BGH, Urt. v. 18.10.1967, Az. VIII ZR 145/66, NJW 1968, 354 (355); *Geimer*, Anerkennung ausländischer Entscheidungen, S. 58.

666 Siehe aber zur Frage einer Präklusion unten § 6C.I.3, S. 165.

667 *Eschenfelder*, Beweiserhebung im Ausland, S. 204 f.

668 Ähnlich auch *ders.*, Beweiserhebung im Ausland, S. 200.

natürlich an sein nationales Recht gebunden ist[669]. Das bereits bei der Urteilsanerkennung bezüglich seines Ausmaßes umstrittene Verbot der *révision au fond* ist hier somit ohnehin nicht oder bestenfalls nur mittelbar betroffen[670]. Trotzdem sind bei der Beweiswürdigung durch das deutsche Hauptsachegericht richtigerweise aber auch die Wertungen des § 328 ZPO zu berücksichtigen[671]. Allerdings sollte nicht aus den Augen verloren werden, dass die Substitutionsfähigkeit bereits bejaht wurde und deshalb im Grundsatz doch eine Unverwertbarkeit nur sehr restriktiv angenommen werden sollte, wenn auch ein wenig flexibler als bei der Urteilsanerkennung[672]. Eine genaue Zuordnung der Verwertungshindernisse zum verfahrensrechtlichen *ordre public* oder zum nationalen Prozessrecht kann jedenfalls aber unterbleiben. Darüber hinaus kann bei Bedarf auch ohne Annahme eines Verwertungshindernisses bei der ohnehin vorzunehmenden Beweiswürdigung (gem. § 286 ZPO) eine durch den Auslandsbezug bedingte Besonderheit berücksichtigt werden[673].

IV. Ergebnis zu A.

Nachdem die grundsätzliche Substitutionsfähigkeit bejaht wurde, kommt es in einem zweiten Schritt darauf an, dass das ausländische Beweissicherungsverfahren auch mit dem inländischen selbständigen Beweisverfahren funktional vergleichbar ist. Als eine den Anwendungsbereich der jeweiligen Norm betreffende Rechtsfrage ist die funktionale Vergleichbarkeit von Amts wegen durch das Gericht zu prüfen. Nach dieser abstrakten Beurteilung des ausländischen Verfahrens dürfen darüber hinaus im konkreten Einzelfall keine Verwertungshindernisse gegeben sein. Da es sich bei Beweissicherungen nicht um anerkennungsfähige Entscheidungen handelt, sind § 328 ZPO oder Artt. 36, 45 EuGVVO nicht unmittelbar anwendbar. Die Verwertbarkeit richtet sich aber jedenfalls nach der *lex fori processualis*, wobei es vielmehr insoweit gleichermaßen, ohne dass insoweit eine saubere Trennung erforderlich wäre, auf Erwägungen des verfahrensrechtlichen *ordre public* wie auf die allgemeinen grundlegenden Verfahrensrechte des nationalen Prozessrechts und auch Grundrechte ankommt.

---

669 In diese Richtung bzgl. Rechtshilfeersuchen aus dem Ausland *Rollin*, Ausländische Beweisverfahren, S. 137.

670 Vgl. *Spickhoff*, ZZP 108 (1995), 475 (483 ff); gleiches gilt für den *ordre public attenué*, vgl. *Geimer*, Anerkennung ausländischer Entscheidungen, S. 60 f.

671 *Gronstedt*, Grenzüberschreitender einstweiliger Rechtsschutz, S. 222.

672 Dahingehend auch *Wannenmacher*, Einstweilige Maßnahmen, S. 104.

673 Siehe dazu unten § 6D, S. 183.

B. Funktionale Vergleichbarkeit von Beweissicherungsverfahren

Nachdem die generelle Substitutionsfähigkeit bejaht wurde, ist nun zu untersuchen, welche Voraussetzungen für die von Amts wegen zu prüfende[674] funktionale Vergleichbarkeit eines ausländischen Beweissicherungsverfahrens maßgeblich sind.

I. Zielsetzung und Bedeutung des selbständigen Beweisverfahrens

Primärer Zweck eines Beweissicherungsverfahrens ist, wie der Name schon zu erkennen gibt, die Sicherung von Beweisen. Ein Erfordernis zur Sicherung von Beweisen besteht zunächst einmal dann, wenn die Gefahr besteht, dass die Beweise verloren gehen oder sich verändern und dadurch in ihrer Brauchbarkeit geschwächt werden[675]. Auf diese Zielsetzung nimmt § 485 Abs. 1 Alt. 2 ZPO Bezug, der die Zulässigkeit des selbständigen Beweisverfahrens an die Besorgnis knüpft, dass das Beweismittel verloren geht oder seine Benutzung erschwert wird. Aus § 493 Abs. 1 ZPO ist darüber hinaus ersichtlich, dass die Beweissicherung an sich zur Verwendung in einem Hauptsacheprozess erfolgt, sofern sich dieser nicht vermeiden lässt. Außerdem dient sie in diesem Sinne nur der Erhaltung der Tatsachengrundlage für den Rechtsstreit, indem sie ihm ansonsten nicht vorweggreift und beiden Parteien die Berufung auf die Beweisaufnahme ermöglicht[676]. Insbesondere nimmt das Beweissicherungsverfahren keine Rechtsfragen vorweg[677].

Nun unterscheiden sich einige ausländische Beweissicherungsverfahren davon insoweit, als dass sie es auch erlauben, die Beweissicherung einzuleiten, um die eigenen Erfolgsaussichten in einem potentiellen Hauptsacheprozess abzuschätzen[678]. Doch bevor deshalb vorschnell die funktionale Vergleichbarkeit abgelehnt wird, lohnt es sich, auch auf § 485 Abs. 2 S. 2 ZPO einzugehen. Dieser dient zwar in erster Linie der Feststellung der Schadenshöhe, aber eben auch der Feststellung einer Rechtgutsverletzung bzw. der Mangelhaftigkeit einer Sache und auch ihrer Ursache (vgl. § 485 Abs. 2 Nr. 2 ZPO). Dies soll nach dem Willen des Gesetzgebers insbesondere die außergerichtliche Streitbeilegung durch Anerkenntnis oder Vergleich fördern, kann aber faktisch auch zur Einschätzung der

674 Siehe oben § 6A.II, S. 146.
675 Vgl. *Ahrens*, Der Beweis im Zivilprozess, Kap. 52 Rn. 1.
676 Siehe oben § 2A.I.2, S. 28.
677 MüKoZPO/*Schreiber*, § 487 Rn. 4.
678 Etwa in Frankreich, vgl. oben § 2B.I.1, S. 38, oder in der Schweiz, vgl. oben § 2C.I.1, S. 43.

Erfolgsaussichten einer Klage genutzt werden[679]. Da außerdem das rechtliche Interesse iSd § 485 Abs. 2 ZPO weit ausgelegt wird[680], liegt insoweit also (zumindest faktisch) eine funktionale Parallele vor. Außerdem ist auch in allen untersuchten Verfahren als Mindestvoraussetzung ein zumindest potentielles Hauptsacheverfahren erforderlich, sodass es nicht von vorneherein ausgeschlossen sein darf, dass überhaupt irgendwelche Ansprüche bestehen könnten. Keines der Verfahren bietet also generell die Möglichkeit eines Ausforschungsbeweises, sondern es ist vielmehr jeweils im Einzelfall ein Verstoß gegen das Ausforschungsverbot zu prüfen[681]. Selbst bei der diesbezüglich deutlich problematischeren US-amerikanischen *discovery* wird es auf eine Einzelfallprüfung ankommen und die funktionale Vergleichbarkeit nicht generell zu verneinen sein[682].

Darüber hinaus ist zu beachten, dass nach § 485 Abs. 1 Alt. 1 ZPO bei Zustimmung des Gegners, das Beweissicherungsverfahren auch ungeachtet der Motivation der Parteien, also ungeachtet der Zielsetzung des Verfahrens, eingeleitet wird[683].

Unter Berücksichtigung dieser Aspekte schadet es der funktionalen Vergleichbarkeit nicht, wenn ein Beweissicherungsverfahren auch die Abschätzung der Erfolgsaussichten einer Klage zum Ziel hat[684]. Entscheidend ist aber, dass das Beweissicherungsverfahren dann zumindest auch oder sogar primär der bloßen Sicherung von Beweisen zur Bewahrung vor ihrem Verlust dient.

II. Gerichtliches und kontradiktorisches Verfahren

Bei dem Beweissicherungsverfahren muss es sich im Grundsatz um ein gerichtliches Verfahren handeln. Die Durchführung des Beweissicherungsverfahrens muss also wie beim selbständigen Beweisverfahren gem. §§ 485 ff ZPO unter der Aufsicht und Leitung eines Gerichts (insb. durch Beweisbeschlüsse[685]) stehen und es darf sich nicht nur um eine rein private Beweisbeschaffung durch

679 Stein/Jonas/*Berger*, Vor § 485 Rn. 1.

680 Siehe oben § 2A.I.2, S. 28.

681 *Reiling*, Das US-amerikanische Discovery-Verfahren, S. 292 ff; siehe zur Verletzung des Ausforschungsverbots im Einzelfall unten § 6C.IV, S. 171.

682 Vgl. unten § 6C.IV, S. 171; zu Abwehrversuchen gegenüber der *discovery* auch *Junker*, RIW 1987, 1 ff; *ders.*, Herausforderungen des IZVR, S. 103 ff.

683 Siehe oben § 2A.I.2, S. 28.

684 Dahingehend *Eschenfelder*, Beweiserhebung im Ausland, S. 173 f; *Reiling*, Das US-amerikanische Discovery-Verfahren, S. 293 f.

685 *Eschenfelder*, Beweiserhebung im Ausland, S. 179 f.

die Parteien handeln[686]. Dazu ist allerdings nicht die permanente Anwesenheit des Richters bei jeder Maßnahme erforderlich[687]. So genügt es zum Beispiel bei den *depositions* des US-amerikanischen Rechts, die ohne Anwesenheit eines Richters erfolgen, dass diese gesetzlich für die *discovery* vorgesehen sind und Vorladungen (*subpoena*) durch ein Gericht erlassen werden[688]. Auch die Erstellung des Sachverständigengutachtens erfordert keine Anwesenheit des Richters, da auch im deutschen Verfahren der Sachverständige seine Begutachtung im Rahmen der §§ 404a, 407a ZPO grundsätzlich eigenständig vornimmt[689]. Nicht als gerichtliches Verfahren anzusehen ist aber zum Beispiel die Tätigkeit eines Sachverständigen in den USA, da dieser von den Parteien ausgesucht und bezahlt wird, mithin nicht dem unparteiischen deutschen Sachverständigen iSd § 402 ff ZPO entspricht[690]. Auch das Gericht selbst muss selbstverständlich unabhängig und unparteiisch sein[691]. Eine Abweichung des Befangenheitsmaßstabs reicht insoweit allerdings alleine nicht aus, um die Neutralität des Gerichts zu verneinen[692]. Entscheidend ist hier, dass der Ablauf der gesamten Beweisaufnahme in einem geordneten Verfahren unter unabhängiger und unparteiischer gerichtlicher Kontrolle steht.

Die Konzeption des selbständigen Beweisverfahrens geht grundsätzlich außerdem davon aus, dass der Zweck der Beweissicherung und Schaffung einer Tatsachengrundlage für einen Hauptsacheprozess nur dann erfüllt werden kann, wenn auch im selbständigen Beweisverfahren schon die Rechte des Gegners angemessen gewahrt werden[693]. Deutlich sichtbar wird dies anhand des § 491 Abs. 1 ZPO, demzufolge dem Gegner der Beschluss über die Beweisaufnahme zuzustellen und er zum Beweisaufnahmetermin rechtzeitig zu laden ist. Wie gesehen steht seine Abwesenheit der Beweisaufnahme zwar nicht entgegen (§ 491 Abs. 2 ZPO), doch kann sie nicht vor dem Prozessgericht verwendet werden, wenn der Gegner schon gar nicht ordnungsgemäß geladen wurde (§ 493 Abs. 2 ZPO).

686 *Rollin*, Ausländische Beweisverfahren, S. 125.
687 Siehe hingegen zur erforderlichen Parteiöffentlichkeit unten § 6C.VI, S. 175.
688 *Junker*, Discovery, S. 149 ff; *Rollin*, Ausländische Beweisverfahren, S. 125 f.
689 Vgl. Saenger/*Siebert*, § 404a Rn. 1 ff; *Stamm*, ZZP 124 (2011), 433 ff.
690 *Rollin*, Ausländische Beweisverfahren, S. 126; *Schack*, US-amerikanisches Zivilprozessrecht, Rn. 157 mwN.
691 MüKoZPO/*Gottwald*, § 328 Rn. 127.
692 Musielak/Voit/*Stadler*, § 328 Rn. 28.
693 Siehe oben § 2A.V, S. 36.

Ebenso ist für eine Verwertbarkeit der Ergebnisse des selbständigen Beweisverfahrens erforderlich, dass die wesentlichen Beteiligungsrechte des Gegners während der Beweisaufnahme gewahrt wurden, so etwa das Frage- und Anwesenheitsrecht. Auch hier kann zwar im Ausnahmefall ohne Anwesenheit des Gegners mit der Beweisaufnahme begonnen werden, doch zeichnet sich ab, dass das selbständige Beweisverfahren als verselbständigter Teil des Klageverfahrens als ein kontradiktorisches Verfahren konzipiert ist, in dem allen Parteien rechtliches Gehör gewährt werden muss[694].

Dies strahlt auch auf die funktionale Vergleichbarkeit als Voraussetzung für die Substitution eines ausländischen Beweissicherungsverfahrens aus. Auch ein solches Verfahren muss grundsätzlich als kontradiktorisches Verfahren angelegt sein. Zentrales Element ist insoweit die Kenntnis des Gegners von der Einleitung des Verfahrens, da nur so die Hemmungswirkung[695] bei der Verjährung zu rechtfertigen ist und da sie den Ausgangspunkt für eine Beteiligung des Gegners bildet, die wiederum Voraussetzung für die Verwertbarkeit in der Hauptsache ist. Obgleich § 328 ZPO keine unmittelbare Anwendung findet, ist hier sehr wohl die Wertung des § 328 Abs. 1 Nr. 2 ZPO zu berücksichtigen, die als Ausfluss des Rechts auf rechtliches Gehör gem. Art. 103 Abs. 1 GG verlangt, dass zwar nicht jede Verfahrensvorschrift zwingend eingehalten worden sein muss, wohl aber dass in einem kontradiktorisch angelegten Verfahren die grundlegenden Verfahrensrechte einer Partei gewahrt werden[696].

Konkret bedeutet dies also, dass das in Frage stehende ausländische Prozessrecht vorsehen muss, dass dem Gegner der Beschluss über die Anordnung eines Beweissicherungsverfahrens zuzustellen ist[697]. Die Ordnungsmäßigkeit der Zustellung beurteilt sich dann grundsätzlich nach den prozessrechtlichen Regeln des ausländischen Staates, in dem das Beweissicherungsverfahren durchgeführt wurde[698]. Diese sind aber insoweit nicht bindend, als dass jedenfalls aber

---

694 BGH, Beschl. v. 21.12.2006, Az. IX ZB 150/05, NJW-RR 2007, 1573 f; OLG Hamm, Beschl. v. 28.12.1993, Az. 20 W 19/93, NJW-RR 1995, 189; *Schellhammer*, Zivilprozess, S. 852 Fn. 1.

695 BGH, Urt. v. 13.03.1980, Az. VII ZR 80/79, NJW 1980, 1458 f; *Rosenberg/Schwab/Gottwald*, Zivilprozessrecht, § 117 Rn. 4; siehe dazu schon oben § 5A.V, S. 108.

696 BGH, Beschl. v. 21.12.2006, Az. IX ZB 150/05, NJW-RR 2007, 1573 f; MüKoZPO/*Gottwald*, § 328 Rn. 95.

697 EuGH, Urt. v. 21.05.1980, Rs. C - 125/79 - Denilauler ./. Couchet Frères, GRUR Int 1980, 512 ff; *Geimer*, Internationales Zivilprozessrecht, Rn. 2825; *Schütze*, Rechtsverfolgung im Ausland, Rn. 327; *Stürner*, IPRax 1984, 299 (301).

698 BeckOK-ZPO/*Bach*, § 328 Rn. 21 f.

die Mindestanforderungen im Hinblick auf Art. 103 Abs. 1 GG nach deutschen Maßstäben erfüllt sein müssen[699]. Im Zweifel ist hier aber wie allgemein zugunsten der funktionalen Vergleichbarkeit zu entscheiden und es kommt gegebenenfalls noch ein Verwertungshindernis im konkreten Einzelfall in Betracht.

Außerdem muss das Verfahren derart ausgestaltet sein, dass die Beweisaufnahme im Beweissicherungsverfahren (zumindest grundsätzlich) unter Beteiligung des Gegners stattfinden muss, wozu mindestens ein Anwesenheits- und darüber hinaus aber auch gewisse Frage- und Antragsrechte für den Gegner vorgesehen sein müssen[700]. Dahinter stehen die Wertungen derselben grundlegenden Verfahrensrechte wie bei § 328 Abs. 1 Nr. 2 ZPO. Da letzterer in seinem direkten Anwendungsbereich als *lex specialis* zu § 328 Abs. 1 Nr. 4 ZPO nur die Einleitung des Verfahrens betrifft, ergibt sich das Erfordernis eines kontradiktorischen Verfahrens während der Durchführung des Beweissicherungsverfahrens letztlich aus dem verfahrensrechtlichen *ordre public*[701]. Dementsprechend sind auch hier keine zu hohen Anforderungen zu stellen. Daraus folgt zum einen, dass freilich im Hinblick auf die Vergleichbarkeit keine höheren Anforderungen zu stellen sind, als das nationale Prozessrecht selbst vorsieht, und auch dass eine Abweichung von zwingenden deutschen Vorschriften nicht unbedingt für eine *ordre public*-Widrigkeit ausreicht[702]. Zum anderen bedeutet dies aber auch, dass nicht immer, wenn der Gegner nicht anwesend war oder mit einem Antrag nicht gehört wurde, die Substitution in Frage gestellt werden muss. Problematisch ist insofern insbesondere die französische *ordonnance sur requête* gem. Art. 493 CPC, die eine Beweissicherung ohne Beteiligung des Gegners erlaubt. Da hier wie gesagt aber keine überzogenen Anforderungen gestellt werden sollen, genügt es vielmehr zur Annahme der funktionalen Vergleichbarkeit, wenn das ausländische Beweissicherungsverfahren eine Durchführung ohne Anwesenheit des Gegners nur in engen Ausnahmefällen zulässt und insoweit der Konzeption des deutschen selbständigen Beweisverfahrens entspricht, welches grundsätzlich Teilnahme- und Beteiligungsrechte für den Gegner vorsieht, gleichwohl aber in den §§ 494, 493 Abs. 2 ZPO Ausnahmen enthält. Ob dann trotz dieses Ausgangspunkts in einem konkreten Verfahren eine Verletzung von Verfahrensrechten vorliegt, die ein Verwertungshindernis rechtfertigt, ist dann durch eine Würdigung der Umstände dieses Einzelfalls zu bestimmen[703].

---

699 Saenger/*Dörner*, § 328 Rn. 35.

700 BeckOK-ZPO/*Bach*, § 328 Rn. 18.1.

701 Saenger/*Dörner*, § 328 Rn. 29; Musielak/Voit/*Stadler*, § 328 Rn. 26.

702 BeckOK-ZPO/*Bach*, § 328 Rn. 38.

703 Siehe unten § 6C.V und § 6C.VI, S. 172 ff.

So können zum Beispiel die Nichtzulassung eines Verteidigungsmittels oder der Ausschluss vom Verfahren zu einem Verwertungshindernis führen, während für die funktionale Vergleichbarkeit insoweit allerdings nur maßgeblich ist, dass das ausländische Verfahren dem Gegner grundsätzlich Verteidigungsmittel zur Verfügung stellt und das Verfahren grundsätzlich auch in seiner Anwesenheit durchzuführen ist[704]. Aus diesem Grund ist auch im Hinblick auf die französische *ordonnance sur requête* nicht die funktionale Vergleichbarkeit abzulehnen, da das *requête*-Verfahren nur ausnahmsweise und subsidiär zum *référé*-Verfahren zur Anwendung kommt, wenn die Beteiligung des Gegners den Erfolg der Beweissicherungsmaßnahme erheblich gefährdet[705].

III. Beibringungs- und Untersuchungsgrundsatz

Mit dem vorhergehenden Punkt verbunden ist die Frage nach dem Einfluss des Untersuchungsgrundsatzes in ausländischen Prozessordnungen auf die funktionale Vergleichbarkeit ihrer Beweissicherungsverfahren.

Im deutschen Zivilprozess haben die Parteien nach dem Dispositions- und Verhandlungsgrundsatz die Hoheit über den Prozess, entscheiden mithin darüber, dass überhaupt ein Verfahren eingeleitet wird und bestimmen gleichzeitig den Streitgegenstand (vgl. § 308 Abs. 1 ZPO) und grundsätzlich den Fortgang des Verfahrens[706]. Ihnen obliegt es die zur Stützung ihrer Behauptungen erforderlichen Tatsachen vorzutragen und zu beweisen[707]. Dementsprechend wird ein selbständiges Beweisverfahren gem. § 485 ZPO grundsätzlich nur auf Antrag einer Partei angeordnet. Und auch bei der Durchführung des Verfahrens obliegt es den Parteien, die Beweisaufnahme durch die Beantragung der Feststellung bestimmter Tatsachen durch ein bestimmtes Beweismittel zu steuern.

Anders verhält es sich in Jurisdiktionen, in denen der Untersuchungsgrundsatz ganz oder zumindest teilweise gilt. So kann insbesondere in Österreich das Beweissicherungsverfahren gem. § 183 Abs. 1 Nr. 4 öZPO von Amts wegen angeordnet werden. Darüber hinaus liegt es auch im weiteren Verlauf der Beweisaufnahme im Ermessen des österreichischen Richters, über welche Tatsachen er die Beweisaufnahme für nötig erachtet[708].

---

704 MüKoZPO/*Gottwald*, § 328 Rn. 127.
705 Siehe oben § 2B.III, S. 41.
706 *Musielak/Voit*, Grundkurs ZPO, Rn. 208 ff; MüKoZPO/*Rauscher*, Einl. Rn. 313 f.
707 *Schellhammer*, Zivilprozess, Rn. 340 ff.
708 Siehe oben § 2D.I.1, S. 49.

Fraglich ist allerdings, inwiefern sich dies auf die funktionale Vergleichbarkeit auswirkt. Zunächst ist festzustellen, dass der Sinn und Zweck des Beweissicherungsverfahrens an sich nicht unmittelbar davon berührt wird, ob das Verfahren nun auf Antrag einer Partei oder von Amts wegen eingeleitet wurde. Vielmehr hat die rechtsvergleichende Untersuchung der verschiedenen Verfahren ergeben, dass die Zielsetzung der Verfahren in der Regel identisch ist[709]. Die ausländischen Verfahrensrechte weichen also vom deutschen nur insofern ab, dass ein Beweissicherungsverfahren nicht ausschließlich der Dispositionsmaxime folgend von den Parteien angestoßen werden kann, sondern dass auch eine Einleitung von Amts wegen möglich ist. Dies spiegelt allerdings nur die unterschiedliche Konzeption des Verfahrensrechts eines jeweiligen Landes und eine andere Gewichtung der Privatautonomie wider[710]. Solche Unterschiede in den Verfahrensrechten sind als Eigenart ausländischer Jurisdiktionen allerdings grundsätzlich hinzunehmen, da insoweit keine Verletzung grundlegender Verfahrensrechte ersichtlich ist[711]. Es ergibt sich für den Gegner eben kein großer Unterschied dadurch, auf wessen Initiative hin nun ein Beweissicherungsverfahren gegen ihn eingeleitet wird. Jedenfalls geht aber der Rechtsstreit in der Sache auf die Initiative des Anspruchstellers zurück.

Auswirken könnte sich der Untersuchungsgrundsatz allerdings auch im Rahmen der Durchführung des Beweissicherungsverfahrens. Nun verwundert es nicht, dass die Rolle und die Befugnisse des Richters oder Gerichts in verschiedenen Ländern voneinander abweichen werden. Für die *discovery* stellt sich beispielsweise gerade im Gegensatz die Frage nach einer gegebenenfalls zu geringen Einbindung des Gerichts[712]. Aufgrund der Tatsache allein, dass in einer Jurisdiktion dem Richter weitergehende Entscheidungs- und Anordnungsbefugnisse eingeräumt werden, kann aber noch kein Verstoß gegen den verfahrensrechtlichen *ordre public* angenommen werden[713]. Um die funktionale Vergleichbarkeit abzulehnen, muss vielmehr eine in den weitreichenden Kompetenzen liegende Unvereinbarkeit mit den Verfahrensrechten vorliegen.

Insbesondere kann hier der Untersuchungsgrundsatz zu weitreichenden Fragepflichten des Gerichts führen und darüber hinaus auch mit weitergehenden

709 Siehe oben § 2 jeweils unter I.

710 Vgl. MüKoZPO/*Rauscher*, Einl. Rn. 312.

711 *Geimer*, Anerkennung ausländischer Entscheidungen, S. 136 mwN.

712 Vgl. *Eschenfelder*, Beweiserhebung im Ausland, S. 174 ff; *Reiling*, Das US-amerikanische Discovery-Verfahren, S. 290 ff.

713 MüKoZPO/*Gottwald*, § 328 Rn. 128.

Offenlegungs- und Herausgabepflichten der Parteien gepaart sein[714]. Diesbezüglich ist allerdings zum einen zu beachten, dass den Parteien auch im Falle der Amtsermittlung ihre Zeugnisverweigerungsrechte und Beweiserhebungsverbote erhalten bleiben[715]. Zum anderen darf nicht übersehen werden, dass es auch im deutschen Zivilverfahrensrecht Institute gibt, die einer Partei bei Beweisnot helfen sollen und gleichzeitig die andere in Bedrängnis bringen können, wie etwa eine Vielzahl materiellrechtlicher Auskunftsansprüche (z.B. aus § 666 BGB und insbesondere oft auch aus § 242 BGB), Ansprüche auf Urkundeneinsicht (z.B. aus § 810 BGB), sowie Beweislastumkehrungen oder sekundäre Beweislasten[716].

Außerdem gilt der Verhandlungsgrundsatz im deutschen Zivilprozess auch nicht uneingeschränkt, da die Parteien einerseits gem. § 138 Abs. 1 ZPO zur Wahrheit verpflichtet sind und andererseits das Gericht im Rahmen der sogenannten materiellen Prozessleitung während des gesamten Verfahrens insbesondere durch helfende und unterstützende Hinweise den Tatsachenvortrag der Parteien ergänzt[717]. Die Mitwirkung des Gerichts geht im Rahmen des § 139 ZPO zwar nicht so weit wie bei Geltung des Untersuchungsgrundsatzes (der auch vereinzelt im deutschen Prozessrecht gilt, vgl. z.B. § 26 FamFG), sondern betrifft insbesondere die Klarstellung unklarer Parteianträge, aber gegebenenfalls auch die Anpassung des Antragsziels[718]. Auch die Wahrheitspflicht unterscheidet sich vom Untersuchungsgrundsatz dadurch, dass sie zunächst einmal nicht an das Gericht, sondern an die Parteien gerichtet ist und außerdem letztlich nur ein bewusst wahrheitswidriges Vorbringen verbietet[719]. Insoweit besteht also weniger eine Parallele zum Untersuchungsgrundsatz als zu der in anderen Verfahrensrecht ebenso geregelten Wahrheitspflicht der Parteien[720].

Bei der Durchführung des Beweissicherungsverfahrens in Jurisdiktionen, in denen der Untersuchungsgrundsatz gilt, ergeben sich demnach keine erheblichen Unterschiede im Vergleich zum deutschen Verfahren unter Berücksichtigung insbesondere des § 139 ZPO. Die Geltung des Untersuchungsgrundsatzes

---

714 *Bajons*, in: Nagel/Bajons (Hrsg.), Beweis - Preuve - Evidence, S. 427 ff; *Schack*, Internationales Zivilverfahrensrecht, Rn. 739 f.

715 *Bajons*, in: Nagel/Bajons (Hrsg.), Beweis - Preuve - Evidence, S. 427 (432 f).

716 *Eschenfelder*, Beweiserhebung im Ausland, S. 177 f; *Reiling*, Das US-amerikanische Discovery-Verfahren, S. 43 ff; *Rollin*, Ausländische Beweisverfahren, S. 136.

717 *Musielak/Voit*, Grundkurs ZPO, Rn. 209 ff.

718 *Jauernig/Hess*, Zivilprozessrecht, § 25 Rn. 34 ff.

719 MüKoZPO/*Fritsche*, § 138 Rn. 2 f.

720 Vgl. etwa § 178 Abs. 1 öZPO.

rechtfertigt es deshalb nicht, die funktionale Vergleichbarkeit und somit die Substitution pauschal abzulehnen.

Der Unterschied liegt also insbesondere darin, auf wessen Initiative hin die Beweiserhebungsmaßnahmen eingeleitet werden, während sich an dem Beweissicherungsverfahren an sich und seiner Durchführung nur wenige, unerhebliche Abweichungen durch den Untersuchungsgrundsatz ergeben. Das Beweissicherungsverfahren wird zudem in der Regel schon vor der Anrufung eines Hauptsachegerichts durch Antrag einer Partei eingeleitet werden.

Nach alledem mag der Untersuchungsgrundsatz zwar für eine Partei nachteilig sein, doch ist offen und gewissermaßen vom Zufall abhängig, für welche Partei dies der Fall ist. Zudem bezieht sich der Nachteil vor allem auf die Auslösung der Beweiserhebung, nicht jedoch auf deren Ergebnis als solches. Dies wird sich im Falle der Beweissicherung vor einem Hauptsacheverfahren umso weniger auswirken. Letztlich zielt auch das deutsche Verfahren mit seinem Verhandlungsgrundsatz darauf ab, zum Zwecke einer wahrheitsgemäßen Tatsachengrundlage für den Rechtsstreit objektiv richtige Erkenntnisse zu erhalten, wobei es für diesen Zweck gewiss nicht darauf ankommt, wer das Verfahren aus welchem Grunde eingeleitet hat[721]. In der Tat wird in der Regel gerade der Zweck der Sicherung von Beweisen für ein Hauptsacheverfahren verfolgt, mithin die Essenz des Beweissicherungsverfahrens, was letztlich im Interesse aller Parteien ist[722].

Sofern also in einigen Jurisdiktionen der Untersuchungsgrundsatz gilt, schadet dies jedenfalls nicht generell der funktionalen Vergleichbarkeit des betreffenden Beweissicherungsverfahrens. Dies schließt aber nicht aus, dass nicht im Einzelfall eine Maßnahme im Zusammenhang mit der Amtsermittlung zu einem Verwertungshindernis führen kann.

IV. Hemmung der Verjährung

Die Untersuchung der ausländischen Verfahren hat ergeben, dass ein Beweissicherungsverfahren nicht in jeder Jurisdiktion die Hemmung der Verjährung bewirkt. Während dies in Deutschland gem. § 204 Abs. 1 Nr. 7 ZPO und in Frankreich gem. Art. 2239 Abs. 1 C.civ. zwar der Fall ist, haben etwa die Schweizer

721 *Eschenfelder*, Beweiserhebung im Ausland, S. 170 ff; *Rollin*, Ausländische Beweisverfahren, S. 126 ff.

722 *Jauernig/Hess*, Zivilprozessrecht, § 25 Rn. 33.

vorsorgliche Beweisführung[723] und die österreichische vorsorgliche Beweisaufnahme[724] keinen Einfluss auf die Verjährung der materiellen Ansprüche.

Bei der Untersuchung der generellen Substitutionsfähigkeit des § 204 Abs. 1 Nr. 7 ZPO wurde vorweggenommen, dass diese unabhängig davon gegeben ist, ob das ausländische Beweissicherungsverfahren in seinem Ursprungsland eine Hemmung der Verjährung auslöst[725]. Dies rechtfertigt sich dogmatisch bereits dadurch, dass die Frage der Verjährung als materiellrechtliche Frage des jeweiligen Sachrechts nicht mehr unter den Prüfungsumfang bezüglich der funktionalen Vergleichbarkeit des Beweissicherungsverfahrens als prozessualem Instrument der Beweiserhebung fällt. Selbst wenn man dies nicht so sieht, ist hier auf die mit dem § 204 Abs. 1 Nr. 7 ZPO getroffene Entscheidung des Gesetzgebers abzustellen, dass Beweissicherungsverfahren die Verjährung hemmen sollen. Es ist kein Sachgrund dafür ersichtlich, die zugunsten der generellen Substitutionsfähigkeit getroffene Entscheidung im Rahmen der funktionalen Vergleichbarkeit für ausländische Verfahren, die die Verjährung nicht hemmen, wieder umzukehren. Vielmehr liegt unter den übrigen vorgenannten Voraussetzungen der funktionalen Vergleichbarkeit gerade die für § 204 Abs. 1 Nr. 7 ZPO erforderliche qualifizierte, verfahrensgebundene Geltendmachung der Ansprüche durch den Gläubiger vor, die nach dem Willen des deutschen Gesetzgebers die Hemmungswirkung herbeiführen soll[726].

V. Zulässige Beweismittel

Ein weiterer Punkt, in dem die untersuchten Verfahren voneinander abweichen, sind die Beweismittel, die im Rahmen der Beweissicherung zur Verfügung stehen. Während im deutschen selbständigen Beweisverfahren die Auswahl nach § 485 Abs. 1 ZPO auf den Augenschein, die Zeugenvernehmung und den Sachverständigen bzw. nach § 485 Abs. 2 ZPO sogar nur auf das Sachverständigengutachten begrenzt ist, stehen in einer Reihe der anderen Jurisdiktionen alle gesetzlich vorgesehenen Beweismittel zur Verfügung. Dies betrifft insbesondere die in allen untersuchten ausländischen Beweissicherungsverfahren zulässige

723 Dazu oben § 2C.I.3, S. 45.

724 Dazu oben § 2D.I.3, S. 50.

725 Siehe oben § 5A.V, S. 108.

726 Vgl. dazu RG, Urt. v. 08.07.1930, Az. II 542/29 (*385*), RGZ 129, 385 (389); *Kudlich*, Die privatrechtlichen Nebenwirkungen einer im Ausland erhobenen Klage, S. 14 f; *Schlosser*, FS Bosch, S. 859 (865).

Parteivernehmung und den Urkundenbeweis[727], die im deutschen selbständigen Beweisverfahren nach § 485 Abs. 1 ZPO hingegen nicht zur Verfügung stehen.

Allerdings ergibt sich hieraus meines Erachtens kein erheblicher Unterschied im Hinblick auf die funktionale Vergleichbarkeit, da auch in den ausländischen Verfahren dieses Beweismittel nur dann zulässig ist, wenn die allgemeinen Voraussetzungen für die Beweissicherung vorliegen, also insbesondere das Verlustrisiko des Beweismittels. Dies gilt umso mehr in Anbetracht dessen, dass berechtigterweise hinterfragt werden darf, ob es sich bei dem Ausschluss der Parteivernehmung und des Urkundenbeweises nicht um eine planwidrige Regelungslücke handelt, da auch diese Beweismittel einem Verlustrisiko ausgesetzt sind[728].

Etwas anderes gilt allerdings dann, wenn zum Beispiel durch eine erzwungene Urkundenvorlage Zeugnisverweigerungsrechte missachtet werden oder die Privatsphäre verletzt wird, was jedoch durch ein Verwertungshindernis im Einzelfall zu lösen ist[729].

Die funktionale Vergleichbarkeit wird also nicht dadurch berührt, dass in den verschiedenen Beweissicherungsverfahren unterschiedliche Beweismittel zulässig sind.

VI. Ergebnis zu B.

Die Festlegung der Kriterien für die funktionale Vergleichbarkeit ist bemüht, im Spannungsfeld zwischen der Andersartigkeit ausländischer Verfahrensrechte und der grundsätzlichen Substitutionsfreundlichkeit[730] eine möglichst weitreichende Anerkennung der ausländischen Rechtserscheinungen zu erreichen. Aus diesem Grund kam die Untersuchung der einzelnen Kriterien im Wesentlichen zu dem Ergebnis, dass die ausländischen Beweissicherungsverfahren insoweit als mit dem selbständigen Beweisverfahren iSd §§ 485 ff ZPO funktional vergleichbar bezeichnet werden können. Nur bei der Missachtung von nach inländischem Verständnis grundlegenden Verfahrensrechten wie der Gewährung rechtlichen Gehörs muss die funktionale Vergleichbarkeit abgelehnt werden. Doch selbst das französische Beweissicherungsverfahren, das die Möglichkeit einer *ordonnance sur requête* ohne Kenntnis des Gegners vorsieht, ist nicht pauschal unsubstituierbar, sondern es kommt insoweit auf eine Einzelfallprüfung an.

---

727 Siehe oben § 2, S. 27 ff, jeweils unter III.

728 Vgl. dazu Stein/Jonas/*Berger*, § 485 Rn. 4 ff, der in beiden Fällen eine Analogie befürwortet.

729 Siehe unten § 6C.VII, S. 177.

730 MüKoBGB/*von Hein*, Einl. IPR Rn. 232.

C. Verfahrensrechtlicher *ordre public* und Verwertungshindernisse im Einzelfall

I. Maßstab und prozessuale Berücksichtigung

1. Eigenständige Verwertungshindernisse

Ein funktional vergleichbares Beweissicherungsverfahren kann auch im Einzelfall (teilweise) unverwertbar sein. Wie schon erörtert bietet es sich hierbei an, für die Begründung der verschiedenen Verwertungshindernisse die Wertungen des verfahrensrechtlichen *ordre public* und der allgemeinen Verfahrens- und Grundrechte heranzuziehen, die einzelnen Verwertungshindernisse aber nicht nach diesen Kategorien zu unterteilen[731].

Ausgangspunkt ist hierbei der Rechtsgedanke des § 369 ZPO, der für das Verfahren der Rechtshilfe bestimmt, dass die Mangelhaftigkeit einer ausländischen Beweisaufnahme unerheblich ist, wenn sie den für das inländische Prozessgericht geltenden Gesetzen entspricht. Daraus folgt, dass ein Beweis, der so auch in einem deutschen Beweisverfahren nach den dort geltenden Regeln (einschließlich materieller Auskunftsansprüche) hätte erhoben werden können, im deutschen Prozess ebenso verwertbar ist, unabhängig davon, ob die Beweisaufnahme im Ausland rechtmäßig war[732]. Die Frage nach einem Verwertungshindernis stellt sich also, wenn die Beweiserhebung so in Deutschland nicht möglich gewesen wäre. Wie bereits erwähnt kann unproblematisch ein Verwertungsverbot angenommen werden, wenn die Beweiserhebung auch nach der *lex fori* des für die Durchführung zuständigen ausländischen Gerichts rechtswidrig war[733]. Wenn hingegen die Beweisaufnahme nach dem ausländischen Recht rechtmäßig war und nur nach deutschem Recht nicht rechtmäßig möglich gewesen wäre, stellt sich die Frage, ob und nach welchem Maßstab Verwertungshindernisse angenommen werden können. Hier kann es in Anlehnung an die Kasuistik bei rein inländischen Konstellationen nicht genügen, dass die Beweiserhebung im Ausland nach deutschem Recht rechtswidrig war, sondern ist vielmehr zu fragen, ob hier in Abweichung vom grundsätzlichen Recht auf Beweis der Schutzzweck des verletzten Verfahrens- oder Grundrechts ausnahmsweise den Ausschluss

---

731 Siehe oben § 6A, S. 143; dahingehend auch BeckOK-ZPO/*Bach*, § 369 Rn. 3.

732 *Rollin*, Ausländische Beweisverfahren, S. 142 f.

733 MüKoZPO/*Heinrich*, § 369 Rn. 5; siehe aber sogleich § 6C.I.3, S. 165 bzgl. einer möglichen Präklusion.

der Verwertung gebietet[734]. Allerdings kann dabei wie bereits dargelegt durchaus strenger vorgegangen werden, als bei reinen *ordre public*-Überlegungen, da die Verwertung und eigentliche Beweiswürdigung ein inländisches Verfahren ist und die ausländische Beweiserhebung nur miteinfließt und nicht wie beispielsweise bei der Urteilsanerkennung unmittelbare Rechtsfolgen auslöst[735]. Nach alledem bestätigt sich, dass eine Trennung hier nicht sinnvoll ist, sondern vielmehr die möglichen Verwertungshindernisse unter besonderer Beachtung des Auslandsbezugs und des verfahrensrechtlichen *ordre public* in Betracht zu ziehen sind. Gleichwohl ist bei der Anwendung von Beweisverboten aus dem deutschen Prozessrecht auch immer besonders zu fragen, ob diese wirklich auch im Hinblick auf ausländische Beweiserhebungen anzuwenden sind. Nicht zuletzt zeigt die Regelung des § 369 ZPO, dass das deutsche Prozessrecht die Unterschiedlichkeit ausländischer Verfahrensweisen, bis hin zu deutlichen Abweichungen, grundsätzlich akzeptiert[736].

2. Berücksichtigung von Amts wegen?

Die Voraussetzungen für die funktionale Vergleichbarkeit sind wie gesagt als Teil der Substitution und somit der Feststellung des Anwendungsbereichs der jeweiligen Norm von Amts wegen durch das Gericht zu prüfen[737]. Bei den Verwertungshindernissen im Einzelfall geht es aber nicht mehr um die Substitution und darum, ob das ausländische Beweissicherungsverfahren überhaupt verwendet werden kann, sondern um das inländische Beweisrecht und die möglichen Verwertungsverbote für Beweismittel, die auf rechtswidrige Art und Weise erlangt wurden. Mit dem Argument, dass *ordre public*-Verstöße von Amts wegen zu prüfen sind und dies auch dann gelten müsse, wenn der *ordre public* wie hier als Beweisverbot wirke, vertritt *Eschenfelder* eine Prüfung des Vorliegens von Verwertungshindernissen von Amts wegen[738]. Dem ist in der Sache zwar zuzustimmen, doch handelt es sich nach hier vertretener Auffassung bei der Prüfung

---

734 MüKoZPO/*Prütting*, § 284 Rn. 66 f mwN zur inländischen Kasuistik; *Eschenfelder*, Beweiserhebung im Ausland, S. 161 ff, 204; *Rollin*, Ausländische Beweisverfahren, S. 139; bzgl. der Rechtshilfe mit Verweis auf den *ordre public* BeckOK-ZPO/*Bach*, § 369 Rn. 3; zurückhaltender auch MüKoZPO/*Heinrich*, § 369 Rn. 4.

735 *Eschenfelder*, Beweiserhebung im Ausland, S. 196 ff; **aA** *Rollin*, Ausländische Beweisverfahren, S. 142.

736 *Eschenfelder*, Beweiserhebung im Ausland, S. 160; MüKoZPO/*Gottwald*, § 328 Rn. 126; MüKoZPO/*Heinrich*, § 369 Rn. 4; Stein/Jonas/*Roth*, § 328 Rn. 103 ff.

737 Siehe oben § 6A.II, S. 146.

738 *Eschenfelder*, Beweiserhebung im Ausland, S. 212 f.

der Verwertungshindernisse im Einzelfall gerade nicht in erster Linie um eine *ordre public*-Prüfung[739]. Vielmehr bilden hier die für die Beweisaufnahme und speziell für selbständige Beweisverfahren geltenden allgemeinen Beweisverwertungsverbote des deutschen Prozessrechts den Ausgangspunkt, die lediglich unter Berücksichtigung des verfahrensrechtlichen *ordre public* zu bewerten und gegebenenfalls auch zu modifizieren sind. Denkbar wäre aus diesem Grunde auch eine Orientierung an der Handhabung bezüglich der Beweisverwertungsverbote im Inland. Während dort das Gericht zwar grundsätzlich von Amts wegen zu prüfen hat, ob ein Beweismittel zulässig ist und ob sein Beweisergebnis bei der Beweiswürdigung berücksichtigt werden kann[740], wird bezüglich Beweisverboten bei rechtswidrig erlangten Beweisen überwiegend davon ausgegangen, dass die Parteien eine Einwendung gegen die Verwertung bestimmter Beweismittel als Beweiseinrede iSv § 282 Abs. 1 ZPO[741] geltend zu machen haben, da der Verstoß ansonsten nach § 295 Abs. 1 ZPO als geheilt anzusehen ist[742]. Diese Ansicht mag mit Verweis auf § 295 Abs. 2 ZPO jedenfalls im Hinblick auf verfassungsmäßige Verfahrensrechte wie etwa das Recht auf den gesetzlichen Richter oder dem Öffentlichkeitsgrundsatz, die auch im öffentlichen Interesse bestehen, angezweifelt werden[743]. Ohne dies weiter zu vertiefen, könnte man also dementsprechend aber (zumindest in gewissen, weniger schwerwiegenden Fällen) auch für die Beweisaufnahme aus einem ausländischen Beweissicherungsverfahren davon ausgehen, dass die betroffene Partei ohne Rüge nicht schutzwürdig ist. Allerdings führt im deutschen Prozess die Tatsache allein, dass ein Beweismittel rechtswidrig erlangt wurde, gerade noch nicht zu einem Verwertungsverbot, sondern ist dieses vielmehr durch eine Einzelfallabwägung mit dem Schutzzweck der verletzten Norm und den Interessen der Partei besonders zu rechtfertigen, was insbesondere dann gelingt, wenn ein verfassungsrechtlich geschütztes

---

739 Siehe oben § 6A.III, S. 148.

740 Baumbach/Lauterbach/*Hartmann*, Grdz § 128 Rn. 40; *Muthorst*, Das Beweisverbot, S. 239 f.

741 *Schellhammer*, Zivilprozess, Rn. 549.

742 BGH, Urt. v. 18.07.2007, Az. IV ZR 129/06, NJW-RR 2007, 1624 (1627); BeckOK-ZPO/*Bacher*, § 284 Rn. 33; *Dilcher*, AcP 158 (1959/1960), 469 (481) bzgl. § 422 ZPO; *Gemmeke*, Beweisverwertungsverbote, S. 216 ff; Zöller/*Greger*, § 295 Rn. 3; *Kodek*, Rechtswidrig erlangte Beweismittel im Zivilprozeß, S. 177 f, einschränkend bzgl. Grundrechtsverletzungen; *Reichenbach*, § 1004 BGB als Grundlage von Beweisverboten, S. 204 f; krit. Musielak/Voit/*Foerste*, § 286 Rn. 6.

743 Vgl. BeckOK-ZPO/*Bacher*, § 293 Rn. 5 ff; MüKoZPO/*Prütting*, § 293 Rn. 10.

Individualrecht betroffen ist[744]. Bei der Beurteilung, ob die Verwertungsverbote des deutschen Prozessrechts auch auf im Ausland durchgeführte Beweissicherungsverfahren anzuwenden sind, setzt aber gerade der verfahrensrechtliche *ordre public* maßgeblich die Schwelle, ob ein Verwertungshindernis überhaupt berücksichtigt wird. Es kommt damit nur ausnahmsweise in schwerwiegenden Fällen zu einem Verwertungshindernis, sodass es in der Tat gerechtfertigt ist, hier mit *Eschenfelder* grundsätzlich eine Prüfung von Amts wegen anzunehmen. Dies gilt auch im Anwendungsbereich der EuGVVO, obwohl es hier neuerdings überhaupt nur dann zu einer *ordre public*-Prüfung kommt, wenn eine Partei einen Antrag auf ein Anerkennungsversagungsverfahren gem. Art. 45 Abs. 1 EuGVVO stellt[745]. Eine Ausnahme ist nur dann zu machen, wenn das Gesetz ausdrücklich eine Rüge der Partei fordert (vgl. § 328 Abs. 1 Nr. 2 ZPO). Außerdem ist zu beachten, dass in jedem Fall die tatsächliche Grundlage für die Beurteilung durch das Gericht von den Parteien vorzutragen und gegebenenfalls zu beweisen ist, mithin keine Amtsermittlung durch das Gericht erfolgt[746]. In der Regel werden die Parteien dies aber tun und auch die Rechtswidrigkeit der Beweiserhebung rügen, sodass die praktische Relevanz dieser Frage ohnehin eher gering sein dürfte[747].

Grundsätzlich erfolgt die Prüfung also von Amts wegen. Auch im zentralen Bereich der Beweissicherungsverfahren aus anderen Mitgliedstaaten der Europäischen Union ist die *ordre public*-Prüfung nicht entbehrlich[748].

3. *Präklusion?*

Bei Beweiserhebungen, die auch im Rahmen der ausländischen Beweisaufnahme nach der jeweiligen *lex fori* schon rechtswidrig waren, ist noch ein besonderer Aspekt zu berücksichtigen. *Eschenfelder* nimmt hier eine Präklusion im deutschen Hauptsacheverfahren an, wenn eine Partei es unterlässt, während des ausländischen Beweisverfahrens mögliche und zumutbare Einwendungen zu

---

744 hM vgl. BGH, Urt. v. 10.12.2002, Az. VI ZR 378/01, JuS 2003, 924 f; *Gehrlein*, VersR 2011, 1350 ff; Thomas/Putzo/*Reichold*, § 286 Rn. 7 ff, jeweils mwN auch zu den aA.

745 *Hau*, MDR 2014, 1417 (1418).

746 MüKoZPO/*Fritsche*, § 139 Rn. 49; Schlosser/Hess/*Hess*, EuGVVO Art. 45 Rn. 41; *Muthorst*, Das Beweisverbot, S. 240 f; *Rosenberg/Schwab/Gottwald*, Zivilprozessrecht, § 77 Rn. 45.

747 *Reichenbach*, § 1004 BGB als Grundlage von Beweisverboten, S. 203 Fn. 2.

748 MüKoZPO/*Gottwald*, § 328 Rn. 117 aE; vgl. auch *Martiny*, FS Sonnenberger, S. 523 ff.

erheben und Rechtsmittel zu nutzen[749]. Insoweit bestehe kein absoluter Schutz vor Verfahrensfehlern, da es nicht Aufgabe des Prozessrechts sei, eine mangelhafte Prozessführung im Ausland auszugleichen. Dies entspricht der umstrittenen, aber wohl herrschenden Meinung bei der Anerkennung ausländischer Urteile[750]. Dem ist jedoch entgegenzuhalten, dass die Frage der Präklusion schon beim inländischen selbständigen Beweisverfahren sehr umstritten und nach hier vertretener Ansicht abzulehnen ist[751]. Denkbar ist es natürlich, an ein ausländisches Beweissicherungsverfahren andere Maßstäbe anzulegen und hier dennoch eine Präklusionswirkung anzunehmen. Dies erscheint aber jedenfalls bei schweren Verstößen gegen absolute Verfahrensrechte oder Grundrechte nicht angemessen und sollte dem Betroffenen deshalb auch nicht zugemutet werden[752]. Die Präklusion würde demnach nur für unwesentliche Verfahrensfehler gelten. Anzustellen wäre somit dieselbe Überlegung darüber, welche Verfahrensverstöße so schwer wiegen, dass sie nicht im Inland folgenlos bleiben können, die hier ohnehin im Hinblick auf den Ausnahmecharakter des verfahrensrechtlichen *ordre public* für jedes Verwertungshindernis anzustellen ist. Nur wenn das Gesetz wie etwa in § 328 Abs. 1 Nr. 2 ZPO bzw. Art. 45 Abs. 1 lit. b EuGVVO einen Anhaltspunkt für die Präklusion beinhaltet, ist letztere für dieses bestimmte Verwertungshindernis anzunehmen[753]. Das deutsche Gericht ist aber auch dabei nicht an die Bewertung des ausländischen Gerichts, ob ein Verfahrensverstoß vorliegt, gebunden[754]. In allen anderen Fällen, in denen ein Verwertungshindernis besteht, kann es aber nicht auf einen Verteidigungsversuch im Ausland ankommen[755]. In den übrigen Fällen hingegen bestünde ohnehin, unabhängig von einer Präklusion, kein Verwertungshindernis, sodass eine Präklusion mangels relevanten Anwendungsbereichs abzulehnen ist. Bei diesem Ergebnis ist zu beachten, dass also gegen die Mehrheit der Verfahrensverstöße dennoch effektiv nur während

---

749 *Eschenfelder*, Beweiserhebung im Ausland, S. 198 f, allg. bzgl. der *discovery*, mithin wohl auch zur *pre-trial discovery* als einem Beweissicherungsverfahren.

750 BGH, Urt. v. 04.06.1992, Az. IX ZR 149/91, NJW 1992, 3096 (3098 f); BeckOK-ZPO/*Bach*, § 328 Rn. 45 mwN; Zöller/*Geimer*, § 328 Rn. 227 mwN; **aA** *Schack*, Internationales Zivilverfahrensrecht, Rn. 957; *Schütze*, Deutsches Internationales Zivilprozessrecht, Rn. 39; Musielak/Voit/*Stadler*, § 328 Rn. 30.

751 Siehe oben § 2A.V, S. 36.

752 *Schütze*, Deutsches Internationales Zivilprozessrecht, Rn. 39; Musielak/Voit/*Stadler*, § 328 Rn. 30.

753 *Schack*, Internationales Zivilverfahrensrecht, Rn. 957; siehe dazu unten § 6C.V, S. 172.

754 *Geimer*, Internationales Zivilprozessrecht, Rn. 2956 mwN.

755 Musielak/Voit/*Stadler*, § 328 Rn. 30.

des Beweissicherungsverfahrens im Ausland vorgegangen werden kann, da insoweit ohnehin nur ausnahmsweise bei schwerwiegenden Verstößen überhaupt ein Verwertungshindernis besteht. Bezüglich der weniger schwerwiegenden Verstöße ist man somit faktisch quasi doch „präkludiert".

II. (Internationale) Zuständigkeit

Schon bezüglich der Hemmung der Verjährung durch das ausländische Beweissicherungsverfahren wurde die dort verneinte Frage danach, ob die internationale Zuständigkeit des ausländischen Gerichts für die Hemmungswirkung erforderlich ist, aufgeworfen[756]. Auch bezüglich der Verwertbarkeit der Beweisaufnahme aus dem ausländischen Beweissicherungsverfahren könnte man an dieses Kriterium denken. Nun liegt als Gegenargument auf der Hand, dass man die internationale Zuständigkeit *a minori ad maius* nicht bei der Verwertbarkeit voraussetzen kann, wenn man sie schon für die Hemmung der Verjährung nicht voraussetzt. Doch ließe sich als Argument für dieses Erfordernis auch an eine Parallele zu § 328 Abs. 1 Nr. 1 ZPO denken. Außerdem könnte so eine missbräuchliche Einleitung eines Beweissicherungsverfahrens nur zum Zwecke der Zeitverzögerung oder der Anwendung eines eingreifenderen Verfahrensrechts erschwert werden.

Gegen die internationale Zuständigkeit als Verwertbarkeitsvoraussetzung sprechen aber auch weitere Gesichtspunkte. Zum einen ist anerkannt, dass es schon beim inländischen selbständigen Beweisverfahren für die Verwertbarkeit nicht mehr darauf ankommt, ob das Verfahren als solches zulässig war, also insbesondere ob das anordnende Gericht zuständig war[757]. Zum anderen decken sich die (insbesondere Eil-)Zuständigkeitsregeln des ausländischen Internationalen Zivilprozessrechts in der Regel mit der internationalen Zuständigkeit nach deutschem Internationalen Zivilprozessrecht gem. § 486 Abs. 3 ZPO, sodass es unbillig wäre, hier das Prognoserisiko bezüglich der internationalen Zuständigkeit unter Gefahr der Nichtverwertbarkeit dem Antragsteller aufzubürden. Im Anwendungsbereich der EuGVVO ist es im Hinblick auf Art. 45 Abs. 3 EuGVVO, der die Überprüfung der Zuständigkeit des Ursprungsgerichts bei der Urteilsanerkennung verbietet, ohnehin kaum vertretbar, für die Verwertbarkeit des Beweissicherungsverfahrens die (internationale) Zuständigkeit vorauszusetzen[758]. Die missbräuchliche Einleitung eines Beweissicherungsverfahrens im Ausland schließlich lässt

---

756 Siehe oben § 5A.IV, S. 105.
757 Stein/Jonas/*Berger*, § 493 Rn. 2.
758 Vgl. oben § 5A.IV, S. 105.

sich besser durch die Versagung der Hemmungswirkung bei der Verjährung und gegebenenfalls durch ein Verwertbarkeitshindernis im Einzelfall sanktionieren[759]. Zudem sind einer Zeitverzögerung dadurch Grenzen gesetzt, dass das ausländische Beweissicherungsverfahren keine Rechtshängigkeitssperre bewirkt[760].

Für die Verwertbarkeit der Beweisaufnahme aus einem im Ausland durchgeführten Beweissicherungsverfahren ist also weder erforderlich, dass das ausländische Gericht aus deutscher Sicht international zuständig war, noch dass nach seinem nationalen Prozessrecht die Zuständigkeit für die Durchführung des Beweissicherungsverfahrens gegeben war[761].

III. Rechtsmissbrauch

Auch im prozessualen Verhältnis sind die Parteien an das Gebot von Treu und Glauben iSd § 242 BGB gebunden, sodass gewisse Einwände wegen Rechtsmissbrauchs unzulässig sein können, wenn zum Beispiel eine Partei versucht, sich arglistig einen Prozessvorteil zu verschaffen[762].

In Betracht kommt hier insbesondere, dass ein Beweissicherungsverfahren nur deshalb im Ausland beantragt wird, um die Verjährung der Ansprüche in der Hauptsache zu hemmen. Für die Hemmung der Verjährung kommt es wie bereits dargelegt aber gerade nicht darauf an, dass das ausländische Gericht, welches die Beweissicherung durchgeführt hat, auch die (internationale) Zuständigkeit für das Beweissicherungsverfahren hatte[763]. Deshalb kann hier für einen Rechtsmissbrauch nicht ausreichen, dass die internationale Zuständigkeit des Gerichts der Beweissicherung aus deutscher Sicht nicht gegeben war. Vielmehr muss hier feststehen, dass der Antragsteller kein schutzwürdiges Interesse an einer Beweissicherung an dem Ort hatte, an dem das Beweissicherungsverfahren durchgeführt wurde. Im Hinblick darauf, dass die Zuständigkeitsregeln der meisten Jurisdiktionen aber im Grundsatz den deutschen Vorschriften entsprechen – mithin die Zuständigkeit für das Beweissicherungsverfahren entweder bei gleichzeitiger Hauptsachezuständigkeit (vgl. § 486 Abs. 1 ZPO) oder bei im Gerichtsbezirk des angerufenen Gerichts belegenem Beweisgegenstand

---

759 Dazu sogleich § 6C.III, S. 168.

760 Siehe oben § 5B, S. 110 ff.

761 *Ahrens*, Der Beweis im Zivilprozess, Kap. 53 Rn. 36; dahingehend auch *Spickhoff*, IPRax 2001, 37 (39 ff).

762 *Hau*, Positive Kompetenzkonflikte, S. 54; *Schellhammer*, Zivilprozess, Rn. 530 ff, 1273 ff mwN.

763 Siehe oben § 5A.IV, S. 105.

(vgl. § 486 Abs. 3 ZPO) gegeben ist[764] – ist hier in der Regel von einem solchen schutzwürdigen Interesse auszugehen. Die Inanspruchnahme eines zuständigen Gerichts stellt nämlich grundsätzlich keinen Rechtsmissbrauch dar[765]. Anders verhält es sich aber, wenn die zuständigkeitsbegründenden Umstände manipuliert wurden und die Zuständigkeit des ausländischen Gerichts arglistig erschlichen wurde[766]. Dies ist etwa dann anzunehmen, wenn eine Sache nur aus dem Grund ins Ausland verbracht wurde, um dort die Zuständigkeit zu begründen und ein Beweissicherungsverfahren einleiten zu können[767]. In einem solchen Fall kann sich der Kläger gem. § 242 BGB nicht auf die Hemmung der Verjährung berufen. Fraglich ist, ob darüber hinaus auch die Verwertung der Beweiserhebung ausgeschlossen sein soll. Dafür spräche der Gedanke des § 328 Abs. 1 Nr. 1 ZPO, der die Grenzen der Gerichtspflichtigkeit für den Gegner setzt[768]. Dagegen spricht allerdings, dass es nach hier vertretener Ansicht für die Verwertbarkeit eben nicht auf die internationale Zuständigkeit ankommt. Die EuGVVO bestimmt in Art. 45 Abs. 3 S. 2 EuGVVO sogar, dass die Zuständigkeitsregeln nicht im Rahmen des *ordre public* berücksichtigt werden dürfen[769]. Noch gewichtiger ist aber, dass die Manipulation der Zuständigkeit nichts über die Qualität der Beweissicherung aussagt. Insbesondere wenn das Beweismittel zum Zeitpunkt des Hauptsacheprozesses nicht mehr vorhanden ist, verträgt es sich nicht mit der Pflicht zur Verwendung aller verfügbaren Beweismittel, wenn das Ergebnis der Beweissicherung, das ja auch zugunsten des Gegners ausfallen könnte, nicht verwertbar wäre. Die missbräuchliche Erschleichung der Zuständigkeit zum Zwecke der Hemmung der Verjährung sollte mithin nur die Berufung auf die Hemmungswirkung nicht aber die Verwertbarkeit der Beweissicherung ausschließen. Nur wenn die missbräuchliche Zuständigkeitserschleichung im Ausland darüber hinaus dazu führt, dass die Beweissicherung in

---

764 Siehe oben § 2, S. 27 ff jeweils unter II.

765 Vgl. *Hau*, Positive Kompetenzkonflikte, S. 26 ff; *Klöpfer*, Missbrauch im Europäischen Zivilverfahrensrecht, S. 370 ff; *Schack*, Internationales Zivilverfahrensrecht, Rn. 555 ff.

766 OLG Hamm, Beschl. v. 08.11.1995, Az. WF 122/95, FamRZ 1996, 951 (953); MüKoZPO/*Gottwald*, § 328 Rn. 127.

767 Soergel(12. Aufl.)/*Hoffmann*, Art. 32 Rn. 48.

768 *Geimer*, IPRax 1984, 83 f „Keine Gerichtspflichtigkeit des Schuldners all over the world"; vgl. auch Saenger/*Dörner*, § 328 Rn. 54.

769 Vgl. Schlosser/Hess/*Hess*, EuGVVO Art. 45 mwN.

Abwesenheit oder ohne Einflussmöglichkeit des Gegners erfolgt, ist gegebenenfalls auch ein Verwertungshindernis anzunehmen[770].

Ein weiterer denkbarer Fall des Rechtsmissbrauchs könnte die Beantragung eines Beweissicherungsverfahrens in einem bestimmten Land sein, um in den Genuss des dortigen, liberaleren Beweis- und Verfahrensrechts zu kommen und somit an Informationen des Gegners zu gelangen. Wie zur funktionalen Vergleichbarkeit dargelegt, kommt es für die Verwertung grundsätzlich aber gerade nicht darauf an, dass ein ausländisches Verfahrensrecht weitergehende Möglichkeiten der Beweiserhebung und –ermittlung bietet als das nationale Recht[771]. Solange nicht die Grenze zum Verbot eines Ausforschungsbeweises überschritten ist, liegt insoweit also kein Rechtsmissbrauch vor[772].

Außerdem sind sicherlich auch weitere Umstände denkbar (etwa eine gezielte Täuschung des Gerichts[773] oder ein offensichtlich nicht ernst gemeinter Antrag[774]), in denen man ein Verwertungshindernis wegen Missbrauchs annehmen könnte. Es muss sich freilich um besondere Umstände handeln, die die Annahme eines Rechtsmissbrauchs auch rechtfertigen[775]. *Gottwald* verweist in Bezug auf § 328 ZPO für die Annahme des Rechtsmissbrauchs auf Konstellationen, in denen auch ein Urteil mittels § 826 BGB wieder aufgehoben werden könnte[776].

Für den Rechtsmissbrauch wird es bei der Beurteilung, ob ein Verwertungshindernis geboten ist, besonders auf die Umstände des Einzelfalls ankommen, sodass hier eine weitere schematische Aufzählung nicht sinnvoll ist. Jedenfalls darf aber nicht von der Abweichung vom nationalen Recht leichtfertig auf den Rechtsmissbrauch geschlossen werden. Dieser liegt vielmehr eben nur dann vor, wenn eine Partei sich aus sachfremden Erwägungen derart arglistig oder auch widersprüchlich verhalten hat, dass sie insoweit nicht mehr als schutzwürdig anzusehen ist[777].

---

770 Siehe dazu unten § 6C.V, S. 172 und § 6C.VI, S. 175.

771 Siehe oben § 6B, S. 151 ff.

772 Siehe dazu sogleich § 6C.IV, S. 171.

773 Musielak/Voit/*Stadler*, § 328 Rn. 26.

774 Vgl. *Spickhoff*, IPRax 2001, 37 (49) mit dem Beispiel eines Antrags, der mit der Bitte verbunden wird, diesem nicht Folge zu leisten.

775 Vgl. *Reuß*, in: Geimer/Schütze (Hrsg.), Internationaler Rechtsverkehr, EuUnthVO Art. 3 Rn. 16 mwN.

776 MüKoZPO/*Gottwald*, § 328 Rn. 127.

777 *Hau*, Positive Kompetenzkonflikte, S. 26 ff; Jauernig/*Mansel*, § 242 Rn. 37 f mwN; MüKoBGB/*Schubert*, § 242 Rn. 458 ff, 467 ff; BeckOK/*Sutschet*, § 242 Rn. 80 ff.

IV. Ausforschungsverbot

Unter das Verbot des Ausforschungsbeweises fallen solche Anträge auf Anordnung eines Beweissicherungsverfahrens, die bezüglich des Beweismittels oder des Beweisthemas derart unbestimmt sind, dass durch das Beweissicherungsverfahren selbst zuerst konkrete Hinweise erlangt werden sollen, die eine substantiierte Behauptung eines Anspruchs dann überhaupt erst möglich machen[778].

Nachdem bereits bezüglich der funktionalen Vergleichbarkeit festgestellt wurde, dass das ausländische Beweissicherungsverfahren nicht zum Zwecke der Ausforschung des Gegners zulässig sein darf, kann es aber auch im Einzelfall zu einem Verstoß gegen das Ausforschungsverbot kommen. Diese Situation könnte man auch als Sonderfall des Missbrauchs verstehen, wenn eine Partei es bewusst auf eine Ausforschung anlegt. Für die Beurteilung, ob überhaupt eine unzulässige Ausforschung vorliegt, sind auch hier die Beweiserleichterungen und Beweislastumkehrungen sowie materiellrechtliche Auskunfts- und Herausgabeansprüche des deutschen Rechts zu berücksichtigen[779]. Des Weiteren reicht für einen Verstoß aber wie bereits dargelegt gerade nicht, dass ein ausländisches Verfahren weitergehende Beweiserhebungen gestattet, als sie in einem deutschen Beweissicherungsverfahren möglich wären. Vielmehr müssen hier die konkreten Umstände des Einzelfalls zu einer Ausforschung geführt haben, die unter Berücksichtigung der Grundrechte des Gegners und des verfahrensrechtlichen *ordre public* nicht mehr mit den deutschen Grundsätzen der gerichtlichen Wahrheitsfindung vereinbar ist[780]. Dabei ist zu beachten, dass eine Partei grundsätzlich auch ihr unbekannte Tatsachen behaupten darf, die sie nur vermutet[781].

Für die untersuchten europäischen Verfahren, die zum einen für ihre Zulässigkeit voraussetzen, dass zumindest die Möglichkeit eines Anspruchs besteht, und die zum anderen keine besonders weitgehenden, eingreifenden Beweiserhebungsmaßnahmen erlauben, ist eine Verletzung des Ausforschungsverbots deshalb schon kaum vorstellbar. Bei einer rechtmäßigen Durchführung des Verfahrens kann hier auf die Ausführungen zur funktionalen Vergleichbarkeit

778 *Peters*, ZZP 76 (1963), 145 (156 f); MüKoZPO/*Prütting*, § 284 Rn. 79.

779 *Eschenfelder*, Beweiserhebung im Ausland, 177 f; *Reiling*, Das US-amerikanische Discovery-Verfahren, 43 ff; *Rollin*, Ausländische Beweisverfahren, S. 136 f.

780 BGH, Urt. v. 04.06.1992, Az. IX ZR 149/91, NJW 1992, 3096 (3099); BeckOK-ZPO/*Bach*, § 328 Rn. 41.2 mwN.

781 *Schellhammer*, Zivilprozess, Rn. 537.

verwiesen werden[782]. Anders könnte es bei der US-amerikanischen *pre-trial discovery* aussehen, die deutlich weitergehende Beweissicherungsmaßnahmen vorsieht oder, um mit *Junker* zu sprechen, einen „Verfahrensabschnitt mit eingebautem Ausforschungselement" darstellt[783]. Da dies alleine aber eben nicht ausreicht, wird es sich in beiden Fällen wohl nur um Situationen handeln können, in denen sich nachträglich herausstellt, dass Vorwürfe frei erfunden waren oder ins Blaue behauptet wurden oder gar ein Verfahren bewusst mit dem Ziel des Ausspionierens von Geschäftsgeheimnissen des Gegners angestrengt wurde (sog. *fishing expeditions*)[784]. Freilich werden diese missbräuchlichen Motivationen meistens nur schwer zu beweisen sein. Sollte es aber gelingen, so halte ich es für gerechtfertigt, die Verwertung ohne weitergehende Einzelfallabwägung zu versagen[785]. Ein solcher Missbrauch wiegt nämlich nicht zuletzt deswegen sehr schwer, da die US-amerikanischen Gerichte die Auskunfts- und Herausgabepflichten mit direkten Sanktionen durchsetzen, die bis zu empfindlichen Geld- oder Haftstrafen reichen[786].

V. Rechtliches Gehör

Ein zentraler Grundsatz des deutschen Verfahrensrechts ist der in Art. 103 Abs. 1 GG verfassungsrechtlich verankerte Anspruch auf rechtliches Gehör, der im Rahmen des § 328 Abs. 1 Nr. 2 und 4 ZPO auch wesentlich den verfahrensrechtlichen *ordre public* mitbeeinflusst[787]. Eine besondere Ausprägung findet dieser Grundsatz für das selbständige Beweisverfahren in § 493 Abs. 2 ZPO, demzufolge die Beweisaufnahme nicht verwertet werden darf, wenn sie in Abwesenheit des Gegners erfolgt ist und dieser auch nicht zum Beweisaufnahmetermin geladen wurde. Außerdem ist der Beschluss über die Beweisaufnahme gem. § 491 Abs. 1 ZPO dem Gegner zuzustellen. Diese Aspekte waren bereits für die funktionale Vergleichbarkeit zentral[788]. Auch im Einzelfall muss die Verletzung des grundrechtsgleichen Verfahrensrechts aus Art. 103 Abs. 1 GG, das zugleich ein objektivrechtliches Verfahrensprinzip darstellt, zu einem Verwertungshindernis

---

782 Vgl. oben § 6B.I, S. 151; zur rechtswidrigen Durchführung siehe unten § 6C.VII, S. 177 ff.

783 *Junker*, ZZPInt 1 (1996), 235 (238).

784 *Eschenfelder*, Beweiserhebung im Ausland, S. 181; *Rollin*, Ausländische Beweisverfahren, S. 126 f.

785 Zur Abwägung bei rechtswidrig erlangten Beweisen unten § 6C.VII.1, S. 177.

786 *Junker*, BB 1987, 1752 (1753 f).

787 Saenger/*Dörner*, § 328 Rn. 29; Musielak/Voit/*Stadler*, § 328 Rn. 26.

788 Siehe oben § 6B.II, S. 152.

führen[789]. Die Verwertung einer Beweisaufnahme, von der eine Partei gar keine Kenntnis hatte oder die ohne jegliche Mitwirkungsmöglichkeit für die Partei erfolgte, würde einer erneuten Verletzung der grundlegenden Verfahrensrechte dieser Partei durch die deutschen Gerichte gleichkommen[790].

Der vermeintlich offensichtliche Fall, dass der Gegner keine Kenntnis von dem Beweissicherungsverfahren hatte, muss aber nicht zwingend zu einem Verwertungshindernis führen. Wie bezüglich der funktionalen Vergleichbarkeit dargestellt, ist es nicht schädlich, wenn nach einem ausländischen Verfahrensrecht die Beweissicherung ohne Kenntnis des Gegners erfolgen kann, sofern es sich dabei aber um eng begrenzte Ausnahmen handelt, die mit dem § 494 ZPO vergleichbar sind, der ebenfalls ein selbständiges Beweisverfahren gegen einen unbekannten Gegner und mithin ohne dessen Kenntnis zulässt. Dies gilt zum Beispiel für die Regelung des § 385 Abs. 2 S. 2 öZPO des österreichischen Beweissicherungsverfahrens, die quasi dem § 494 dZPO entspricht[791]. Wenn die Beweissicherung also rechtmäßiger Weise aufgrund einer solchen Ausnahmeregelung erfolgen konnte, darf ihr dann auch im Einzelfall kein Verwertungshindernis entgegenstehen. Problematisch ist hier insbesondere wieder das französische Beweissicherungsverfahren in Form der *ordonnance sur requête* gem. Art. 493 CPC, die Maßnahmen ohne Beteiligung und Kenntnis des Gegners erlaubt[792]. Wenngleich diese Möglichkeit nicht dazu führt, dass das französische Beweissicherungsverfahren grundsätzlich nicht funktional vergleichbar wäre[793], so könnte eine Maßnahme im Wege einer *ordonnance sur requête* dennoch unverwertbar sein. Während das deutsche Beweisverfahren gem. § 494 Abs. 1 ZPO nur dann ohne Beteiligung des Gegners stattfinden kann, wenn es dem Antragsteller unmöglich ist, diesen zu benennen, kommt es für Art. 493 CPC darauf an, dass der Erfolg der Maßnahme gefährdet würde. Mithin kann hier die Nichtbeteiligung des Gegners auch zulässig sein, obwohl der Gegner bekannt ist und zudem ohne, dass ein Interessenvertreter iSd § 494 Abs. 2 ZPO bestellt wird. In einem solchen Fall, in dem der Gegner bis zum Abschluss der Beweiserhebung nicht beteiligt wird, ist in der Regel ein Verstoß gegen das Recht auf rechtliches Gehör und somit ein Verwertungshindernis anzunehmen. Nur in Fällen, in denen lediglich die Einleitung der Maßnahme ohne Kenntnis des Gegners erfolgt, dieser aber bei der weiteren

---

789 BVerfG, Beschl. v. 30.04.2003, Az. 1 PBvU 1/02, NJW 2003, 1924 (1926); MüKoZPO/*Gottwald*, § 328 Rn. 127 mwN.

790 Vgl. *Eschenfelder*, Beweiserhebung im Ausland, S. 218 ff.

791 Vgl. oben § 2D.I.4.b, S. 52.

792 Vgl. oben § 2B.III, S. 41.

793 Siehe oben § 6B.II, S. 152.

Durchführung beteiligt wird, könnte dies im Einzelfall nach den konkreten Umständen auch anders zu beurteilen sein.

Ebenso ist, wenn lediglich die Zustellung fehlgeschlagen oder aus anderen Gründen unterblieben ist, auch ein Verwertungshindernis anzunehmen[794]. Nach nun zum Teil überholter Rechtsprechung hat das deutsche Gericht die Ordnungsmäßigkeit der Zustellung, insbesondere im Hinblick auf ihre Rechtzeitigkeit oder gegebenenfalls erforderliche Übersetzungen, grundsätzlich nach der *lex fori* des Gerichts, welches das Beweissicherungsverfahren durchgeführt hat oder nach den einschlägigen Staatsverträgen (etwa der EuZustVO[795] oder dem HZÜ[796]) zu beurteilen, ohne aber daran gebunden zu sein[797]. Insofern bringt die neue Fassung der EuGVVO von 2015 aber eine deutliche Veränderung, da es gem. Art. 45 Abs. 1 lit. b EuGVVO nun nicht mehr auf die Ordnungsmäßigkeit nach der *lex fori* ankommt und der Gegner zudem präkludiert ist, falls er die ihm mögliche Einlegung von Rechtsmitteln unterlassen hat[798]. Im Anwendungsbereich der EuGVVO kommt es also fortan – ungeachtet der *lex fori* im Ursprungsstaat – nach europarechtlich autonomer Auslegung nur darauf an, dass der Gegner durch die Zustellung so rechtzeitig tatsächliche Kenntnis von dem Verfahren erlangt, dass er sich in dem Verfahren verteidigen kann[799]. Dies könnte in Anlehnung an inländische Fälle zum Beispiel dann zu verneinen sein, wenn die Zustellung an einen Vertreter ohne Vertretungsmacht erfolgt ist[800], sowie nicht zwingend, sondern je nach Einzelfall, wenn die Zustellung an den sich ihr entziehenden Gegner fingiert wird[801].

---

794 Vgl. *Ahrens*, Der Beweis im Zivilprozess, Kap. 56 Rn. 27; Thomas/Putzo/*Hüßtege*, § 328 Rn. 12.

795 Verordnung (EG) Nr. 1393/2007 des Europäischen Parlaments und des Rates vom 13. November 2007 über die Zustellung gerichtlicher und außergerichtlicher Schriftstücke in Zivil- oder Handelssachen in den Mitgliedsstaaten (Zustellung von Schriftstücken) und zur Aufhebung der Verordnung (EG) Nr. 1348/2000 des Rates, ABl. 2007 Nr. L 324 S. 79.

796 Haager Übereinkommen über die Zustellung gerichtlicher und außergerichtlicher Schriftstücke im Ausland in Zivil- oder Handelssachen vom 15.11.1965, BGBl. 1977 II S. 1452.

797 BGH, Beschl. v. 02.12.1992, Az. XII ZB 64/91, NJW 1993, 598 (599); Saenger/*Dörner*, § 328 Rn. 34 ff.

798 Zöller/*Geimer*, § 328 Rn. 155.

799 EuGH, Urt. v. 14.12.2006, Rs. C-283/05, NJW 2007, 825 ff.

800 JM BaWÜ, Ent. v. 22.12.2000, Az. 346 E 557/99, FamRZ 2001, 1379 f.

801 *Schack*, Internationales Zivilverfahrensrecht, Rn. 940; Staudinger/*Spellenberg*, § 109 FamFG Rn. 184 ff.

Daneben ist im Hinblick auf Art. 103 Abs. 1 GG entscheidend, dass die Parteien mit ihrem Vorbringen überhaupt berücksichtigt werden[802]. Demnach führt es auch zu Verwertungshindernissen wegen Verletzung des rechtlichen Gehörs, wenn beispielsweise entscheidungserheblichen Behauptungen des Gegners grundlos nicht nachgegangen wird[803], wenn dem Gegner nicht gestattet wurde, seine Verteidigung ohne persönliche Anwesenheit mittels eines Anwalts vorzubringen[804] oder wenn der Gegner schlicht vom Verfahren ausgeschlossen wurde und dies nach sämtlichen Umständen des Einzelfalls offensichtlich unverhältnismäßig war[805].

Darüber hinaus gehört auch zum Grundsatz des rechtlichen Gehörs, dass das Gericht unabhängig und unparteiisch sein muss[806]. Dies war bereits eine Voraussetzung für die funktionale Vergleichbarkeit, kann aber eben auch bei einer Missachtung im Einzelfall zur Unverwertbarkeit der Beweisaufnahme führen[807]. Nicht erfüllt ist dieses Kriterium zum Beispiel für ein Sachverständigengutachten aus einer US-amerikanischen *pre-trial discovery*, da der Sachverständige dort von den Parteien ausgesucht und bezahlt wird, mithin nicht dem unparteiischen deutschen Sachverständigen iSd § 402 ff ZPO entspricht[808].

Ein Verwertungshindernis ist hier somit in den schwerwiegenden Fällen der Verletzung des rechtlichen Gehörs anzunehmen. Im Übrigen sind die Anforderungen aber nicht zu überspannen, da es letztlich darum geht, dass der Gegner sich auf faire Art und Weise gegen das Beweissicherungsverfahren verteidigen konnte und nicht um die bloße Einhaltung von Formfragen[809].

VI. Parteiöffentlichkeit

Eine besondere Ausprägung des Rechts auf rechtliches Gehör ist der für die Beweisaufnahme in § 357 ZPO geregelte Grundsatz der Parteiöffentlichkeit, dessen Anwendungsbereich sich auf jede Art der Beweisaufnahme erstreckt, gleich in

---

802 Vgl. BeckOK-GG/*Radtke/Hagemeier*, Art. 103 Rn. 13 f.

803 Saenger/*Dörner*, § 328 Rn. 54.

804 EuGH, Urt. v. 28.03.2000, Rs. C-7/98, NJW 2000, 1853 (1855).

805 EuGH, Urt. v. 02.04.2009, Rs. C-394/07, EuZW 2009, 422 ff.

806 MüKoZPO/*Gottwald*, § 328 Rn. 127.

807 BGH, Urt. v. 30.09.1964, Az. VIII ZR 195/61, NJW 1964, 2350 (2352).

808 *Rollin*, Ausländische Beweisverfahren, S. 126; *Schack*, US-amerikanisches Zivilprozessrecht, Rn. 157 mwN.

809 Vgl. Zöller/*Geimer*, § 328 Rn. 157; *Schack*, Internationales Zivilverfahrensrecht, Rn. 939.

welchem Verfahren und mithin auch im selbständigen Beweisverfahren[810]. Im deutschen Zivilprozess stellt die Parteiöffentlichkeit ein allgemeines Prinzip dar, das sich auch an anderen Stellen wie etwa dem Akteneinsichtsrecht (§ 299 ZPO), dem Fragrecht an Zeugen und Sachverständige (§§ 397 iVm 402 ZPO) oder dem Recht auf Stellungnahme zum Beweisergebnis (§§ 279 Abs. 3, 285 ZPO) im Gesetz niedergeschlagen hat[811]. Es erlaubt den Parteien somit, durch ihre Anwesenheit sowie durch Fragen und Anträge auf die Beweisaufnahme Einfluss zu nehmen.

Der komplette Ausschluss des Gegners vom Beweissicherungsverfahren wurde im Rahmen des rechtlichen Gehörs untersucht und nur in eng begrenzten Ausnahmen als akzeptabel angesehen[812]. Als besondere Ausprägung des rechtlichen Gehörs ist aber auch die Parteiöffentlichkeit als ein zentrales Element der Verfahrensrechte zu begreifen. Da einige ausländische Beweissicherungsverfahren faktisch schon relativ weitgehende Auswirkungen auf die Hauptsache haben, ist es für die Parteien hier umso wichtiger, bereits im Beweissicherungsverfahren Einfluss nehmen zu können. Dies ist zudem auch im Interesse einer sachgerechten und auf objektiv richtige Erkenntnisse gerichteten Beweiserhebung, da die Parteien im Zweifel am besten über die beweiserheblichen Umstände Bescheid wissen[813]. Aus diesem Grund kann auch die Verwertung einzelner Beweismittel wegen Verletzung der Parteiöffentlichkeit ausgeschlossen sein[814]. Zumindest muss den Parteien grundsätzlich die Anwesenheit während der Beweisaufnahme gestattet worden sein (vgl. § 357 Abs. 1 ZPO). Fraglich ist, wie insofern die in einigen Verfahrensrechten vorgesehenen Möglichkeiten einer Beweiserhebung bewusst ohne vorherige Information des Gegners zu behandeln sind. Dies betrifft also nicht die Fälle, in denen der Antragsteller nicht in der Lage ist, den Gegner zu benennen (etwa § 494 dZPO oder § 385 Abs. 2 S. 2 öZPO), sondern die bereits angesprochenen französischen *ordonnance sur requête*. Da die Parteiöffentlichkeit aus § 367 ZPO ersichtlich ein verzichtbares Recht ist, bestehen hier zunächst einmal keine Bedenken dagegen, eine Verletzung wie auch im nationalen Fall ohne eine Rüge des Gegners als geheilt anzusehen

---

810 BeckOK-ZPO/*Bach*, § 357 Rn. 1 f.

811 Musielak/Voit/*Stadler*, § 357 Rn. 1.

812 Siehe oben § 6C.V, S. 172.

813 *Habscheid*, ZZP 96 (1983), 306 (324).

814 *Ahrens*, Der Beweis im Zivilprozess, Kap. 5 Rn. 40; MüKoZPO/*Heinrich*, § 357 Rn. 12, jeweils mwN.

(vgl. § 295 Abs. 1 ZPO)[815]. Wenn der Gegner aber rügt, dass er nicht zum Beweisaufnahmetermin geladen wurde und deshalb nicht anwesend war, dann muss entsprechend dem § 493 Abs. 2 ZPO eine Verletzung der Parteiöffentlichkeit und ein Verwertungshindernis angenommen werden[816].

Auch im Hinblick auf die übrigen Rechte der Parteiöffentlichkeit wie dem Frage- oder Akteneinsichtsrecht sollte bei einer Verletzung die Verwertung ausgeschlossen sein, da neben der Verletzung der Parteirechte hier mangels Einflussmöglichkeit der Parteien auch Bedenken im Hinblick auf die Zuverlässigkeit des Beweisergebnisses angebracht sind[817]. Auch hier wäre die Verletzung durch die betroffene Partei zu rügen.

Ausnahmen von der Parteiöffentlichkeit können, wie auch in inländischen Konstellationen, nur in eng begrenzten Ausnahmefällen bei entgegenstehenden Rechten der Beteiligten, die wie etwa die Privatsphäre (z.B. im Falle von Krankenakten) höher zu gewichten sind, zugelassen werden[818].

Die Verletzung der Parteiöffentlichkeit führt mithin zu einem Verwertungsverbot, sodass die Verwertung gem. § 493 Abs. 1 ZPO ausgeschlossen ist. Unter Umständen bleibt ausnahmsweise eine Verwertung als Urkunde möglich[819].

VII. Rechtswidrige Beweiserlangung im Übrigen

1. Allgemeines und Grenzen

Über die bisher genannten Verwertungshindernisse hinaus kann es aufgrund einer Vielzahl an denkbaren Rechtsverstößen bei der Beweiserhebung je nach Einzelfall eine Reihe weiterer Verwertungshindernisse geben. Es wurde allerdings bereits dargelegt, dass es hier nicht genügen kann, dass die Beweiserhebung im Ausland nach deutschem Recht rechtswidrig war. Vielmehr ergibt sich aus dem Gesamtzusammenhang der Regelungen der § 369 ZPO und § 328 ZPO, dass nach deutschem Recht ein derart schwerwiegender Rechtsverstoß vorliegen muss, dass es mit den grundlegenden deutschen Verfahrens- und Grundrechten

---

815 Zöller/*Greger*, § 357 Rn. 1; Musielak/Voit/*M. Huber*, § 493 Rn. 3 beide zum Inlandsfall.

816 *Eschenfelder*, Beweiserhebung im Ausland, S. 219 f; **aA** wohl *Reiling*, Das US-amerikanische Discovery-Verfahren, S. 290.

817 *Peters*, ZZP 76 (1963), 145 (158).

818 Saenger/*Siebert*, § 357 Rn. 2 f mwN; vgl. auch *Ahrens*, Der Beweis im Zivilprozess, Kap. 5 Rn. 26 f.

819 Dazu unten § 6E, S. 186.

unvereinbar wäre, die Beweisaufnahme zu verwerten[820]. Dies gilt hier umso mehr, da es schon im deutschen Prozess für ein Verwertungsverbot nicht ausreicht, dass ein Beweismittel rechtswidrig erlangt wurde, sondern in einer Einzelfallabwägung der Schutzzweck der verletzten Norm und die Interessen der Partei gegenüber dem allgemeinen Beweisinteresse und dem Recht auf Beweis der (anderen) Partei überwiegen müssen[821]. Um also für ein im Ausland durchgeführtes Beweissicherungsverfahren ein Verwertungshindernis annehmen zu können, muss es sich unter Berücksichtigung des verfahrensrechtlichen *ordre public* um einen schwerwiegenden Rechtsverstoß handeln, was insbesondere bei einer Verletzung verfassungsrechtlich geschützter Individualrechte anzunehmen ist[822]. Dabei ist insbesondere auch zu berücksichtigen, ob die Verwertung des rechtswidrig erlangten Beweismittels im Prozess eine erneute Rechtsverletzung darstellen würde[823]. Die Berücksichtigung deutscher Grundrechte kann hier mit Verweis darauf gerechtfertigt werden, dass Art. 1 Abs. 3 GG auch die deutsche Rechtsprechung insoweit bindet[824].

2. *Persönlichkeitsrecht und Geschäftsgeheimnisse*

Wie bereits ersichtlich wurde, kommt ein Verwertungshindernis hier insbesondere bei Grundrechtsverletzungen in Betracht. Ein insoweit klassischer Fall ist die Verletzung der durch das allgemeine Persönlichkeitsrecht iSv Artt. 2 Abs. 1, 1 Abs. 1 GG geschützten Privatsphäre einer Partei[825]. Dieses Verwertungshindernis ähnelt zwar dem Ausforschungsverbot, unterscheidet sich von diesem aber insofern, dass es beim Ausforschungsverbot um eine prozessrechtliche Überlegung im Hinblick auf das Substantiierungserfordernis möglicher Ansprüche geht, während es hier um den materiellen Gehalt der Grundrechte geht, der ganz unabhängig von der Anspruchswahrscheinlichkeit nicht verletzt werden darf[826]. Insbesondere bei einer Verletzung des unantastbaren Kernbereichs der Intimsphäre muss die Verwertung zwingend ausgeschlossen sein, da hier ein Eingriff verfassungsrechtlich

---

820 Siehe dazu oben § 6A.III, S. 148 und § 6C.I.1, S. 162.

821 BGH, Urt. v. 10.12.2002, Az. VI ZR 378/01, JuS 2003, 924 f; Zöller/*Greger*, § 286 Rn. 15a; Thomas/Putzo/*Reichold*, § 286 Rn. 7 ff, jeweils mwN.

822 BGH, Beschl. v. 02.09.2009, Az. XII ZB 50/06, NJW 2010, 153 (155); BeckOK-ZPO/*Bach*, § 328 Rn. 38; Thomas/Putzo/*Reichold*, § 286 Rn. 7; auch iRd EuGVVO, vgl. EuGH, Urt. v. 02.04.2009, Rs. C-394/07, EuZW 2009, 422 (423).

823 MüKoZPO/*Prütting*, § 284 Rn. 66; *Rollin*, Ausländische Beweisverfahren, S. 130.

824 Vgl. BeckOK-GG/*Hillgruber*, Art. 1 Fn. 37 f.

825 Siehe z.B. *Ahrens*, Der Beweis im Zivilprozess, Kap. 6 Rn. 2 ff mwN.

826 Vgl. oben § 6C.IV, S. 171.

generell nicht zu rechtfertigen ist und somit unter keinen Umständen durch das deutsche Gericht erfolgen darf (vgl. Art. 1 Abs. 3 GG)[827]. Ein solcher Eingriff in den unantastbaren Kernbereich des allgemeinen Persönlichkeitsrechts liegt zum Beispiel im Falle des heimlichen Abhörens geheimer Gespräche durch einen Zeugen[828] oder gar Spitzel[829], der heimlichen Tonbandaufnahme[830] oder des Tagebucheintrags[831] vor. Während letztere im deutschen selbständigen Beweisverfahren wohl eher selten sein dürften, sind diese Fälle in ausländischen Beweissicherungsverfahren aufgrund der weitergehenden Zulässigkeit der Beweismittel aber gut möglich. In diesen Fällen würde eine Verwertung im Prozess zum Beispiel durch Verlesung des Tagebuchs eine erneute Verletzung der Intimsphäre darstellen, weshalb hier immer, also auch bezüglich einer ausländischen Beweisaufnahme, ein Verwertungshindernis anzunehmen ist[832].

Daneben kommen weitere Grundrechtsverletzungen für ein Verwertungshindernis in Betracht. Zum Beispiel könnte auch eine Verletzung von Unternehmensgeheimnissen iSv Art. 14 GG[833] oder der Wettbewerbsfreiheit (Artt. 2 Abs. 1, 12 Abs. 1, 14 Abs. 1 GG)[834] die Beweisverwertung ausschließen[835]. Da in derartigen Fällen die Grenze zum Ausforschungsverbot fließend verläuft, soll an dieser Stelle nur kurz hierauf eingegangen werden. Festzuhalten ist jedenfalls, dass insoweit nämlich kein absoluter Schutz besteht, sodass bereits im Beweissicherungsverfahren im Ausland aufgedeckte Geheimnisse in der Regel nicht mehr schutzwürdig sind und damit nicht zu einem Verwertungshindernis führen[836]. Anders als bei der Verletzung der Privatsphäre wiederholt sich die Verletzung hier gerade nicht durch die Verwertung[837]. Ausgeschlossen ist die Verwertung

---

827 BVerfG, Beschl. v. 14.09.1989, Az. 2 BvR 1062/87, NJW 1990, 563; BeckOK-GG/*Lang*, Art. 2 Rn. 52.

828 BGH, Urt. v. 04.12.1990, Az. XI ZR 310/89, NJW 1991, 1180.

829 BGH, Urt. v. 19.06.1970, Az. IV ZR 45/69, NJW 1970, 1848 ff.

830 Musielak/Voit/*Foerste*, § 284 Rn. 23.

831 BGH, Urt. v. 21.02.1964, Az. 4 StR 519/63, NJW 1964, 1139 ff.

832 *Eschenfelder*, Beweiserhebung im Ausland, S. 205 ff.

833 *Stadler*, Der Schutz des Unternehmensgeheimnisses, S. 36 ff; str., vgl. *Wolff*, NJW 1997, 98 (99) unter II. mwN.

834 Vgl. Maunz/Dürig/*Di Fabio*, Art. 2 Rn. 116.

835 *Ahrens*, Der Beweis im Zivilprozess, Kap. 60 Rn. 19; *Eschenfelder*, Beweiserhebung im Ausland, S. 206 f; *Reiling*, Das US-amerikanische Discovery-Verfahren, S. 298 ff.

836 *Eschenfelder*, Beweiserhebung im Ausland, S. 207.

837 Vgl. BeckOK-ZPO/*Bacher*, § 284 Rn. 26 ff; *Eschenfelder*, Beweiserhebung im Ausland, S. 207; sowie Nachweise in Fn. 823.

also nur dann, wenn das Prozessrecht zur Offenlegung dieser Geheimnisse missbraucht wurde, was insoweit dem Ausforschungsverbot entspricht[838].

3. *Menschenwürde*

Die Ausführungen zur Verletzung des allgemeinen Persönlichkeitsrechts in der Form der unantastbaren Intimsphäre gelten umso mehr für Verletzungen der ausdrücklich unantastbaren Menschenwürde gem. Art. 1 GG. Daraus folgt, dass Beweiserhebungen und insbesondere Zeugenaussagen – unabhängig davon, ob sie aus ausländischen Beweissicherungsverfahren oder aus inländischen Beweisaufnahmen stammen – generell nicht verwertbar sind, wenn sie unter Verletzung der Menschenwürde erlangt worden sind. Dies ist insbesondere dann der Fall, wenn ein Zeuge gefoltert[839] oder erpresst[840] wurde (vgl. Art. 3 EMRK[841] sowie im Strafprozess § 136a StPO).

Wenngleich derartige rechtsstaatswidrige Praktiken nicht gänzlich auszuschließen sind, soll hier aufgrund der (glücklicherweise) niedrigen praktischen Relevanz nicht weiter auf dieses eindeutige und im Wesentlichen unstreitige Verwertungshindernis eingegangen werden.

4. *Aussageverweigerungsrechte*

Darüber hinaus könnte auch die Nichtbeachtung von Aussageverweigerungsrechten zu einem Verwertungshindernis führen. Hierbei handelt es sich zwar nicht unmittelbar um eine Grundrechtsverletzung, doch wurde etwa § 52 StPO vom Bundesverfassungsgericht „in seinem Kernbestand zu den rechtsstaatlich unverzichtbaren Erfordernissen eines fairen Verfahrens“ gezählt, sodass auch hier eine Berücksichtigung angebracht ist[842].

Im Inland wird davon ausgegangen, dass nur die Nichtbeachtung der Zeugnisverweigerungsrechte des § 383 Abs. 1 Nr. 1–3 ZPO eine Aussage unverwertbar machen, da gem. § 383 Abs. 2 ZPO nur insoweit über das Zeugnisverweigerungsrecht zu belehren ist[843]. Bezüglich der Zeugnisverweigerungsrechte für die

---

838 Vgl. oben § 6C.IV, S. 171.

839 Vgl. MüKoStPO/*Schuhr*, § 136a Rn. 71, 93 mwN.

840 Vgl. *Peters*, ZZP 76 (1963), 145 ff. (151 f).

841 Konvention zum Schutze der Menschenrechte und Grundfreiheiten des Europarats vom 04. November 1950, BGBl. 1952 II S. 686.

842 BVerfG (Kammer), Beschl. v. 01.03.2000, Az. 2 BvR 2017/94 u. 2039/94, NStZ 2000, 489 (490).

843 Zöller/*Greger*, § 383 Rn. 10; *Peters*, ZZP 76 (1963), 145 (160 f).

Geheimnisträger des § 383 Abs. 1 Nr. 4 bis 6 ZPO hingegen ist die Verwertung nur ausnahmsweise ausgeschlossen, wenn das allgemeine Persönlichkeitsrecht der Partei betroffen ist und das Vertrauensverhältnis zum Geheimnisträger endgültig zerstört werden würde[844]. Im Falle der Nichtbeachtung des Zeugnisverweigerungsrechts aus sachlichem Grund gem. § 384 ZPO ist kein Verwertungshindernis anzunehmen, da der Schaden – ähnlich wie bei der Verletzung von Unternehmensgeheimnissen[845]– mit der Aussage im ausländischen Beweissicherungsverfahren schon entstanden ist[846].

Es besteht meines Erachtens hier kein Grund, im Falle eines vorangegangenen ausländischen Beweissicherungsverfahrens strenger als bei der rein inländischen Konstellation vorzugehen[847]. Darüber hinaus kann es auch den Fall geben, dass nach ausländischem Recht schon gar kein Zeugnisverweigerungsrecht bestand, die Vernehmung im Beweissicherungsverfahren nach der dortigen *lex fori* somit rechtmäßig war. Wie im vergleichbaren inländischen Fall, dass einer Partei in einem vorangegangenen Strafprozess kein Zeugnisverweigerungsrecht zustand, sie nun im Zivilprozess aber die Aussage verweigern darf, sollte die Zeugenaussage aus dem Vorprozess hier verwertbar sein[848]. Diese Abweichung des ausländischen Rechts ist im Hinblick auf den Ausnahmecharakter der Verwertungshindernisse grundsätzlich zu akzeptieren.

VIII. Ergebnis zu C.

Die Verwertungshindernisse im Einzelfall sind eng an die Beweisverwertungsverbote des deutschen Prozessrechts angelehnt und entsprechen ihnen auch weitgehend. Da ausländische Verfahrensrechte teilweise im Vergleich zum deutschen Prozessrecht deutlich weitergehende Beweiserhebungsmöglichkeiten im Rahmen ihrer Beweissicherungsverfahren bieten, kommt den Verwertungshindernissen insoweit zum Teil allerdings eine größere Bedeutung zu. Während die meisten Verwertungshindernisse, etwa das Ausforschungsverbot, insbesondere bei der US-amerikanischen *discovery* problematisch sind, ist bei den untersuchten Verfahren vor allem auf die französische *ordonnance sur requête* gem.

844 Str., vgl. *Habscheid*, ZZP 96 (1983), 306 (321) mwN.

845 Dazu oben § 6C.VII.2, S. 178.

846 *Eschenfelder*, Beweiserhebung im Ausland, S. 216 f.

847 So im Ergebnis auch *ders.*, Beweiserhebung im Ausland, S. 215 ff.

848 So für den Fall, dass nach der StPO kein Zeugnisverweigerungsrecht bestand, wohl aber nach der ZPO MüKoZPO/*Damrau*, § 383 Rn. 43; *Häcker*, Verwertbarkeit strafprozessualer Aussagen, S. 11 ff, 71.

Art. 493 CPC hinzuweisen, die wegen der Verletzung der Parteiöffentlichkeit und des rechtlichen Gehörs zu einem Verwertungshindernis führt. Grundsätzlich kommt es hier – wie auch bei Beweisverwertungsverboten in inländischen Konstellationen – auf die genauen Umstände des Einzelfalls an. Bei den untersuchten Verfahren wird es im Übrigen nur selten, insbesondere bei auch nach nationalem Recht rechtswidriger Durchführung, zu einem Verwertungshindernis kommen.

D. Einfluss der Beweiswürdigung

Im deutschen Zivilprozess unterliegen grundsätzlich alle Beweismittel der freien Beweiswürdigung des Richters gem. § 286 ZPO. Die Stufe der freien Beweiswürdigung ist von den Verwertungshindernissen zu unterscheiden, da sich die Fragen der Beweiswürdigung erst stellen, nachdem die Zulässigkeit des Beweismittels bejaht wurde[849]. Wenn nun also die funktionale Vergleichbarkeit gegeben ist und auch keine Verwertungshindernisse vorliegen, ist die ausländische Beweissicherung gem. § 493 Abs. 1 ZPO verwertbar[850]. Die Verwertbarkeit sagt aber noch nichts über die Richtigkeit des Inhalts eines Beweismittels aus[851]. Der Beweiswert eines Beweismittels richtet sich jedenfalls ausschließlich nach der *lex fori*[852].

Das Gericht muss in freier Würdigung der Beweismittel zu der Überzeugung kommen, dass die Tatsachen, die den Klageantrag rechtfertigen, vorliegen, § 286 Abs. 1 ZPO. Während es nun sicherlich nicht gerechtfertigt ist, einer ausländischen Beweiserhebung allein aufgrund ihrer Fremdheit einen niedrigeren Beweiswert beizumessen, bietet die freie Beweiswürdigung aber die Möglichkeit, in einer umfassenden Würdigung der Umstände des Einzelfalls eben auch die aus der grenzüberschreitenden Situation resultierenden Besonderheiten zu berücksichtigen[853]. Dabei sind zunächst einmal die allgemein für die Beweiswürdigung geltenden Grundsätze zu beachten. So wird das Gericht bei einer ausländischen Beweissicherung in Form einer Zeugenvernehmung (z.B. im viel zitierten Beispiel des schwerkranken und nun bis zur Hauptverhandlung verstorbenen Zeugen) die Glaubwürdigkeit des Zeugen, obwohl es sich insoweit um einen Zeugenbeweis handelt, nur insoweit anzweifeln dürfen, wie sich diese Zweifel aus dem Protokoll über die Zeugenvernehmung selbst ergeben[854]. Demgegenüber kann das Gericht aber eine erneute Vernehmung anordnen, wenn es das Protokoll der Zeugenvernehmung für „zu farblos" hält[855]. Wenn es allerdings zu einer erneuten Zeugenvernehmung kommt, könnte ihr Beweiswert höher einzuschätzen sein als der des Protokolls über die frühere Vernehmung[856]. Da

---

849 *Eschenfelder*, Beweiserhebung im Ausland, S. 159 f.

850 Siehe oben § 5C.VI, S. 133.

851 *Geimer*, Anerkennung ausländischer Entscheidungen, S. 106.

852 Stein/Jonas/*Berger*, § 369 Rn. 1; MüKoZPO/*Heinrich*, § 369 Rn. 2 jeweils mwN.

853 *Musielak*, FS Geimer, S. 761 ff; *Rollin*, Ausländische Beweisverfahren, S. 132, 144 ff.

854 BGH, Urt. v. 11.07.1990, Az. VIII ZR 366/89, NJW 1990, 3088 (3089); *Eschenfelder*, Beweiserhebung im Ausland, S. 158.

855 *Geimer*, Internationales Zivilprozessrecht, Rn. 2402.

856 BGH, Urt. v. 13.06.1995, Az. VI ZR 233/94, NJW 1995, 2856 (2857); *Rollin*, Ausländische Beweisverfahren, S. 146.

es sich bei dem Protokoll über die Zeugenvernehmung aus dem ausländischen Beweissicherungsverfahren bei der Verwertung gem. § 493 Abs. 1 ZPO wohlgemerkt aber nicht um einen Urkundenbeweis, sondern um einen Zeugenbeweis handelt, darf das Gericht – sofern die Voraussetzungen der Substitution vorliegen (und insbesondere das Fragerecht der Parteien beachtet wurde) – seine Überzeugung sehr wohl auf die protokollierte Aussage stützen, wenn es insoweit keine Zweifel hat[857]. Ihr Beweiswert kann unter Umständen auch höher einzuschätzen sein, etwa wenn die Erinnerung des Zeugens infolge des Zeitablaufs verblasst ist. Die Partei kann die erneute Vernehmung dann nicht erzwingen, sie liegt im Ermessen des Gerichts (vgl. § 398 Abs. 1 ZPO).

Neben diesen allgemeinen Grundsätzen der Beweiswürdigung ergeben sich aber eben auch besondere Probleme aufgrund des Auslandbezugs[858]. Soweit das Gericht ein in einem ausländischen Beweissicherungsverfahren erstelltes Sachverständigengutachten nicht für ausreichend erachtet (zum Beispiel aufgrund abweichender Formalien nach dem ausländischen Verfahrensrecht), insoweit also gerade nicht überzeugt ist, kann es – in der Regel dann im Wege der Rechtshilfe[859] – Nachfragen an den Gutachter ermöglichen (vgl. § 411 Abs. 3 ZPO). Erreicht das Rechtshilfeersuchen nun aber nicht die gewünschten Klarstellungen, so hat das Gericht dies zu berücksichtigen und dem Sachverständigengutachten einen geringeren Beweiswert einzuräumen[860]. Möglich bleibt in jedem Fall aber die Anordnung eines neuen Sachverständigengutachtens, ebenso gegebenenfalls im Wege der Rechtshilfe[861]. Die Besonderheit im Rahmen des § 493 Abs. 1 ZPO ist insoweit allerdings, dass mit dem Gutachten aus dem ausländischen Beweissicherungsverfahren bereits ein Sachverständigenbeweis (und nicht „nur" ein Urkundenbeweis) vorliegt, die erneute Begutachtung mithin gem. § 412 Abs. 1 ZPO im Ermessen des Gerichts liegt, welches auch bei einem entsprechenden Antrag einer Partei nicht dazu verpflichtet ist[862]. Vielmehr kann das Gericht seine Überzeugung eben auch aufgrund des ausländischen Sachverständigengutachtens gewinnen[863]. Dabei wird insbesondere Beweismitteln, die in einem anderen Mitgliedstaat der Europäischen Union in einem rechtsstaatlichen und konktradiktorischen gerichtlichen Beweissicherungsverfahren gewonnen wurden, im Regelfall

857 Vgl. Stein/Jonas/*Berger*, § 398 Rn. 6; Zöller/*Herget*, § 493 Rn. 2.
858 *Nagel/Gottwald*, Internationales Zivilprozessrecht, § 17 Rn. 89.
859 Vgl. *Ahrens*, FS Schütze 1999, S. 1 (5).
860 *Eschenfelder*, Beweiserhebung im Ausland, S. 158 f.
861 OLG München, Beschl. v. 19.02.2014, Az. 15 W 912/13, IPRax 2015, 93 Ls. 5.
862 Siehe oben § 5C.IV.1, S. 124.
863 *Eschenfelder*, Beweiserhebung im Ausland, S. 158 f.

ein nicht unerheblicher Beweiswert zukommen[864]. Selbstverständlich wird ein in ausländischer Sprache verfasstes Protokoll oder Sachverständigengutachten (wie im Rechtshilfeverfahren) zu übersetzen sein[865].

Im Ergebnis bleibt festzuhalten, dass das Gericht wie auch in rein inländischen Fällen zur Überzeugung gelangen muss. Zu diesem Zweck kann es im Rahmen der Beweiswürdigung gem. § 286 ZPO die Beweismittel grundsätzlich frei würdigen, wobei der Umstand, dass ein Beweismittel aus einem ausländischen Beweissicherungsverfahren stammt, im Einzelfall auch einmal dazu führen kann, dass ihm weniger Beweiswert beigemessen wird.

---

864 OLG München, Beschl. v. 19.02.2014, Az. 15 W 912/13, IPRax 2015, 93 (96); *Rollin*, Ausländische Beweisverfahren, S. 121, 127.

865 MüKoZPO/*Fritsche*, § 144 Rn. 18 f; BeckOK-StPO/*Walther*, GVG § 184 Rn. 5; MüKoZPO/*Zimmermann*, GVG § 184 Rn. 6 ff.

E. Berücksichtigung trotz Unverwertbarkeit?

Wenn nun die Voraussetzungen der Substitution nicht vorliegen oder ein Verwertungshindernis gegeben ist, scheitert jedenfalls die Verwertung der Ergebnisse des Beweissicherungsverfahrens gem. § 493 Abs. 1 ZPO. Denkbar wäre es nun, die Beweiserhebung trotzdem in anderer (abgeschwächter) Weise zu berücksichtigen. Relativ unproblematisch kann nach § 438 ZPO jedenfalls Nachweis über die Tatsache erbracht werden, dass ein Beweissicherungsverfahren im Ausland überhaupt durchgeführt wurde[866]. Dies führt allerdings nicht zu einer Berücksichtigung des Inhalts der Beweiserhebung.

Trotz der Unverwertbarkeit nach § 493 Abs. 1 ZPO könnte allerdings im Rahmen der freien Beweiswürdigung dennoch eine Berücksichtigung als Urkundenbeweis stattfinden[867]. Dies ist aber schon deshalb abzulehnen, weil es inkonsequent ist und die zunächst festgestellte Unverwertbarkeit umgeht[868]. Zum anderen gilt dies umso mehr, da die Anforderungen an die Unverwertbarkeit aufgrund fehlender funktionaler Vergleichbarkeit oder aufgrund von Verwertungshindernissen ohnehin hoch sind und somit nur bei schwerwiegenden Verstößen gegen grundlegende Grundsätze des Verfahrensrechts oder Grundrechte gegeben ist. In diesen Fällen darf der Schutzzweck des Verwertungsverbots nicht durch eine anderweitige Verwertung ausgehebelt werden. Vielmehr wäre hier die gesondert zu prüfende Verwertbarkeit des Urkundenbeweises ebenfalls abzulehnen. Besonders deutlich wird dies zum Beispiel in dem Fall, dass durch eine Maßnahme eines ausländischen Beweissicherungsverfahrens das allgemeine Persönlichkeitsrecht in der Intimsphäre verletzt wurde. Hier stehen Artt. 2 Abs. 1, 1 Abs. 1 GG einer Verwendung absolut entgegen, unabhängig davon, ob sie als Zeugenbeweis, als Urkundenbeweis oder nur als Berücksichtigung des Parteivorbringens erfolgen soll[869].

Eine Ausnahme könnte allerdings bei den Sachverständigengutachten zu machen sein für den speziellen Fall, dass die Parteiöffentlichkeit nicht gewahrt wurde. Dies könnte insbesondere die bereits mehrfach angesprochene französische *ordonnance sur requête* gem. Art. 493 CPC betreffen, die ohne Beteiligung des

---

866 Vgl. *Geimer*, Anerkennung ausländischer Entscheidungen, S. 106.

867 *Ahrens*, Der Beweis im Zivilprozess, Kap. 56 Rn. 4; dahingehend auch *Linke/Hau*, Internationales Zivilverfahrensrecht, § 10 Rn. 35; vgl. zur Verwertung als Urkundenbeweis auch oben § 5C.V, S. 130.

868 Dahingehend *Hug*, Die Substitution im internationalen Privatrecht, S. 170 ff.

869 Vgl. entsprechend MAH-StrafVer/*Eschelbach*, § 30 Rn. 111 ff.

Gegners durchgeführt werden kann[870]. Diese Situation ist nämlich vergleichbar mit der eines Privatgutachtens, das von einer Partei in Auftrag gegeben wurde. Auch das Privatgutachten wurde in der Regel ohne Beteiligung des Gegners durch einen Sachverständigen erstellt. Deshalb ist es hier gerechtfertigt, ein solches Sachverständigengutachten aus einem ausländischen Beweissicherungsverfahren ebenso wie ein Privatgutachten zu berücksichtigen[871]. Dies bedeutet allerdings „nur", dass das Gericht nicht einfach über das Gutachten hinweggehen kann, sondern sich mit dessen Inhalt auseinandersetzen muss[872]. Dabei ist das Privatgutachten aber grundsätzlich kein Urkundenbeweis, sondern nur sog. substantiiertes oder qualifiziertes Parteivorbringen[873]. Dies hat insbesondere zur Folge, dass der Gegner es durch bloßen Antrag auf Sachverständigenbeweis entwerten kann[874]. Bei Zustimmung beider Parteien kann das Gericht das Privatgutachten sogar als Urkundenbeweis verwenden[875]. Da der Grundsatz der Parteiöffentlichkeit und des rechtlichen Gehörs letztlich im Interesse der Parteien besteht, ist ihnen insoweit zu gestatten, sich darüber hinweg zu setzen. Im freilich wahrscheinlicheren Fall, dass die Partei, für die das Gutachten ungünstig ist, einer solchen Verwertung nicht zustimmt, sondern ihrerseits einen Antrag auf Sachverständigenbeweis stellt, führt das Privatgutachten allerdings lediglich dazu, dass der gerichtliche Gutachter zu Widersprüchen angehört werden muss (§ 411 Abs. 3 ZPO) und gegebenenfalls sogar gem. § 412 ZPO ein weiteres gerichtliches Sachverständigengutachten einzuholen ist[876]. Nur wenn das Gericht darlegt, dass es (ausreichende) eigene Sachkunde besitzt und deswegen die streitigen Fragen selbst abschließend beurteilen kann, darf es sich gem. § 286 ZPO der Bewertung eines Privatgutachtens anschließen, ohne ein gerichtliches Sachverständigengutachten einzuholen[877]. Dies wird wohl selten der Fall sein, sodass das Gutachten aus dem ausländischen Beweissicherungsverfahren bei einer

---

870 Dazu insb. oben § 6C.V, S. 172 ff.

871 Vgl. dahingehend auch Musielak/Voit/*M. Huber*, § 493 Rn. 3 aE.

872 BGH, Beschl. v. 12.01.2011, Az. IV ZR 190/08, NJW-RR 2011, 609 f.

873 MüKoZPO/*Zimmermann*, § 402 Rn. 9 mwN.

874 Vgl. Stein/Jonas/*Berger*, Vor § 402 Rn. 75 ff; Musielak/Voit/*M. Huber*, § 402 Rn. 5; *Rosenberg/Schwab/Gottwald*, Zivilprozessrecht, § 121 Rn. 15.

875 BeckOK-ZPO/*Scheuch*, § 402 Rn. 6; aber str., vgl. Stein/Jonas/*Berger*, Vor § 402 Rn. 79 mwN.

876 BGH, Beschl. v. 18.05.2009, Az. IV ZR 57/08, NJW-RR 2009, 1192 f mwN; MüKoZPO/*Zimmermann*, § 402 Rn. 9.

877 BGH, Beschl. v. 02.06.2008, Az. II ZR 67/07, NJW-RR 2008, 1252 f; Zöller/*Greger*, Vor § 402 Rn. 3; BeckOK-ZPO/*Scheuch*, § 402 Rn. 6.

„Verwertung" als Privatgutachten somit ohne Mühe durch einen Antrag des Gegners auf Sachverständigenbeweis nahezu eliminiert werden kann.

Von diesem Ausnahmefall abgesehen ist, wenn es an der funktionalen Vergleichbarkeit fehlt oder ein Verwertungshindernis besteht, allerdings von einem absoluten Auschluss der Verwertbarkeit der Ergebnisse des ausländischen Beweissicherungsverfahrens auszugehen, der auch nicht durch eine anderweitige Berücksichtigung umgangen werden kann.

F. Ergebnis zu § 6

Das ausländische Beweissicherungsverfahren ist in einem ersten Schritt abstrakt daraufhin zu beurteilen, ob es mit dem inländischen selbständigen Beweisverfahren funktional vergleichbar ist. Diese Rechtsfrage ist von Amts wegen zu prüfen. Auch im Übrigen richtet sich die Verwertbarkeit nach der *lex fori processualis*. Maßgeblich sind insoweit sowohl der verfahrensrechtliche *ordre public* als auch die Beweisverwertungsverbote des nationalen Prozessrechts sowie die Grundrechte. Die Ergebnisse eines funktional vergleichbaren Beweissicherungsverfahrens können allerdings im Einzelfall dennoch aufgrund eines Verwertungshindernisses unverwertbar sein. Nachdem die Verwertbarkeit feststeht, bietet die freie Beweiswürdigung gem. § 286 ZPO dem Gericht die Gelegenheit, Besonderheiten aufgrund des Auslandsbezugs zu berücksichtigen. Wenn jedoch die funktionale Vergleichbarkeit nicht gegeben ist oder ein Verwertungshindernis besteht, kann die Beweiserhebung aus dem ausländischen Beweissicherungsverfahren grundsätzlich auch nicht auf andere Weise berücksichtigt werden.

§ 7 Wesentliche Ergebnisse und Ausblick

Die Untersuchung hat gezeigt, dass – wie regelmäßig im internationalen Kontext – auch im Hinblick auf ausländische Beweissicherungsverfahren besonders Wert darauf zu legen ist, dass die grundlegenden inländischen Vorstellungen von Gerechtigkeit und Rechtstaatlichkeit gewahrt werden. Darüber hinaus ist aber eine möglichst weite Berücksichtigung ausländischer Vorgänge angezeigt. Insoweit konnten folgende wesentliche Ergebnisse erarbeitet werden:

- Die Beweissicherungsverfahren in Europa sind zwar ähnlich, allerdings bestehen dennoch gewisse Unterschiede[878]. So werden sie zum Beispiel teilweise dem einstweiligen Rechtsschutz zugeordnet (etwa in Frankreich) und teilweise als selbständiger Teil des Erkenntnisverfahrens gesehen (etwa in Deutschland). Alle Verfahren sehen den Zweck der Sicherung von Beweisen vor, während viele aber zusätzlich auch ohne Gefährdung des Beweismittels oder gar zur Einschätzung der Erfolgsaussichten einer Klage statthaft sind (so in Frankreich und in der Schweiz)[879].
- Die Zuständigkeit für ein Beweissicherungsverfahren ist immer bei dem in der Hauptsache zuständigen Gericht gegeben[880]. Häufig sehen die Rechtsordnungen daneben sogenannte Eilgerichtsstände am Ort des Beweismittels vor (etwa § 486 Abs. 3 ZPO). Diese Zuständigkeiten gelten grundsätzlich auch für die internationale Zuständigkeit. Nach der Rechtsprechung, die auf einer sehr weitgehenden Interpretation der *St. Paul*-Entscheidung des EuGH beruht, kann die internationale Zuständigkeit für das Beweissicherungsverfahren nicht auf die nationalen Eilgerichtsstände gestützt werden und ist im Anwendungsbereich der EuGVVO somit nur bei dem Hauptsachegericht gegeben[881]. Richtigerweise erfolgt allerdings daneben durch Art. 35 EuGVVO eine Öffnung der EuGVVO für die nationalen Eilgerichtsstände, da das Beweissicherungsverfahren – jedenfalls wenn es darauf gerichtet ist, Beweise vor dem Verlust zu sichern – unter die einstweiligen Maßnahmen iSd Art. 35 EuGVVO zu subsumieren ist[882].

878 Zur Struktur der Beweissicherungsverfahren § 2, S. 27 ff.

879 Zu den Zulässigkeitsvoraussetzungen § 2, S. 27 ff, jeweils unter I.2.

880 Zur Zuständigkeit § 2, S. 27 ff, jeweils unter II.

881 Dazu § 3A.I, S. 57 und § 3A.II.3.a, S. 61.

882 § 3A.II.3.b, S. 63.

- Ausländische Beweissicherungsverfahren können sich auf den Prozess im Inland insbesondere bezüglich der Verjährung der eingeklagten Ansprüche[883], bezüglich der Rechtshängigkeit[884] und bezüglich der Verwertbarkeit ihrer Ergebnisse[885] auswirken. Während sich die Verjährung nach der *lex causae* richtet[886], ist für die Rechtshängigkeit und die Verwertbarkeit die *lex fori processualis* einschlägig[887]. Bei der Anwendung des danach ermittelten Rechts stellt sich dann die Frage, ob das Tatbestandsmerkmal *Beweissicherungsverfahren* auch durch ein Beweissicherungsverfahren, das im Ausland druchgeführt wurde, erfüllt ist. Dabei handelt es sich dogmatisch nicht lediglich um eine Auslegung der Norm, sondern um Fragen des internationalprivatrechtlichen Instituts der Substitution[888]. Die Substitution findet auch im Internationalen Verfahrensrecht Anwendung, da sich insoweit dieselben Sachfragen stellen und die Interessenlage vergleichbar ist[889].
- Die Prüfung der Substitution erfolgt zweistufig. Zunächst ist die in Frage stehende Norm auf ihre generelle Substitutionsfähigkeit hin zu untersuchen[890]. Im Anschluss daran kommt es darauf an, dass das jeweilige zu substituierende ausländische Beweissicherungsverfahren mit dem inländischen selbständigen Beweisverfahren iSd §§ 485 ff ZPO funktional vergleichbar ist[891]. Dabei kommt es weniger auf die rechtliche Konstruktion und die Bezeichnung eines Rechtsinstituts an, als auf den Sinn und Zweck, den es erfüllt, wozu maßgeblich insbesondere der Tatbestand und die Rechtsfolgen zu untersuchen sind. Insgesamt ist bei der Prüfung der Substitutions-voraussetzungen Großzügigkeit geboten.
- § 204 Abs. 1 Nr. 7 ZPO ist generell substitutionsfähig[892]. Die Einleitung eines Beweissicherungsverfahrens im Ausland erfüllt ebenso wie die Einleitung eines selbständigen Beweisverfahrens im Inland den Sinn und Zweck der Hemmungstatbestände des § 204 Abs. 1 ZPO, den Schuldner durch eine verfahrensgebundene Hemmungshandlung davon in Kenntnis zu setzen,

883 § 5A, S. 97 ff.
884 § 5B, S. 110 ff.
885 § 5C, S. 115 ff.
886 § 5A.I, S. 97.
887 § 5C.I, S. 115.
888 Dazu § 4B, S. 82 ff.
889 § 4B.I, S. 82.
890 § 4C, S. 88.
891 § 4D, S. 90.
892 Dazu § 5A, S. 97 ff.

dass an der Geltendmachung der Ansprüche festgehalten wird. Da die Hemmungswirkung bei der Einleitung eines Beweissicherungsverfahren (ebenso wenig wie bei der Erhebung einer Klage) nicht als prozessrechtliche Vorwirkung einer rechtskräftigen Sachentscheidung zu verstehen ist, kommt es für die Hemmungswirkung weder auf die internationale Zuständigkeit des ausländischen Gerichts noch auf eine positive Anerkennungsprognose bezüglich der Beweiserhebung an[893]. Entscheidend ist im Hinblick auf den Sinn und Zweck der Verjährung lediglich eine ordnungsgemäße Zustellung des Antrags (oder der Klage) an den Schuldner[894].

- Ein ausländisches Beweissicherungsverfahren bewirkt gegenüber einem weiteren inländischen selbständigen Beweisverfahren keine entgegenstehende Rechtshängigkeit[895]. Nach hier vertretener Ansicht ergibt sich dies schon daraus, dass das Beweissicherungsverfahren eine einstweilige Maßnahme iSd Art. 35 EuGVVO ist, auf die die Rechtshängigkeitssperre des Art. 29 EuGVVO nach ganz herrschender Meinung nicht anwendbar ist. Dieses Ergebnis ist aber ohnehin auch sachgerecht, da die Beweiserhebung aus einem Beweissicherungsverfahren noch der Beweiswürdigung durch das Gericht unterliegt, und es insoweit nicht unüblich ist, dass sich Beweismittel widersprechen. Vielmehr muss hier die zeitnahe Beweissicherung vor Ort Vorrang haben. Auch zwischen dem Beweissicherungsverfahren und dem Hauptsacheverfahren besteht keine entgegenstehende Rechtshängigkeit, da insoweit keine Identität des Streitgegenstands vorliegt[896]. Nur das bereits in einem ausländischen Hauptsacheverfahren angeordnete Sachverständigengutachten kann der Anordnung eines weiteren Gutachtens im Rahmen eines selbständigen Beweisverfahrens entgegenstehen, da § 485 Abs. 3 ZPO generell substitutionsfähig ist.
- Die Ergebnisse eines ausländischen Beweissicherungsverfahrens sind in jedem Fall irgendwie im inländischen Hauptsacheprozess zu berücksichtigen[897]. Dies ergibt sich zum einen aus dem Recht auf Beweis der Parteien und zum anderen spricht dafür auch das praktische Bedürfnis eines internationalen Handels- und Rechtsverkehrs. Außerdem kann ein erst-recht-Schluss aus der grundsätzlichen Anerkennung von Urteilen (vgl. § 328 Abs. 1 ZPO) gezogen werden, da Urteile nicht noch der Beweiswürdigung durch ein inländisches

893 § 5A.III und IV, S. 99 ff.
894 § 5A.II, S. 98 und § 6B.II, S 152.
895 Dazu § 5B.I, S. 110 ff.
896 Dazu § 5B.II, S. 112 f.
897 Dazu § 5C.I, S. 115 ff.

Gericht unterliegen und damit weitergehendere Wirkungen als Beweiserhebungen haben.

- Es sind verschiedene Möglichkeiten für die Verwertung der Ergebnisse eines ausländischen Beweissicherungsverfahrens denkbar[898]. Neben einer Anerkennung nach den Vorschriften über die Rechtshilfe (§§ 364, 369 ZPO) oder über die Anerkennung ausländischer Urteile (§ 328 ZPO und Artt. 36 ff EuGVVO) kommen auch eine Verwertung nach § 493 Abs. 1 ZPO wie ein inlänidsches selbständiges Beweisverfahren oder lediglich eine Verwertung als Urkundenbeweis iSd §§ 415 ff ZPO in Betracht. Alle diese Möglichkeiten bieten Vor- und Nachteile. Die Vorschriften über die Rechtshilfe eignen sich schon deshalb nicht, da sie keine Regelungen bezüglich der Verwertung selbst enthalten. Auch die Vorschriften zur Anerkennung ausländischer Urteile passen nicht, da sie auf streitbeendende Entscheidungen zugeschnitten sind. Die Verwertung nach § 493 Abs. 1 ZPO oder nach den §§ 415 ff ZPO hingegen ähneln sich im Wesentlichen. § 493 Abs. 1 ZPO ermöglicht es allerdings die Stellung der ausländischen Beweiserhebung zu stärken, da dieser Weg eine Wiederholung der Beweisaufnahme nur in engen Grenzen erlaubt. Es empfiehlt sich deshalb eine grundsätzliche Gleichstellung des ausländischen Beweissicherungsverfahrens mit einem inländischen selbständigen Beweisverfahren anzunehmen und mithin die generelle Substitutionsfähigkeit des § 493 Abs. 1 ZPO zu bejahen[899]. Einschränkungen können bei der Prüfung der funktionalen Vergleichbarkeit sowie durch Verwertungsverbote im Einzelfall und im Rahmen der freien Beweiswürdigung vorgenommen werden.
- Die Kosten des ausländischen Beweissicherungsverfahrens sind Kosten des Rechtsstreits iSv § 91 ZPO und somit erstattungsfähig, soweit sie notwendig waren[900]. Dies folgt insbesondere aus der hier vertretenen Verwertbarkeit der Ergebnisse des Beweissicherungsverfahrens nach § 493 Abs. 1 ZPO. Die Höhe der Erstattung ist allerdings insbesondere aus Gründen der Praktikabilität im Kostenfestsetzungsverfahren auf die Höhe nach dem inländischen Kostenrecht begrenzt[901].
- Die Beurteilung der Verwertbarkeit eines ausländischen Beweissicherungsverfahrens erfolgt als verfahrensrechtliche Frage grundsätzlich nach der *lex fori processualis*, wobei hier drei Aspekte maßgeblich sind[902]. Zum einen ist die

898 Dazu § 5C, S. 115 ff.
899 Dazu § 5C.VI, S. 133 ff.
900 § 5D.I, S. 138.
901 § 5D.II, S. 140.
902 Dazu § 6A, S. 143 ff.

funktionale Vergleichbarkeit des ausländischen Beweissicherungsverfahrens mit dem deutschen selbständigen Beweisverfahren iSd §§ 485 ff ZPO als Teil des internationalprivatrechtlichen Instituts der Substitution erforderlich. Darüber hinaus spielen die allgemeinen Beweisverwertungsverbote des deutschen Prozessrechts als Ausprägung der verfassungsmäßigen Verfahrens- und Grundrechte auch bei ausländischen Beweiserhebungen eine Rolle. Außerdem bildet in internationalen Rechtsbeziehungen immer der *ordre public* die Grenze dessen, was im Inland akzeptiert werden kann. Da es sowohl um materiellrechtliche als auch prozessuale Wirkungen eines ausländischen Verfahrens geht, ist dabei auf den verfahrensrechtlichen *ordre public* abzustellen. Diese Aspekte sind auf allen Ebenen wechselseitig zu berücksichtigen und können weder auf der ersten Stufe der funktionalen Vergleichbarkeit, noch auf der zweiten Stufe der Verwertungshindernisse im Einzelfall voneinander getrennt werden.

- Die Prüfung der funktionalen Vergleichbarkeit erfolgt als Rechtsfrage von Amts wegen[903]. Die Festlegung der Kriterien für die funktionale Vergleichbarkeit ist bemüht, im Spannungsfeld zwischen der Andersartigkeit ausländischer Verfahrensrechte und der grundsätzlichen Substitutionsfreundlichkeit eine möglichst weitreichende Anerkennung der ausländischen Rechtserscheinungen zu erreichen. Aus diesem Grund kam die Untersuchung der einzelnen Kriterien im Wesentlichen zu dem Ergebnis, dass die ausländischen Beweissicherungsverfahren insoweit als mit dem selbständigen Beweisverfahren iSd §§ 485 ff ZPO funktional vergleichbar bezeichnet werden können[904]. Nur bei der Missachtung von nach inländischem Verständnis grundlegenden Verfahrensrechten wie der Gewährung rechtlichen Gehörs muss die funktionale Vergleichbarkeit abgelehnt werden. Doch selbst das französische Beweissicherungsverfahren, das die Möglichkeit einer *ordonnance sur requête* ohne Kenntnis des Gegners vorsieht, ist nicht pauschal unsubstituierbar, sondern es kommt insoweit auf eine Einzelfallprüfung an.
- Die Verwertungshindernisse im Einzelfall sind eng an die Beweisverwertungsverbote des deutschen Prozessrechts angelehnt und entsprechen ihnen auch weitgehend[905]. Da ausländische Verfahrensrechte aber teilweise im Vergleich zum deutschen Prozessrecht deutlich weitergehende Beweiserhebungsmöglichkeiten im Rahmen ihrer Beweissicherungsverfahren bieten, kommt

903 § 6A.II, S. 146.
904 Dazu § 6B, S. 151 ff.
905 Dazu § 6C, S. 162 ff.

den Verwertungshindernissen insoweit allerdings eine größere Bedeutung zu. Die Prüfung der Verwertungshindernisse erfolgt (auch im Anwendungsbereich der EuGVVO) grundsätzlich von Amts wegen[906]. Während die meisten Verwertungshindernisse, etwa das Ausforschungsverbot, insbesondere bei der US-amerikanischen *discovery* problematisch sind, ist bei den untersuchten Verfahren vor allem auf die französische *ordonnance sur requête* gem. Art. 493 CPC hinzuweisen, die wegen der Verletzung der Parteiöffentlichkeit und des rechtlichen Gehörs zu einem Verwertungshindernis führt. Grundsätzlich kommt es hier – wie auch bei Beweisverwertungsverboten in inländischen Konstellationen – auf die genauen Umstände des Einzelfalls an. Bei den untersuchten Verfahren wird es im Übrigen nur selten, insbesondere bei auch nach nationalem Recht rechtswidriger Durchführung, zu einem Verwertungs-hindernis kommen.
- Im Falle der Verwertbarkeit eines ausländischen Beweissicherungsverfahrens fungiert die freie Beweiswürdigung gem. § 286 ZPO zuletzt als Korrektiv, das es erlaubt, Besonderheiten aufgrund der internationalen Konstellation zu berücksichtigen[907]. Die Frage der Verwertbarkeit sagt nämlich noch nichts über den Beweiswert eines Beweismittels aus.
- Wenn die funktionale Vergleichbarkeit nicht gegeben ist oder ein Verwertungshindernis besteht, ist die Berücksichtigung der Ergebnisse des ausländischen Beweissicherungsverfahrens grundsätzlich gänzlich ausgeschlossen[908].

Festzuhalten bleibt also, dass eine möglichst weitgehende Verwertbarkeit der Ergebnisse des ausländischen Beweissicherungsverfahrens wünschenswert und nach aktueller deutscher und europäischer Gesetzeslage durch eine grundsätzliche Gleichstellung mit dem inländischen selbständigen Beweisverfahren auch bereits möglich ist. Bisher hat sich die deutsche Rechtsprechung allerdings nur zugunsten der Verwertbarkeit geäußert, nicht aber zur Art und Weise der Verwertung. Insoweit sind weitere Klarstellungen zu erwarten und zu erhoffen.

Wünschenswert wäre allerdings auch ein Tätigwerden des Gesetzgebers. So sollte *de lege feranda* eine klare, die Unsicherheit der *St. Paul*-Entscheidung beseitigende Regelung zur Zuständigkeit in der EuGVVO erfolgen. Darin müsste insbesondere auch klargestellt werden, ob auch Beweis(sicherungs)verfahren zur Einschätzung der Erfolgsaussichten einer Klage nach den nationalen Eilgerichtsständen möglich sein sollen.

---

906 § 6C.I.2, S. 163.
907 Dazu § 6D, S. 183 ff.
908 Dazu § 6E, S. 186 ff.

Jedenfalls sollte aber die Verwertung ausländischer Beweissicherungen unionsrechtlich geregelt werden. Bei der Verwertung ausländischer Beweiserhebungen handelt es sich im Vergleich zur bereits geregelten Anerkennung ausländischer Urteile um ein Minus, da die Beweiswürdigung durch das inländische Gericht erst noch erfolgt. Eine bloße Änderung der ZPO dahingehend, dass § 493 Abs. 1 ZPO auch auf ausländische Beweissicherungsverfahren anwendbar ist, würde lediglich die Substitution für diesen Fall ausdrücklich positivieren. Vorzugswürdig wäre deshalb eine Regelung in der EuGVVO, die in etwa § 328 ZPO bzw. besser noch Artt 36, 45 EuGVVO mit seiner grundsätzlich „automatischen" Anerkennung entspricht. Die erhebliche Relevanz für die Praxis sollte hier nicht hinter nationalstaatliche Eitelkeiten zurücktreten müssen.

Um auf das diese Untersuchung einleitende Zitat *Molières* zurückzukommen, kann somit festgehalten werden, dass ein Beweissicherungsverfahren im Ausland grundsätzlich dazu geeignet ist, den Beweis für den geltend gemachten Anspruch zu erbringen. Im Vergleich zu einem Beweissicherungsverfahren im Inland ist dieser Weg allerdings mit einer Reihe an Unsicherheiten verbunden. Wenngleich zwar im Ergebnis mit einer tendenziell weitreichenden Verwertung der Beweiserhebungen aus dem ausländischen Beweissicherungsverfahren gerechnet werden kann, ist auf eine möglichst umfassende Beseitigung der verbleibenden Unsicherheiten durch den (insbesondere europäischen) Gesetzgeber zu hoffen.

Literaturverzeichnis

Achilles-Greiff	*Beitzke, Günter/Bolk, Manfred/u.a.* (Hrsg.), Achilles-Greiff BGB – unter Einarbeitung des Gleichberechtigungsgesetzes v. 18.6.1957, mit Einführungsgesetz und Nebengesetzen, 20. Aufl. (zit. Achilles-Greiff/*Bearbeiter*).
Ahrens	*Ahrens, Hans-Jürgen,* Grenzüberschreitende selbstständige Beweisverfahren – eine Skizze, in: Geimer, Reinhold (Hrsg.), Wege zur Globalisierung des Rechts – Festschrift für Rolf A. Schütze zum 65. Geburtstag, München 1999, S. 1–13 (zit. *Ahrens*, FS Schütze 1999).
	—, Internationale Beweishilfe bei Beweisermittlungen im Ausland nach Art. 7 der Enforcementrichtlinie, in: Erdmann, Willi/Leistner, Matthias u.a. (Hrsg.), Festschrift für Michael Loschelder – Zum 65. Geburtstag, Köln 2010, S. 1–13 (zit. *ders.*, FS Loschelder).
	—, Der Beweis im Zivilprozess, Köln 2015.
Alio	*Alio, Tarec,* Änderungen im deutschen Rechtshilferecht – Beweisaufnahme nach der Europäischen Beweisaufnahmeverordnung, NJW 2004, S. 2706–2709.
AnwK-BGB	*Dauner-Lieb, Barbara/Heidel, Thomas/Ring, Gerhard* (Hrsg.), BGB Anwaltskommentar – Band 1: Allgemeiner Teil mit EGBGB, Bonn 2005 (zit. AnwK-BGB/*Bearbeiter*).
Bajons	*Bajons, Ena-Marlis,* Österreich, in: Nagel, Heinrich/Bajons, Ena-Marlis (Hrsg.), Beweis – Preuve – Evidence – Grundzüge des zivilprozessualen Beweisrechts in Europa, Baden-Baden 2003, S. 427–475.
Balzer	*Balzer, Christian,* Beweisaufnahme und Beweiswürdigung im Zivilprozess – Eine systematische Darstellung und Anleitung für die gerichtliche und anwaltliche Praxis, 3. Aufl., Berlin 2011.

von Bar/Mankowski — *Bar, Christian von/Mankowski, Peter*, Internationales Privatrecht – Band 1: Allgemeine Lehren, 2. Aufl., München 2003.

Baumbach/Lauterbach — *Albers, Jan/Hartmann, Peter* (Hrsg.), Zivilprozessordnung – mit FamFG, GVG und anderen Nebengesetzen, 76. Aufl., München 2018 (zit. Baumbach/Lauterbach/*Bearbeiter*).

BeckOGK — *Budzikiewicz, Christine/Weller, Marc-Philippe/Wurmnest, Wolfgang* (Hrsg.), beck-online. Grosskommentar – Rom I-VO, München 2018 (zit. BeckOGK/*Bearbeiter*).

Gsell, Beate/Krüger, Wolfgang/Lorenz, Stephan/Mayer, Jörg/Henssler, Martin/u.a. (Hrsg.), beck-online. Grosskommentar – BGB, München 2018 (zit. BeckOGK/*Bearbeiter*).

BeckOK — *Bamberger, Heinz Georg/Roth, Herbert/Hau, Wolfgang/Poseck, Roman* (Hrsg.), Beck'scher Online-Kommentar BGB, 44. Aufl., München 2018 (zit. BeckOK/*Bearbeiter*).

BeckOK-GG — *Epping, Volker/Hillgruber, Christian* (Hrsg.), Beck'scher Online-Kommentar Grundgesetz, 36. Aufl., München 2018 (zit. BeckOK-GG/*Bearbeiter*).

BeckOK-StPO — *Graf, Jürgen-Peter* (Hrsg.), Beck'scher Online-Kommentar StPO mit RiStBV und MiStra, 28. Aufl., München 2017 (zit. BeckOK-StPO/*Bearbeiter*).

BeckOK-ZPO — *Vorwerk, Volkert/Wolf, Christian* (Hrsg.), Beck'scher Online-Kommentar ZPO, 27. Aufl., München 2017 (zit. BeckOK-ZPO/*Bearbeiter*).

Benecke — *Benecke, Martina*, Auslandsbeurkundung im GmbH-Recht: Anknüpfung und Substitution, RIW 2002, S. 280–286.

Berger — *Berger, Christian*, Die EG-Verordnung über die Zusammenarbeit der Gerichte auf dem Gebiet der Beweisaufnahme in Zivil- und Handelssachen (EuBVO), IPRax 2001, S. 522–527.

Besso Marcheis — *Besso Marcheis, Chiara*, Provisional Measures and Taking Evidence: A European Perspective, in: Stürner, Rolf/Kawano, Masanori (Hrsg.), Comparative

Studies on Enforcement and Provisional Measures, Tübingen 2011, S. 390–397.

Bloch — *Bloch, Matthias*, Anerkennung eines ausländischen Sachverständigen aus einem Vertragsstaat des EuGÜbk – zu OLG Hamm, Beschl. v. 14.6.1988 – 20 W 24/88, RIW 1989, S. 566–568.

Braun — *Braun, Johann*, Lehrbuch des Zivilprozeßrechts – Erkenntnisverfahren, Tübingen 2014.

BSK-OR — *Honsell, Heinrich/Vogt, Nedim Peter/Wiegand, Wolfgang* (Hrsg.), Basler Kommentar Obligationenrecht I – Art. 1–529 OR, 6. Aufl., Basel 2015 (zit. BSK-OR/*Bearbeiter*).

BSK-ZPO — *Spühler, Karl/Tenchio, Luca/Infanger, Dominik* (Hrsg.), Basler Kommentar Schweizerische Zivilprozessordnung, 3. Aufl., Basel 2017 (zit. BSK-ZPO/*Bearbeiter*).

Buchegger/Roth — *Buchegger, Walter/Roth, Marianne*, Zivilprozessrecht – Sammlung kommentierter Fälle, 3. Aufl., Wien 2011.

Budzikiewicz — *Budzikiewicz, Christine*, Unterbrechung der Verjährung durch Auslandsklage – Entscheidung des österreichischen Obersten Gerichtshofs vom 10. März 2008, ZEuP 2010, S. 418–434.

Cadiet/Jeuland — *Cadiet, Loïc/Jeuland, Emmanuel*, Droit judiciaire privé, 10. Aufl., Paris 2017.

Calliess/Ruffert — *Calliess, Christian/Ruffert, Matthias* (Hrsg.), EUV/AEUV – Das Verfassungsrecht der Europäischen Union mit Europäischer Grundrechtecharta. Kommentar, 5. Aufl., München 2016 (zit. Calliess/Ruffert/*Bearbeiter*).

Chainais/Ferrand/Guinchard — *Chainais, Cécile/Ferrand, Frédérique/Guinchard, Serge*, Procédure civile – Droit interne et européen du procès civil, 33. Aufl., Paris 2016.

Coester-Waltjen — *Coester-Waltjen, Dagmar*, Internationales Beweisrecht – Das auf den Beweis anwendbare Recht in Rechtsstreitigkeiten mit Auslandsbezug, Ebelsbach 1983.

Couchez/Lagarde — *Couchez, Gérard/Lagarde, Xavier*, Procédure civile, 17. Aufl., Paris 2014.

CPC-Dalloz	*Callé, Pierre/Dargent, Laurent* (Hrsg.), Code de procédure civile, 109. Aufl., Paris 2017 (zit. CPC-Dalloz/*Bearbeiter*).
Czermak	*Czermak, Peter*, Der express trust im internationalen Privatrecht, Frankfurt am Main 1986.
Dietze/Schnichels	*Dietze, Jan/Schnichels, Dominik*, Die aktuelle Rechtsprechung des EuGH zum EuGVÜ – Übersicht über das Jahr 2005, EuZW 2006, S. 742–748.
Dilcher	*Dilcher, Hermann*, Die prozessuale Verwendungsbefugnis, ein Beitrag zur Lehre vom „rechtswidrigen" Beweismittel, AcP 158 (1959/1960), S. 469–503.
Domej	*Domej, Tanja*, Die Neufassung der EuGVVO – Quantensprünge im europäischen Zivilprozessrecht, RabelsZ 78 (2014), S. 508–550.
Dörschner	*Dörschner, Lisa Maria*, Beweissicherung im Ausland – Zur gerichtlichen vorprozessualen Beweisaufnahme in Deutschland, Frankreich und der Schweiz am Beispiel des privaten Baurechts sowie zur Beweissicherung bei Auslandssachverhalten und zur Verwertung ausländischer vorsorglicher Beweisaufnahmen im deutschen Hauptsacheprozeß, Frankfurt am Main 2000.
Dutta/Weber	*Dutta, Anatol/Weber, Johannes* (Hrsg.), Internationales Erbrecht – EuErbVO, Erbrechtliche Staatsverträge, EGBGB, IntErbRVG, IntErbStR, IntSchenkungsR, München 2016 (zit. Dutta/Weber/*Bearbeiter*).
Dütz	*Dütz, Wilhelm*, Rechtsstaatlicher Gerichtsschutz im Privatrecht – Zum sachlichen Umfang der Zivilgerichtsbarkeit, Bad Homburg 1970 (zit. *Dütz*, Rechtsstaatlicher Gerichtsschutz).
Ehrenzeller	*Ehrenzeller, Kofmel*, Schweiz, in: Nagel, Heinrich/Bajons, Ena-Marlis (Hrsg.), Beweis - Preuve - Evidence – Grundzüge des zivilprozessualen Beweisrechts in Europa, Baden-Baden 2003, S. 557–590.
Eschenfelder	*Eschenfelder, Eike Dirk*, Beweiserhebung im Ausland und ihre Verwertung im inländischen Zivilprozess – Zur Bedeutung des US-amerikanischen discovery-Verfahrens für das deutsche

	Erkenntnisverfahren, Frankfurt am Main 2002 (zit. *Eschenfelder*, Beweiserhebung im Ausland).
Fasching	*Fasching, Hans W.*, Lehrbuch des österreichischen Zivilprozeßrechts – Lehr- und Handbuch für Studium und Praxis, 2. Aufl., Wien 1990.
Fasching/Konecny	*Fasching, Hans W./Konecny, Andreas* (Hrsg.), Kommentar zu den Zivilprozeßgesetzen – 3. Band/1. Teilband - §§ 226–389 ZPO, 3. Aufl., Wien 2017 (zit. Fasching/Konecny/*Bearbeiter*).
	Konecny, Andreas (Hrsg.), Kommentar zu den Zivilprozessgesetzen – 2. Band / 3. Teilband - §§ 123–225 ZPO, 3. Aufl., Wien 2015 (zit. Fasching/Konecny/*Bearbeiter*).
Ferid	*Ferid, Murad*, Im Ausland erfüllte Tatbestandsmerkmale inländischer Sachnormen – Ein Ansatz, GRUR Int 1973, S. 472–478.
	—, Internationales Privatrecht, 3. Aufl., Frankfurt am Main 1986.
Försterling	*Försterling, Thomas*, Internationales Beweissicherungsverfahren und Kostentragung. zu OLG Hamburg, 29.9.1999 - 8 W 235/99, IPRax 2000, S. 499–500.
Frank	*Frank, Rainer*, Unterbrechung der Verjährung durch Auslandsklage – zu LG Deggendorf, Urteil v. 24.11.1981 - O 411/81, IPRax 1983, S. 108–111.
Frankenstein	*Frankenstein, Ernst*, Internationales Privatrecht – (Grenzrecht), Berlin 1926.
Garber	*Garber, Thomas*, Die Brüssel Ia-Verordnung, in: Mayr, Peter G. (Hrsg.), Handbuch des europäischen Zivilverfahrensrechts, Wien 2017.
Gebauer/Wiedmann	*Gebauer, Martin/Wiedmann, Thomas* (Hrsg.), Zivilrecht unter europäischem Einfluss – Die richtlinienkonforme Auslegung des BGB und anderer Gesetze – Kommentierung der wichtigsten EU-Verordnungen, 2. Aufl., Stuttgart 2010 (zit. Gebauer/Wiedmann/*Bearbeiter*).
Gehrlein	*Gehrlein, Markus*, Beweisverbote im Zivilprozess, VersR 2011, S. 1350–1358.

Geigel — *Haag, Kurt* (Hrsg.), Der Haftpflichtprozess – mit Einschluss des materiellen Haftpflichtrechts, 27. Aufl., München 2015 (zit. Geigel/*Bearbeiter*).

Geimer — *Geimer, Reinhold*, Nochmals: Zur Unterbrechung der Verjährung durch Klageerhebung im Ausland: Keine Gerichtspflichtigkeit des Schuldners all over the world, IPRax 1984, S. 83–84.

—, Anerkennung ausländischer Entscheidungen in Deutschland, München 1995 (zit. *Geimer*, Anerkennung ausländischer Entscheidungen).

—, Internationales Zivilprozessrecht, 7. Aufl., Köln 2015.

Geimer/Schütze — *Geimer, Reinhold/Schütze, Rolf A.* (Hrsg.), Europäisches Zivilverfahrensrecht – Kommentar zur EuGVVO, EuEheVO, EuZustellungsVO, EuInsVO, EuVTVO, zum Lugano-Übereinkommen und zum nationalen Kompetenz- und Anerkennungsrecht, 3. Aufl., München 2010 (zit. Geimer/Schütze/*Bearbeiter*).

— (Hrsg.), Internationaler Rechtsverkehr in Zivil- und Handelssachen – Band 1, 53. Aufl., München 2017 (zit. *Bearbeiter*, in: Geimer/Schütze (Hrsg.), Internationaler Rechtsverkehr).

— (Hrsg.), Internationaler Rechtsverkehr in Zivil- und Handelssachen – Band 2, 53. Aufl., München 2017 (zit. *Bearbeiter*, in: Geimer/Schütze (Hrsg.), Internationaler Rechtsverkehr).

— (Hrsg.), Internationaler Rechtsverkehr in Zivil- und Handelssachen – Band 3, 53. Aufl., München 2017 (zit. *Bearbeiter*, in: Geimer/Schütze (Hrsg.), Internationaler Rechtsverkehr).

Geipel — *Geipel, Andreas*, Handbuch der Beweiswürdigung, 3. Aufl., Bonn 2017.

Gemmeke — *Gemmeke, Thomas*, Beweisverwertungsverbote im arbeitsgerichtlichen Verfahren, Frankfurt am Main 2003 (zit. *Gemmeke*, Beweisverwertungsverbote).

Gössl — *Gössl, Susanne Lilian*, Verjährungshemmung bei grenzüberschreitender Streitbeilegung – Eintritt der Verjährungshemmung nach deutschem Recht bei Anrufen einer ausländischen Schlichtungsstelle und vice versa, MDR 2017, S. 251–254.

Goût/Pansier — *Goût, Edouard U./Pansier, Frédéric-Jérôme*, Petit lexique juridique – Mots et expressions, 2. Aufl., Bruxelles 2016.

Grabinski — *Grabinski, Klaus*, Grenzüberschreitende Beweisaufnahme in deutschen Patentverletzungsverfahren unter besonderer Berücksichtigung der Verordnung (EG) Nr. 1206/2001, in: Grosch, Marcus/Ullmann, Eike (Hrsg.), Gewerbliche Schutzrechte und ihre Durchsetzung – Festschrift für Tilman Schilling zum 70. Geburtstag am 29. Juli 2007, Köln 2007, S. 191–205 (zit. *Grabinski*, FS Schilling).

Gronstedt — *Gronstedt, Sebastian*, Grenzüberschreitender einstweiliger Rechtsschutz, Frankfurt am Main/Berlin 1994.

Habscheid — *Habscheid, Walther J.*, Das Recht auf Beweis, ZZP 96 (1983), S. 306–334.

Häcker — *Häcker, Peter*, Grenzen der Verwertbarkeit strafprozessualer Aussagen im Zivilprozess, Tübingen 1994 (zit. *Häcker*, Verwertbarkeit strafprozessualer Aussagen).

Hau — *Hau, Wolfgang*, Positive Kompetenzkonflikte im Internationalen Zivilprozeßrecht – Überlegungen zur Bewältigung von multi-fora disputes, Frankfurt am Main 1996 (zit. *Hau*, Positive Kompetenzkonflikte).

—, Gerichtssachverständige in Fällen mit Auslandsbezug – Rahmenbedingungen der Tätigkeit und kollisionsrechtliche Haftungsfragen, RIW 2003, S. 822–830.

—, Der auslandsansässige Gerichtssachverständige, DS 2004, S. 127–129.

—, Der inlandsansässige Gerichtssachverständige im Ausland, DS 2004, S. 91–92.

—, Grenzüberschreitende Beweisaufnahme im Europäischen Justizraum, ERA Forum 2005, S. 224–231.

	—, Brüssel Ia-VO - Neue Regeln für die Anerkennung und Vollstreckung ausländischer Entscheidungen in Zivil- und Handelssachen, MDR 2014, S. 1417–1421.
Hausmann/Odersky	*Hausmann, Rainer/Odersky, Felix* (Hrsg.), Internationales Privatrecht in der Notar- und Gestaltungspraxis – Personenrecht und Rechtsgeschäfte, Familienrecht, Erbrecht, Schuldvertrags- und Sachenrecht, Gesellschaftsrecht, 3. Aufl., München 2017 (zit. Hausmann/Odersky/*Bearbeiter*).
Hefelmann	*Hefelmann, Fritz*, Die gerichtliche Geltendmachung des Anspruchs als Grund der Verjährungsunterbrechung, Leipzig 1930 (zit. *Hefelmann*, Gerichtliche Geltendmachung).
von Hein	*von Hein, Jan*, Die Neufassung der Europäischen Gerichtsstands- und Vollstreckungsverordnung (EuGVVO), RIW 2003, S. 97–111.
Heinze	*Heinze, Christian*, Beweissicherung im europäischen Zivilprozessrecht, IPRax 2008, S. 480–486.
	—, Europäisches Primärrecht und Zivilprozess, EuR 2008, S. 654–690.
	—, Choice of Court Agreements, Coordination of Proceedings and Provisional Measures in the Reform of the Brussels I Regulation, RabelsZ 75 (2011), S. 581–618.
Héron/Le Bars	*Héron, Jacques/Le Bars, Thierry*, Droit judiciaire privé, 6. Aufl., Paris 2015.
Hess/Zhou	*Hess, Burkhard/Zhou, Cui*, Beweissicherung und Beweisbeschaffung im europäischen Justizraum. zu EuGH, 28.4.2005 - Rs. C-104/03 - St. Paul Dairy Industries ./. Unibel Exser, IPRax 2007, S. 183–190.
Hug	*Hug, Sabine*, Die Substitution im internationalen Privatrecht – Anhand von Beispielen aus dem internationalen Familienrecht, München 1983.
Jäckel	*Jäckel, Holger*, Das Beweisrecht der ZPO – Ein Praxishandbuch für Richter und Rechtsanwälte, 2. Aufl., Stuttgart 2014.
Jauernig	*Stürner, Rolf* (Hrsg.), Bürgerliches Gesetzbuch – mit Rom-I-, Rom-II-, Rom-III-VO, EG-UntVO/

HUntProt und EuErbVO. Kommentar, 16. Aufl., München 2015 (zit. Jauernig/*Bearbeiter*).

Jauernig/Hess — *Jauernig, Othmar/Hess, Burkhard*, Zivilprozessrecht, 30. Aufl., München 2011.

Jüngst — *Jüngst, Julia F.*, Der europäische verfahrensrechtliche ordre public – Inhalt und Begrenzung, Frankfurt 2013.

Junker — *Junker, Abbo*, Der Justizkonflikt mit den USA, BB 1987, S. 1752–1754.

—, Discovery im deutsch-amerikanischen Rechtsverkehr, Heidelberg 1987 (zit. *Junker*, Discovery).

—, Discovery im deutsch-amerikanischen Rechtsverkehr - Entwicklungslinien und Perspektiven, RIW 1987, S. 1–7.

—, US-amerikanische „Discovery“ als Herausforderung des Internationalen Zivilprozeßrechts, in: Heldrich, Andreas/Kono, Toshiyuki (Hrsg.), Herausforderungen des Internationalen Zivilverfahrensrechts – Japanisch-deutsch-schweizerisches Symposium über aktuelle Fragen des Internationalen Zivilverfahrensrechts im Verhältnis zu den USA, Tübingen 1994, S. 103–118 (zit. *ders.*, Herausforderungen des IZVR).

—, Die Discovery-Reform des Jahres 1993: Zeitenwende oder Gesetzeskosmetik?, ZZPInt 1 (1996), S. 235–265.

—, Electronic Discovery gegen deutsche Unternehmen – Rechtliche Grenzen und Abwehrstrategien, Frankfurt am Main 2008 (zit. *Junker*, Electronic Discovery).

—, Internationales Zivilprozessrecht, 3. Aufl., München 2016.

Kallmann — *Kallmann, Francois*, L'effet sur la prescription libératoire des actes judiciaires intervenus en pays étranger, Rev. crit. DIP 1948, S. 1–39.

Katinsky — *Katinsky, Ernst*, Unterbrechung der Verjährung durch Klageerhebung vor ausländischen Gerichten, RabelsZ 9 (1935), S. 855–866.

Kegel/Schurig — *Kegel, Gerhard/Schurig, Klaus*, Internationales Privatrecht, 9. Aufl., München 2004.

Kiesselbach — *Kiesselbach, Pamela*, The Brussels I Review Proposal – An Overview, in: Lein, Eva (Hrsg.), The Brussels I review proposal uncovered, London 2012, S. 1–30.

Kleine-Möller/Merl/Glöckner — *Kleine-Möller, Nils/Merl, Heinrich/Glöckner, Jochen* (Hrsg.), Handbuch des privaten Baurechts, 5. Aufl., München 2014 (zit. Kleine-Möller/Merl/Glöckner/*Bearbeiter*).

Klöpfer — *Klöpfer, Matthias*, Missbrauch im Europäischen Zivilverfahrensrecht, Tübingen 2016.

Knöfel — *Knöfel, Oliver L.*, Vier Jahre Europäische Beweisaufnahmeverordnung – Bestandsaufnahme und aktuelle Entwicklungen, EuZW 2008, S. 267–270.

Koch/Magnus/von Mohrenfels — *Koch, Harald/Magnus, Ulrich/Winkler von Mohrenfels, Peter*, IPR und Rechtsvergleichung, 4. Aufl., München 2010.

Kodek — *Kodek, Georg*, Rechtswidrig erlangte Beweismittel im Zivilprozeß – Eine Untersuchung der österreichischen, deutschen und amerikanischen Rechtslage, Wien 1987.

—, Auslandsklage und Verjährung - Zum Zusammenspiel von materiellem Recht und Prozessrecht bei § 1497 ABGB, in: Geimer, Reinhold/Kaissis, Athanassios/Thümmel, Roderich C. (Hrsg.), Ars aequi et boni in mundo – Festschrift für Rolf A. Schütze zum 80. Geburtstag, München 2015, S. 259–277 (zit. *ders.*, FS Schütze 2015).

Kodek/Mayr — *Kodek, Georg/Mayr, Peter G.*, Zivilprozessrecht, 3. Aufl., Wien 2016.

Kofmel — *Kofmel, Sabine*, Das Recht auf Beweis im Zivilverfahren, Bern 1992.

Konecny — *Konecny, Andreas*, Der Anwendungsbereich der einstweiligen Verfügung, Wien 1992.

Kropholler — *Kropholler, Jan*, Internationales Privatrecht – einschließlich der Grundbegriffe des Internationalen Zivilverfahrensrechts, 6. Aufl., Tübingen 2006.

Kropholler/von Hein — *Kropholler, Jan/Hein, Jan* von, Europäisches Zivilprozessrecht – Kommentar zu EuGVO, Lugano-Übereinkommen 2007, EuVTVO, EuMVVO und EuGFVO, 9. Aufl., Frankfurt am Main 2011.

Kudlich — *Kudlich, Christian*, Die privatrechtlichen Nebenwirkungen einer im Ausland erhobenen Klage – Ein Beitrag zur Frage der inländischen Bedeutung ausländischer juristischer Tatsachen, München 1962.

Lau — *Lau, Katrin*, Die Reichweite der Verjährungshemmung bei Klagerhebung, Baden-Baden 2008.

Leitzen — *Leitzen, Mario*, Die grenzüberschreitende Beweisaufnahme in Zivilsachen, Jura 2007, S. 201–205.

Leuenberger/Uffer-Tobler — *Leuenberger, Christoph/Uffer-Tobler, Beatrice*, Schweizerisches Zivilprozessrecht, 2. Aufl., Bern 2016.

Lewald — *Lewald, Hans*, Règles générales des conflits de lois – Contribution à la technique du droit international privé, in: Académie de Droit International de la Haye (Hrsg.), Recueil des cours, Leiden 1939, S. 1–148 (zit. *Lewald*, Recueil des cours).

Linke — *Linke, Hartmut*, Die Bedeutung ausländischer Verfahrensakte im deutschen Verjährungsrecht, in: Habscheid, Walther J./Schwab, Karl Heinz (Hrsg.), Beiträge zum internationalen Verfahrensrecht und zur Schiedsgerichtsbarkeit – Festschrift für Heinrich Nagel zum 75. Geburtstag, Münster 1987, S. 209–226 (zit. *Linke*, FS Nagel).

Linke/Hau — *Linke, Hartmut/Hau, Wolfgang*, Internationales Zivilverfahrensrecht, 6. Aufl., Köln 2015.

Looschelders — *Looschelders, Dirk*, Die Anpassung im Internationalen Privatrecht – Zur Methodik der Rechtsanwendung in Fällen mit wesentlicher Verbindung zu mehreren nicht miteinander harmonierenden Rechtsordnungen, Heidelberg 1995.

—, Anpassung und Substitution bei der Verjährungsunterbrechung durch unzulässige Auslandsklage. zu OGH, 15.1.1997 - 7 Ob 2407/96 p, IPRax 1998, S. 296–304.

Lorenz — *Lorenz, Stephan*, Die Neuregelung der pre-trial-Discovery im US-amerikanischen Zivilprozeßrecht – Inspiration für den deutschen und europäischen Zivilprozeß?, ZZP 111 (1998), S. 35–65.

MAH-MedR — *Clausen, Tilman/Schroeder-Printzen, Jörn* (Hrsg.), Münchener Anwaltshandbuch Medizinrecht, 2. Aufl., München 2013 (zit. MAH-MedR/*Bearbeiter*).

MAH-StrafVer — *Müller, Eckhart/Schlothauer, Reinhold/Schütrumpf, Matthias* (Hrsg.), Münchener Anwaltshandbuch Strafverteidigung, 2. Aufl., München 2014 (zit. MAH-StrafVer/*Bearbeiter*).

Mankowski — *Mankowski, Peter*, Keine Verjährungsunterbrechung durch Beweissicherungsverfahren vor ausländischem Gericht bei umfassender Zuständigkeitsvereinbarung deutscher Gerichte. zu LG Hamburg, 15.09.1998 - 410 O 44/95, EWiR 1999, S. 345–346.

—, Selbständige Beweisverfahren und einstweiliger Rechtsschutz in Europa. zu EuGH, 28.4.2005 - Rs. C-104/03 - St. Paul Dairy Industries ./. Unibel Exser, JZ 2005, S. 1144–1150.

—, Auslandszeugen, Prozesstaktik, Videovernehmung und weitere Optionen. zugleich Besprechung von OLG München, Urt. v. 14.2.2014 - 10 U 3074/13, RIW 2014, S. 397–402.

—, EuGH: Beweisverfahren und Zeitpunkt der Rechtshängigkeit – Anm. zu EuGH, Urteil vom 04.05.2017 - C-29/16 - HanseYachts, LMK 2017, S. 390645.

Mansel — *Mansel, Heinz-Peter*, Substitution im deutschen Zwangsvollstreckungsrecht – Zur funktionellen Rechtsvergleichung bei Sachrechtsauslegung, in: Pfister, Bernhard/Will, Michael R. (Hrsg.), Festschrift für Werner Lorenz zum siebzigsten Geburtstag, Tübingen 1991, S. 689–715 (zit. *Mansel*, FS W. Lorenz).

—, Zum Verhältnis von Vorfrage und Substitution – Am Beispiel einer unterhaltsrechtlichen Vorfrage des iranischen Scheidungsrecht, in:

Baetge, Dietmar/Hein, Jan von/Hinden, Michael von (Hrsg.), Die richtige Ordnung – Festschrift für Jan Kropholler zum 70. Geburtstag, Tübingen 2008, S. 353–371 (zit. *ders.*, FS Kropholler).

Martiny — *Martiny, Dieter*, Die Zukunft des europäischen ordre public im Internationalen Privat- Zivilverfahrensrecht, in: Coester, Michael/Martiny, Dieter/ Sachsen Gessaphe, Karl August Prinz von (Hrsg.), Privatrecht in Europa – Vielfalt, Kollision, Kooperation; Festschrift für Hans Jürgen Sonnenberger zum 70. Geburtstag, München 2004, S. 523–548 (zit. *Martiny*, FS Sonnenberger).

Maunz/Dürig — *Herzog, Roman/Scholz, Rupert/Herdegen, Matthias/Klein, Hans H.* (Hrsg.), Grundgesetz-Kommentar – Band I - Art. 1–5, 81. Aufl., München 2017 (zit. Maunz/Dürig/*Bearbeiter*).

McGuire — *McGuire, Mary-Rose*, Verfahrenskoordination und Verjährungsunterbrechung im Europäischen Prozessrecht, Tübingen 2004.

Meilicke — *Meilicke, Wienand*, Beweissicherungsverfahren bei Auslandssachverhalten, NJW 1984, S. 2017–2018.

Merkt — *Merkt, Olivier*, Les mesures provisoires en droit international privé, Entlebuch 1993.

Merschformann — *Merschformann, Ralf*, Der Umfang der Verjährungsunterbrechung durch Klageerhebung, Berlin 1992 (zit. *Merschformann*, Verjährungsunterbrechung).

MüKoBGB — *Säcker, Franz Jürgen/Rixecker, Roland/Sonnenberger, Hans Jürgen* (Hrsg.), Münchener Kommentar zum Bürgerlichen Gesetzbuch – Band 10, Internationales Privatrecht I, Rom I-Verordnung, Rom II-Verordnung, Einführungsgesetz zum Bürgerlichen Gesetzbuche (Art. 1–24), 5. Aufl., München 2010 (zit. MüKoBGB(5. Aufl.)/*Bearbeiter*).

Säcker, Franz Jürgen/Rixecker, Roland/Oetker, Hartmut/Limperg, Bettina/Gaier, Reinhard (Hrsg.), Münchener Kommentar zum Bürgerlichen Gesetzbuch – Band 7, Sachenrecht §§ 854–1296, WEG, ErbbauRG, 7. Aufl., München 2017 (zit. MüKoBGB/*Bearbeiter*).

Säcker, Franz Jürgen/Rixecker, Roland/Oetker, Hartmut/Limperg, Bettina/Hein, Jan von (Hrsg.), Münchener Kommentar zum Bürgerlichen Gesetzbuch – Band 11, Internationales Privatrecht I, Europäisches Kollisionsrecht, Einführungsgesetz zum Bürgerlichen Gesetzbuche (Art. 25–248), 7. Aufl., München 2018 (zit. MüKoBGB/*Bearbeiter*).

— (Hrsg.), Münchener Kommentar zum Bürgerlichen Gesetzbuch – Band 12, Internationales Privatrecht II, Internationales Wirtschaftsrecht, Einführungsgesetz zum Bürgerlichen Gesetzbuche (Art. 50–253), 7. Aufl., München 2018 (zit. MüKoBGB/*Bearbeiter*).

Säcker, Franz Jürgen/Rixecker, Roland/Oetker, Hartmut/Limperg, Bettina/Krüger, Wolfgang (Hrsg.), Münchener Kommentar zum Bürgerlichen Gesetzbuch – Band 2, Schuldrecht - Allgemeiner Teil, 7. Aufl., München 2016 (zit. MüKoBGB/*Bearbeiter*).

Säcker, Franz Jürgen/Rixecker, Roland/Oetker, Hartmut/Limperg, Bettina/Säcker, Franz Jürgen (Hrsg.), Münchener Kommentar zum Bürgerlichen Gesetzbuch – Band 1, Allgemeiner Teil §§ 1–240, ProstG, AGG, 7. Aufl., München 2015 (zit. MüKoBGB/*Bearbeiter*).

MüKoGmbHG — *Fleischer, Holger/Goette, Wulf* (Hrsg.), Münchener Kommentar zum Gesetz betreffend die Gesellschaften mit beschränkter Haftung (GmbHG), 2. Aufl., München 2015 (zit. MüKoGmbHG/*Bearbeiter*).

MüKoStPO — *Kudlich, Hans* (Hrsg.), Münchener Kommentar zur Strafprozessordnung – Band 1 - §§ 1–150, München 2014 (zit. MüKoStPO/*Bearbeiter*).

MüKoZPO — *Krüger, Wolfgang/Rauscher, Thomas* (Hrsg.), Münchener Kommentar zur Zivilprozessordnung – mit Gerichtsverfassungsgesetz und Nebengesetzen. Band 1 - Einleitung, §§ 1–354, 5. Aufl., München 2016 (zit. MüKoZPO/*Bearbeiter*).

— (Hrsg.), Münchener Kommentar zur Zivilprozessordnung – mit Gerichtsverfassungsgesetz und

Nebengesetzen. Band 2 - §§ 355–945b, 5. Aufl., München 2016 (zit. MüKoZPO/*Bearbeiter*).

— (Hrsg.), Münchener Kommentar zur Zivilprozessordnung – mit Gerichtsverfassungsgesetz und Nebengesetzen. Band 3 - §§ 946–1117, EGZPO, GVG, EGGVG, UKlaG, Internationales und Europäisches Zivilprozessrecht, 5. Aufl., München 2017 (zit. MüKoZPO/*Bearbeiter*).

Musielak — *Musielak, Hans-Joachim*, Beweiserhebung bei auslandsbelegenen Beweismitteln, in: Schütze, Rolf A. (Hrsg.), Einheit und Vielfalt des Rechts – Festschrift für Reinhold Geimer zum 65. Geburtstag, München 2002, S. 761–778 (zit. *Musielak*, FS Geimer).

Musielak/Voit — *Musielak, Hans-Joachim/Voit, Wolfgang*, Grundkurs ZPO – Erkenntnis- und Zwangsvollstreckungsverfahren, 13. Aufl., München 2016.

— (Hrsg.), Zivilprozessordnung – Mit Gerichtsverfassungsgesetz. Kommentar, 14. Aufl., München 2017 (zit. Musielak/Voit/*Bearbeiter*).

Muthorst — *Muthorst, Olaf*, Das Beweisverbot – Grundlegung und Konkretisierung rechtlicher Grenzen der Beweiserhebung und der Beweisverwertung im Zivil-, Straf- und Verwaltungsverfahren, Tübingen 2009.

Nagel — *Nagel, Heinrich*, Vernehmung eines im Ausland wohnenden Zeugen: Ladung vor das Prozessgericht oder Beweisaufnahme im Wege der internationalen Rechtshilfe? – zu BGH, 29.1.1992 - VIII ZR 202/90, IPRax 1992, S. 301–302.

Nagel/Gottwald — *Nagel, Heinrich/Gottwald, Peter*, Internationales Zivilprozessrecht, 7. Aufl., Köln 2013.

Nehne — *Nehne, Timo*, Methodik und allgemeine Lehren des europäischen Internationalen Privatrechts, Tübingen 2012.

Neuhaus — *Neuhaus, Paul Heinrich*, Die Grundbegriffe des Internationalen Privatrechts, Tübingen 1976.

Neumeyer — *Neumeyer, Karl*, Anmerkung zu RG, Urteil vom 18. September 1925 - 504/24 II, JW 1926, S. 374.

Niggemann	*Niggemann, Friedrich*, Ausländische Beweissicherungsmaßnahmen im Rahmen der EUGVVO: Neue Ansätze, aber noch keine Überzeugende Lösung. zu OLG München, 19.02.2014 - 15 W 912/13, IPRax 2015, S. 75–79.
NK-BGB	*Heidel, Thomas/Hüßtege, Rainer/Mansel, Heinz-Peter/Noack, Ulrich* (Hrsg.), Allgemeiner Teil, EGBGB – Band 1, 3. Aufl., Baden-Baden 2016 (zit. NK-BGB/*Bearbeiter*).
Nordmeier	*Nordmeier, Carl Friedrich*, Selbständiges Beweisverfahren bei im Ausland anhängiger Hauptsache. zu OLG Köln, 12.4.2011 - 5 W 11/11, MedR 2012, S. 125–129.
Nußbaum	*Nußbaum, Arthur*, Deutsches Internationales Privatrecht – Unter besonderer Berücksichtigung des österreichischen und schweizerischen Rechts, Tübingen 1932.
Palandt	*Brudermüller, Gerd/Ellenberger, Jürgen/Götz, Isabell/Grüneberg, Christian/Herrler, Sebastian/Sprau, Hartwig/Thorn, Karsten/Weidenkaff, Walter/Weidlich, Dietmar/Wicke, Hartmut* (Hrsg.), Bürgerliches Gesetzbuch – Mit Nebengesetzen insbesondere mit Einführungsgesetz (Auszug) einschließlich Rom I-, Rom II- und Rom III-Verordnungen sowie Haager Unterhaltsprotokoll und EU-Erbrechtsverordnung, Allgemeines Gleichbehandlungsgesetz (Auszug), Wohn- und Betreuungsvertragsgesetz, BGB-Informationspflichten-Verordnung, Unterlassungsklagengesetz, Produkthaftungsgesetz, Erbbaurechtsgesetz, Wohnungseigentumsgesetz, Versorgungsausgleichsgesetz, Lebenspartnerschaftsgesetz, Gewaltschutzgesetz, 77. Aufl., München 2018 (zit. Palandt/*Bearbeiter*).
Peters	*Peters, Egbert*, Die Verwertbarkeit rechtswidrig erlangter Beweise und Beweismittel im Zivilprozess, ZZP 76 (1963), S. 145–165.
Prütting/Gehrlein	*Prütting, Hanns/Gehrlein, Markus* (Hrsg.), Zivilprozessordnung – Kommentar, 9. Aufl., Köln 2017 (zit. Prütting/Gehrlein/*Bearbeiter*).

Raape/Sturm — *Raape, Leo/Sturm, Fritz*, Internationales Privatrecht – Band I: Allgemeine Lehren, 6. Aufl., München 1977.

Rauscher — *Rauscher, Thomas* (Hrsg.), Europäisches Zivilprozess- und Kollisionsrecht EuZPR / EuIPR – Band II: EG-VollstrTitelVO, EG-MahnVO, EG-BagatellVO, EU-KPfVO, HProrogÜbk 2005, EGZustVO 2007, EG-BewVO, EG-InsVO; Kommentar, 4. Aufl., Köln 2015 (zit. Rauscher/*Bearbeiter*).

— (Hrsg.), Europäisches Zivilprozess- und Kollisionsrecht EuZPR / EuIPR – Band I: Brüssel Ia-VO; Kommentar, 4. Aufl., Köln 2016 (zit. Rauscher/*Bearbeiter*).

—, Internationales Privatrecht – Mit internationalem Verfahrensrecht, 5. Aufl., München 2017.

Rechberger — *Rechberger, Walter H.* (Hrsg.), Kommentar zur ZPO, 3. Aufl., Wien 2006 (zit. Rechberger/*Bearbeiter*).

Rechberger/Simotta — *Rechberger, Walter H./Simotta, Daphne-Ariane*, Grundriss des österreichischen Zivilprozessrechts – Erkenntnisverfahren, 8. Aufl., Wien 2010.

Rehm — *Rehm, Gebhard M.*, Wirksamkeit in Deutschland vorgenommener Akte ausländischer Urkundspersonen, RabelsZ 64 (2000), S. 104–122.

Reichenbach — *Reichenbach, Sandy B.*, § 1004 BGB als Grundlage von Beweisverboten – Zur Verwertbarkeit persönlichkeitsrechtsbeeinträchtigender Beweismittel im Zivilprozess, Tübingen 2004.

Reiling — *Reiling, Florian*, Das US-amerikanische Discovery-Verfahren im Rahmen deutscher gerichtlicher Auseinandersetzungen – Eine Untersuchung unter rechtsvergleichenden Gesichtspunkten sowie unter besonderer Berücksichtigung des Verfahrens nach 28 U.S.C. 1782 (a) als Beweisbeschaffungsmöglichkeit für Patentstreitigkeiten vor deutschen Gerichten, Tübingen 2016 (zit. *Reiling*, Das US-amerikanische Discovery-Verfahren).

Reithmann | *Reithmann, Christoph*, Substitution bei Anwendung der Formvorschriften des GmbH-Gesetzes, NJW 2003, S. 385–388.

Riezler | *Riezler, Erwin*, Internationales Zivilprozessrecht – und prozessuales Fremdenrecht, Berlin/Tübingen 1949.

Rollin | *Rollin, Philippe*, Ausländische Beweisverfahren im deutschen Zivilprozess unter besonderer Berücksichtigung von 28 USC § 1782(a), Göttingen 2007 (zit. *Rollin*, Ausländische Beweisverfahren).

Rosenberg/Schwab | *Rosenberg, Leo/Schwab, Karl Heinz/Gottwald, Peter*, Zivilprozessrecht, 17. Aufl., München 2010.

Rummel | *Rummel, Peter* (Hrsg.), Kommentar zum Allgemeinen bürgerlichen Gesetzbuch – mit EheG, KSchG, MRG, WGG, WEG 2002, BTVG, HeizKG, IPRG, EVÜ. 2. Band / 1. Teilband - §§ 1175–1502 ABGB, 3. Aufl., Wien 2002 (zit. Rummel/*Bearbeiter*).

Saenger | *Saenger, Ingo* (Hrsg.), Zivilprozessordnung – Familienverfahren, Gerichtsverfassung, Europäisches Verfahrensrecht. Handkommentar, 7. Aufl., Baden-Baden 2017 (zit. Saenger/*Bearbeiter*).

Saenger/Inhester | *Saenger, Ingo/Inhester, Michael* (Hrsg.), GmbHG – Handkommentar, 3. Aufl., Baden-Baden 2016 (zit. Saenger/Inhester/*Bearbeiter*).

Schack | *Schack, Haimo*, Wirkungsstatut und Unterbrechung der Verjährung im Internationalen Privatrecht durch Klageerhebung, RIW/AWD 1981, S. 301–303.

—, Einführung in das US-amerikanische Zivilprozessrecht, 4. Aufl., München 2011 (zit. *Schack*, US-amerikanisches Zivilprozessrecht).

—, Internationales Zivilverfahrensrecht – Mit internationalem Insolvenz- und Schiedsverfahrensrecht; ein Studienbuch, 7. Aufl., München 2017.

Schellhammer | *Schellhammer, Kurt*, Zivilprozess – Gesetz - Praxis - Fälle, 15. Aufl., Heidelberg 2016.

Schlosser | *Schlosser, Peter F.*, Bericht zu dem Europäischen Gerichtsstands- und Vollstreckungsübereinkommen,

Bericht zum EuGVÜ, ABl. EG C 59/71 vom 5.3.1978.

—, Ausschlussfristen, Verjährungsunterbrechung und Auslandsklage, in: Habscheid, Walther J./Gaul, Hans Friedhelm/Mikat, Paul (Hrsg.), Festschrift für Friedrich Wilhelm Bosch zum 65. Geburtstag, 2. Dezember 1976, Bielefeld 1976, S. 859–874 (zit. *ders.*, FS Bosch).

—, in: Hess, Burkhard/Pfeiffer, Thomas/Schlosser, Peter F. (Hrsg.), The Brussels I-Regulation (EC) No 44/2001 – The Heidelberg report on the application of regulation Brussels I in 25 member states (study JLS/C4/2005/03), München 2008 (zit. *ders.*, The Brussels I-Regulation (Heidelberg report)).

—, EuGVVO, Selbständiges Beweisverfahren und entsprechende ausländische Verfahren – zu EuGH, 4.5.2017 - Rs. C-29/16 - HanseYachts, IPRax 2017, S. 551–552.

Schlosser/Hess — *Schlosser, Peter F./Hess, Burkhard* (Hrsg.), EU-Zivilprozessrecht – EuGVVO, EuVTVO, EuMahnVO, EuBagVO, HZÜ, EuZVO, HBÜ, EuBVO, EuKtPVO; Kommentar, 4. Aufl., München 2015 (zit. Schlosser/Hess/*Bearbeiter*).

Schröder — *Schröder, Jochen*, Die Anpassung von Kollisions- und Sachnormen, Berlin 1961.

Schulz — *Schulz, Carsten*, Die Subsumtion ausländischer Rechtstatsachen – Unter besonderer Berücksichtigung der Erfüllbarkeit der deutschen Geschäftsform im Ausland sowie der Substitution gerichtlicher Rechtsverfolgungsmaßnahmen und Erbscheine bei deutscher lex causae, Berlin 1997.

Schütze — *Schütze, Rolf A.*, Die Unterbrechung und Inlaufsetzung der Verjährung von Wechselansprüchen durch ausländische Klageerhebung, WM 1967, S. 246–249.

—, Zur Vollstreckung ausländischer Zivilurteile bei Zweifeln an der Verbürgung der Gegenseitigkeit, DB 1977, S. 2129–2130.

—, Deutsches Internationales Zivilprozessrecht unter Einschluss des Europäischen

Zivilprozessrechts, 2. Aufl., Berlin 2005 (zit. *Schütze*, Deutsches Internationales Zivilprozessrecht).

—, Rechtsverfolgung im Ausland – Prozessführung vor ausländischen Gerichten und Schiedsgerichten, 5. Aufl., Berlin/Boston 2016.

Schwimann/Kodek — *Kodek, Georg* (Hrsg.), ABGB Praxiskommentar – Band 6 - §§ 1293–1503 ABGB, 4. Aufl., Wien 2016 (zit. Schwimann/Kodek/*Bearbeiter*).

Soergel — *Kegel, Gerhard* (Hrsg.), Bürgerliches Gesetzbuch mit Einführungsgesetz und Nebengesetzen – Band 10 - Einführungsgesetz, 12. Aufl., Stuttgart 1996 (zit. Soergel(12. Aufl.)/*Bearbeiter*).

Spickhoff, Andreas (Hrsg.), Bürgerliches Gesetzbuch mit Einführungsgesetz und Nebengesetzen – Band 12 – Schuldrecht 10. §§ 823–853, 13. Aufl., Stuttgart 2005 (zit. Soergel/*Bearbeiter*).

Wolf, Manfred (Hrsg.), Bürgerliches Gesetzbuch mit Einführungsgesetz und Nebengesetzen – Band 2 - Allgemeiner Teil 2. §§ 104–240, 13. Aufl., Stuttgart 1999 (zit. Soergel/*Bearbeiter*).

Spickhoff — *Spickhoff, Andreas*, Möglichkeit und Grenzen neuer Tatsachenfeststellungen bei der Anerkennung ausländischer Entscheidungen, ZZP 108 (1995), S. 475–501.

—, Anmerkung zu BGH, Urteil v. 27.11.1998 - V ZR 344/97, JZ 1999, S. 301–304.

—, Verjährungsunterbrechung durch ausländisches Beweissicherungsverfahren. zu LG Hamburg, 15.9.1998 - 410 O 44/95, IPRax 2001, S. 37–41.

—, Die neue Sachverständigenhaftung und die Ermittlung ausländischen Rechts, in: Lorenz, Stephan/Trunk, Alexander u.a. (Hrsg.), Festschrift für Andreas Heldrich zum 70. Geburtstag, München 2005, S. 419–437 (zit. *ders.*, FS Heldrich).

— (Hrsg.), Medizinrecht, 2. Aufl., München 2014 (zit. Spickhoff/*Bearbeiter*).

—, Der Eingehungsbetrug im System der Gerichtsstände – Zur Qualifikation von Anspruchsgründen und zur Annexzuständigkeit – zu LG Aachen, 9.12.2015 - 9 O 141/15 und OLG Köln, 15.2.2016 - 11 U 6/16, IPRax 2017, S. 72–77.

Stadler — *Stadler, Astrid*, Der Schutz des Unternehmensgeheimnisses im deutschen und US-amerikanischen Zivilprozeß und im Rechtshilfeverfahren, Tübingen 1989 (zit. *Stadler*, Der Schutz des Unternehmensgeheimnisses).

—, Grenzüberschreitende Beweisaufnahmen in der Europäischen Union - die Zukunft der Rechtshilfe in Beweissachen, in: Schütze, Rolf A. (Hrsg.), Einheit und Vielfalt des Rechts – Festschrift für Reinhold Geimer zum 65. Geburtstag, München 2002, S. 1281–1306 (zit. *dies.*, FS Geimer).

Staehelin/Staehelin/Grolimund — *Staehelin, Adrian/Staehelin, Daniel/Grolimund, Pascal*, Zivilprozessrecht – nach dem Entwurf für eine Schweizerische Zivilprozessordnung und weiteren Erlassen - unter Einbezug des internationalen Rechts, 2. Aufl., Zürich 2013.

Stamm — *Stamm, Jürgen*, Zur Rechtsstellung des Sachverständigen im Zivilprozess und den daraus resultierenden Möglichkeiten zur Verbesserung der Zusammenarbeit mit dem Gericht, ZZP 124 (2011), S. 433–459.

Staudinger — *Mankowski, Peter* (Hrsg.), J. von Staudingers Kommentar zum Bürgerlichen Gesetzbuch – Mit Einführungsgesetz und Nebengesetzen. Art. 7, 9–12, 47 EGBGB, Berlin 2013 (zit. Staudinger/*Bearbeiter*).

Spellenberg, Ulrich/Heinrich, Dieter (Hrsg.), J. von Staudingers Kommentar zum Bürgerlichen Gesetzbuch – Mit Einführungsgesetz und Nebengesetzen. Internationales Verfahrensrecht in Ehesachen Band 2 (FamFG), Berlin 2016 (zit. Staudinger/*Bearbeiter*).

Stein/Jonas — *Bork, Reinhard/Roth, Herbert* (Hrsg.), Kommentar zur Zivilprozessordnung – Band 1 - Einleitung, §§ 1–77, 23. Aufl., Tübingen 2014 (zit. Stein/Jonas/*Bearbeiter*).

	— (Hrsg.), Kommentar zur Zivilprozessordnung – Band 5 - §§ 328–510c, 23. Aufl., Tübingen 2015 (zit. Stein/Jonas/*Bearbeiter*).
Stürner	*Stürner, Rolf*, Das ausländische Beweissicherungsverfahren. zu OLG Köln, 5.1.1983, 17 W 482/82, IPRax 1984, S. 299–301.
Sutter-Somm/ Hasenböhler/Leuenberger	*Sutter-Somm, Thomas/Hasenböhler, Franz/Leu enberger, Christoph* (Hrsg.), Kommentar zur Schweizerischen Zivilprozessordnung (ZPO), 3. Aufl., Zürich 2016 (zit. Sutter-Somm/Hasenböhler/ Leuenberger/*Bearbeiter*).
Taupitz	*Taupitz, Jochen*, Verjährungsunterbrechung im Inland durch unfreiwillige Beteiligung am fremden Rechtsstreit im Ausland, ZZP 102 (1989), S. 288–318.
	—, Unterbrechung der Verjährung durch Auslandsklage aus Sicht des österreichischen und des deutschen Rechts. zu OGH, 24.03.1994 - 2 Ob 6/93, IPRax 1996, S. 140–145.
Thomas/Putzo	*Reichold, Klaus/Hüßtege, Rainer/Seiler, Christian* (Hrsg.), Zivilprozessordnung – FamFG, Verfahren in Familiensachen, EGZPO, GVG, EGGVG, EU-Zivilverfahrensrecht. Kommentar, 38. Aufl., München 2017 (zit. Thomas/Putzo/*Bearbeiter*).
Ulrich	*Ulrich, Jürgen*, Selbstständiges Beweisverfahren mit Sachverständigen – Erläuterungen für die baurechtliche Praxis, 2. Aufl., München 2008.
van Venrooy	*van Venrooy, Gerd J.*, Internationalprivatrechtliche Substitution, Konstanz 1999.
Vischer	*Vischer, Frank*, Die rechtsvergleichenden Tatbestände im internationalen Privatrecht – Die Übereinstimmung der materiellen Rechtsinhalte als Voraussetzung des internationalen Privatrechtes. Die Bedeutung des Begriffs der Äquivalenz, Basel 1953.
Vogel/Spühler/Gehri	*Vogel, Oscar/Spühler, Karl/Gehri, Myriam A.*, Grundriss des Zivilprozessrechts und des internationalen Zivilprozessrechts der Schweiz, 8. Aufl., Bern 2006.

Wannenmacher	*Wannenmacher, Kathrin*, Einstweilige Maßnahmen im Anwendungsbereich von Art. 31 EuGVVO in Frankreich und Deutschland – Eine Betrachtung ausgesuchter Verfahren des einstweiligen Rechtsschutzes im internationalen Zivilverfahrensrecht – gerichtliche Zuständigkeit, Anerkennung und Vollstreckung, Frankfurt am Main 2007 (zit. *Wannenmacher*, Einstweilige Maßnahmen).
Weise	*Weise, Stefan*, Selbstständiges Beweisverfahren im Baurecht – Voraussetzungen, Durchführung, Rechtsschutz, 2. Aufl., München 2002.
Weller	*Weller, Wolfgang*, Selbstständiges Beweisverfahren und Drittbeteiligung – Materiellrechtliche und prozessuale Möglichkeiten einer Erstreckung der Wirkungen des selbstständigen Beweisverfahrens auf Dritte, dargestellt an einer typischen Fallgestaltung des privaten Baurechts, Bonn 1994.
Wengler	*Wengler, Wilhelm*, Die Vorfrage im Kollisionsrecht, RabelsZ 8 (1934), S. 148–251.
	—, BGB RGRK - Internationales Privatrecht – 2. Teilband, Berlin/New York 1981.
Werner/Pastor	*Werner, Ulrich/Pastor, Walter*, Der Bauprozess – Prozessuale und materielle Probleme des zivilen Bauprozesses, 16. Aufl., Köln 2018.
Wieczorek/Schütze	*Wieczorek, Bernhard/Schütze, Rolf A.* (Hrsg.), Zivilprozessordnung und Nebengesetze – Großkommentar - Sechster Band, §§ 355–510c, 4. Aufl., Berlin/Boston 2014 (zit. Wieczorek/Schütze/*Bearbeiter*).
Wolf	*Wolf, Christian*, Verjährungshemmung auch durch Klage vor einem international unzuständigen ausländischen Gericht?, IPRax 2007, S. 180–183.
Wolff	*Wolff, Heinrich Amadeus*, Der verfassungsrechtliche Schutz der Betriebs- und Geschäftsgeheimnisse, NJW 1997, S. 98–101.
Zimmermann	*Zimmermann, Walter*, Zivilprozessordnung – FamFG - GVG - EGGVG - EGZPO, 10. Aufl., Bonn 2016.

Zöller — *Zöller, Richard* (Hrsg.), Zivilprozessordnung – mit FamFG (§§ 1–185, 200–270, 433–484) und Gerichtsverfassungsgesetz, den Einführungsgesetzen, mit internationalem Zivilprozessrecht, EU-Verordnungen, Kostenanmerkungen. Kommentar, 32. Aufl., Köln 2018 (zit. Zöller/*Bearbeiter*).

Zweigert/Kötz — *Zweigert, Konrad/Kötz, Hein*, Einführung in die Rechtsvergleichung - auf dem Gebiete des Privatrechts, 3. Aufl., Tübingen 1996.

INTERNATIONALRECHTLICHE STUDIEN

Beiträge zum Internationalen Privatrecht,
zum Einheitsrecht und zur Rechtsvergleichung

Herausgegeben von Ulrich Magnus und Peter Mankowski

Band 1 Birgit Reimers-Zocher: Beweislastfragen im Haager und Wiener Kaufrecht. 1995.

Band 2 Lenja Vespermann: Schadensersatz bei Beeinträchtigung rechts- oder sittenwidriger Interessen im deutschen und französischen Recht. 1996.

Band 3 Peter Cypra: Die Rechtsbehelfe im Verfahren der Vollstreckbarerklärung nach dem EuGVÜ unter besonderer Berücksichtigung der Ausgestaltung in Deutschland und Frankreich. 1996.

Band 4 Brigitta Lurger: Regulierung und Deregulierung im europäischen Privatrecht. 1997.

Band 5 Uta Gutknecht: Das Nacherfüllungsrecht des Verkäufers bei Kauf- und Werklieferungsverträgen. Rechtsvergleichende Untersuchung zum CISG, zum US-amerikanischen Uniform Commercial Code, zum deutschen Recht und zu dem Vorschlag der Kommission zur Überarbeitung des deutschen Schuldrechts. 1996.

Band 6 Stefan Abel: Die Qualifikation der Schenkung. Zur Methode der Qualifikation im Internationalen Schuldvertragsrecht. 1997.

Band 7 Daniel Kötz: Verkäuferpflichten und Rechtsbehelfe des Käufers im neuen norwegischen Kaufrecht vom 13. Mai 1988 Nr. 27 im Vergleich zum UN-Kaufrecht vom 11. April 1980 (CISG). 1997.

Band 8 Olaf Beier: Grundsätze eines europäischen transportmittelübergreifenden Schadensrechts für den Gütertransport. Eine rechtsvergleichende Untersuchung unter besonderer Berücksichtigung der CMR, der ER/CIM 1990, des WA/HP und der HVR. 1999.

Band 9 Ulrich Krüger: Modifizierte Erfolgshaftung im UN-Kaufrecht. Die Haftungsbefreiung bei Lieferung vertragswidriger Ware gemäß Art. 79 CISG. 1999.

Band 10 Wolf-Henning Hammer: Das Zurückhaltungsrecht gemäß Art. 71 CISG im Vergleich zu den Kaufgesetzen der nordischen Staaten unter Einbeziehung transportrechtlicher Aspekte. Eine rechtsvergleichende Studie. 1999.

Band 11 Ulrich Quay: Der Consulting-Vertrag im Internationalen Privatrecht. 2000.

Band 12 Axel Halfmeier: Die Veröffentlichung privater Tatsachen als unerlaubte Handlung. Eine rechtsvergleichende Untersuchung. 2000.

Band 13 Stephanie Scholz: Lohngleichheit durch Verfahren. Eine Studie zur Förderung der Lohngleichheit durch verfahrensrechtliche Ansätze. 2000.

Band 14 Tarlk Cebecioglu: Stellung des Ausländers im Zivilprozeß. Eine rechtsvergleichende Untersuchung des türkischen und deutschen Rechts. 2000.

Band 15 Gunnar Straube: Sozialrechtliche Eingriffsnormen im Internationalen Privatrecht. 2001.

Band 16 Daniela de Lukowicz: Divergenzen in der Rechtsprechung zum CISG. Auf dem Weg zu einer einheitlichen Auslegung und Anwendung? 2001.

Band 17 Mohamed Hassan Fadlalla Ali: Das islamische Ehe- und Kindschaftsrecht im Sudan. Mit Hinweisen zu den Lehren der Islamischen Rechtsschule, der anwendbaren Familienrechtsvorschriften für Nichtmuslime im Sudan und im deutschen Familienrecht. 2001.

Band 18 Ole Lando/Ulrich Magnus/Monika Novak-Stief (Hrsg./eds.): Angleichung des materiellen und des internationalen Privatrechts in der EU. Harmonisation of Substantive and International Private Law. 2003.

Band 19 Florian Schulz: Der Ersatzlieferungs- und Nachbesserungsanspruch des Käufers im internen deutschen Recht, im UCC und im CISG. Eine rechtsvergleichende Untersuchung unter Berücksichtigung der Schuldrechtskommission, der EG-Richtlinie 1999/44/EG und des Diskussionsentwurfs eines Schuldrechtsmodernisierungsgesetzes. 2002.

Band 20 Ingo Janert: Die Aufrechnung im internationalen Vertragsrecht. 2002.

Band 21 Armin Jentsch: Die Erhaltungspflichten des Verkäufers und des Käufers im UN-Kaufrecht im Vergleich zum US-amerikanischen Uniform Commercial Code und zum deutschen Recht. 2002.

Band 22 Martin Taschner: Arbeitsvertragsstatut und zwingende Bestimmungen nach dem Europäischen Schuldvertragsübereinkommen. Einheitliche Auslegung. 2003.

Band 23 Klaus Bitterich: Die Neuregelung des Internationalen Verbrauchervertragsrechts in Art. 29a EGBGB. 2003.

Band 24 Sascha J. Morgenroth: Umsetzung der Verbrauchsgüterkaufrichtlinie in Spanien und Deutschland. Umsetzung der Richtlinie 1999/44/EG des Europäischen Parlaments und des Rates vom 25. Mai 1999 zu bestimmten Aspekten des Verbrauchsgüterkaufs und der Garantien für Verbrauchsgüter in Spanien und Deutschland. 2003.

Band 25 Markus Renfert: Über die Europäisierung der ordre public Klausel. 2003.

Band 26 Henning Mordhorst: Die Behandlung vertraglicher Mobiliarsicherheiten im US-amerikanischen und deutschen Insolvenzrecht. 2003.

Band 27 Hans Markus Wulf: UN-Kaufrecht und eCommerce. Problembereiche bei der Anwendung des Wiener Übereinkommens auf Internet-Verträge. 2003.

Band 28 Julia Kaiser: Freiheit oder Schutz? Die Scheidungsfolgenvereinbarung im deutschen und im englischen Recht. 2003.

Band 29 Astrid Hillebrenner: Die private Zustimmung zu Rechtsgeschäften Dritter im englischen, dänischen und deutschen Recht. 2004.

Band 30 Irene von der Heyde: Das deutsche und italienische internationale Kindschaftsrecht im Rechtsvergleich. Favor filii oder favor filiationis? 2004.

Band 31 Sven-Michael Werner: Recht im Systemwandel. *Ein Land, zwei Systeme* und das Kontinuitätsproblem in Hongkong. 2004.

Band 32 Holger Ellenberger: Wirtschaftsrelevante Kollisionsnormen im japanischen internationalen Privatrecht. 2004.

Band 33 Sebastian Kaufmann: Parol Evidence Rule und Merger Clauses im internationalen Einheitsrecht. 2004.

Band 34 Britta Christina Weber: Eigentumsübertragung und gutgläubiger Erwerb beim Kauf von beweglichen Sachen im vietnamesischen Zivilgesetzbuch von 1995. Eine rechtsvergleichende Analyse unter Berücksichtigung des Eigentumsbegriffs im vietnamesischen Recht. 2004.

Band 35 Alexander von Saucken: Die Reform des österreichischen Schiedsverfahrensrechts auf der Basis des UNCITRAL-Modellgesetzes über die internationale Handelsschiedsgerichtsbarkeit. Ein Diskussionsbeitrag. 2004.

Band 36 Jasnica Garašićć: Anerkennung ausländischer Insolvenzverfahren. Teil 1 und Teil 2. Ein Vergleich des kroatischen, des deutschen und des schweizerischen Rechts sowie der Europäischen Verordnung über Insolvenzverfahren, des Istanbuler Übereinkommens und des UNCITRAL-Modellgesetzes. 2005.

Band 37 Eugenia Kurzynsky-Singer: Anknüpfung und Reichweite des Vollmachtsstatuts. 2005.

Band 38 Timo Utermark: Rechtsgeschichte und Rechtsvergleichung bei Ernst Rabel. 2005.

Band 39 Mohamed Lakmes: Die IPR-Anknüpfung der Schuldverträge. Ein Vergleich zwischen dem deutschen und dem syrischen Recht. 2005.

Band 40 Christian Haas: Vertragsstrukturen privatfinanzierter Infrastrukturprojekte. Nationale und internationale Perspektiven. 2005.

Band 41 Tanja Herzog-Engels: Gesellschaftsrechtliche Formvorschriften und Internationales Privatrecht. 2005.

Band 42 Hassan Siahpoosh: Das Familien- und Erbrecht im Iran. 2006.

Band 43 Carola Reifenrath: Das Vertragsrecht Hongkongs und dessen zukünftige Entwicklung. Unter besonderer Berücksichtigung des englischen Common Law. 2006.

Band 44 Arkadiusz Wudarski: Der Pfandbrief und sein Treuhänder. Eine rechtsvergleichende Untersuchung zum polnischen und deutschen Recht. 2006.

Band 45 Ulla Liukkunen: Cross-Border Services and Choice of Law. A Comparative Study of the European Approach. 2006.

Band 46 Claire Anna Reifner: Die Umsetzung der Verbrauchsgüterkaufrichtlinie in Italien und Deutschland. 2007.

Band 47 Shahriar Rabbanifar: Vergleich des Rechts der öffentlichen Unternehmen in Deutschland, Iran und Polen. 2007.

Band 48 Judith Farokhmanesh: Der Schutz des Urhebers im internationalen Vertragsrecht. Funktion, Reichweite und Effektivität zwingender Bestimmungen im deutschen, französischen und englischen Recht. 2007.

Band 49 Christoph Hellriegel: Schuldnerschutz in Polen. Rechtsvergleichende Untersuchung eines universalen Regelungsproblems. 2007.

Band 50 Ingemar Carl: Einstweiliger Rechtsschutz bei *Torpedoklagen*. 2007.

Band 51 Gabriele Wunsch: Möglichkeiten und Grenzen eines europäischen Hypothekarkredits. Problemanalyse und Lösungswege für die Schaffung eines Binnenmarktes für Grundpfandrechte unter Berücksichtigung des deutschen, englischen, schwedischen und spanischen Rechts. 2009.

Band 52 Sven Kuchmann: Die Haftung des Geschäftsführers einer deutschen GmbH und des Gerente einer argentinischen SRL im Rechtsvergleich. 2008.

Band 53 María Elena Alvarez de Pfeifle: Der Ordre Public-Vorbehalt als Versagungsgrund der Anerkennung und Vollstreckbarerklärung internationaler Schiedssprüche. Unter Berücksichtigung des deutschen, schweizerischen, französischen und englischen Rechts sowie des UNCITRAL-Modellgesetzes. 2009.

Band 54 Amir-Said Ghassabeh: Die Zustellung einer *punitive-damages*-Sammelklage an beklagte deutsche Unternehmen. Zugleich ein Beitrag zum „unnötigen" transatlantischen Justizkonflikt. 2009.

Band 55 Gunnar Lennart Schmüser: Das Zusammenspiel zwischen Haupt- und Sekundärinsolvenzverfahren nach der EuInsVO. 2009.

Band 56 Johanna Siemonsen: Die deutschen Ausführungsvorschriften zur Europäischen Insolvenzverordnung. 2009.

Band 57 Dan Malika Gunasekera: Civil Liability for Bunker Oil Pollution Damage. 2010.

Band 58 Sarah Mukaddes Oguz: Das türkische und das europäische Verbraucherrecht. Eine vergleichende Analyse mit Blick auf die Beitrittsbestrebungen der Türkei zur Europäischen Union. 2010.

Band 59 Niklas Wielandt: Die einseitig verpflichtende Schuldzusage. Eine rechtsvergleichende Untersuchung des abstrakten, kausalen und nicht rechtsgeschäftlichen Schuldanerkenntnisses und Schuldversprechens nach deutschem und englischem Recht. 2010.

Band 60 Lars Meyer: Non-Performance and Remedies under International Contract Law Principles and Indian Contract Law. A comparative survey of the UNIDROIT Principles of International Commercial Contracts, the Principles of European Contract Law, and Indian statutory contract law. 2010.

Band 61 Farzana Soleimankehl-Hanke: Afghanistan zwischen Islam und Gleichberechtigung. Widersprüche in der afghanischen Verfassung am Beispiel des afghanischen Familien- und Erbrechts. 2011.

Band 62 Sören Koch: Der Ersatz frustrierter Aufwendungen im norwegischen Recht. 2011.

Band 63 Vanessa Seibel: Der Geschäftsführer in der Insolvenz der Gesellschaft. Eine rechtsvergleichende und rechtsökonomische Betrachtung von GmbH und LLC. 2012.

Band 64 Dorothea von Domarus: Internationales Arzthaftungsrecht nach Inkrafttreten der Rom I- und Rom II-Verordnung. Ein Rechtsvergleich mit den USA unter besonderer Berücksichtigung der Bundesstaaten New York, Kalifornien und Louisiana. 2013.

Band 65 Nils Rasmus Grenda: Erwerb und Schutz des Eigentums an Mobilien im deutschen und schwedischen Recht. 2013.

Band 66 Tristan Wegner: Überseekauf im Agrarhandel. Die Kontraktpraxis nach GAFTA und Einheitsbedingungen. Eine rechtsvergleichende Darstellung. 2013.

Band 67 Marjam Waladan: Das iranische Familienrecht unter der besonderen Berücksichtigung der Rechte von Frauen und Kindern. 2013.

Band 68 Gesine Osieka: Zivilrechtliche Haftung deutscher Unternehmen für menschenrechtsbeeinträchtigende Handlungen ihrer Zulieferer. 2014.

Band 69 Cordula Giesecke: Interessengerechte Rechtswahl im Kaufrecht. Vertragswidrigkeit, Mängelrüge und Vertragsaufhebung – UN-Kaufrecht, deutsches, französisches und schweizerisches Recht im Vergleich. 2014.

Band 70 Philipp Raben: Das Modellgesetz als geeignetes Instrument europäischer Vertragsrechtsharmonisierung. 2015.

Band 71 Yanfei Zeng: Sonderkontrolle der Vertragsstrafe. Eine Untersuchung zu Begründungen der Kontrolle. 2015.

Band 72 Marcel Streeck: Die Situation der Schuldnerin im englischen und im deutschen Insolvenzrecht. Eine rechtsvergleichende Untersuchung. 2016.

Band 73 Antje Böhme: Die (strikte) Haftung für Tiere im deutschen und US-amerikanischen Recht. 2016.

Band 74 Christian Beuck: Voraussetzungen und Rechtsbehelfe beim einheitlichen Vollstreckungstitel nach der EuVTVO. 2017.

Band 75 Martin Balcer: Die Umsetzung der europäischen Verbrauchsgüterkaufrichtlinie in Polen. Unter besonderer Berücksichtigung der RL-Konformität des Umsetzungsgesetzes über die besonderen Voraussetzungen des Verbrauchsgüterkaufs sowie über die Änderungen des Zivilgesetzbuches vom 27. Juli 2002. 2017.

Band 76 Andreas Holzgreve: Ausländische Beweissicherungsverfahren im inländischen Prozess. Ein Anwendungsfall der Substitution im Internationalen Zivilprozessrecht. 2018.

www.peterlang.com

www.ingramcontent.com/pod-product-compliance
Ingram Content Group UK Ltd.
Pitfield, Milton Keynes, MK11 3LW, UK
UKHW021850290926
8980IPUK00005B/758

9 783631 760253